王明杰教授（2015年）

黄淑芬教授（2004年）

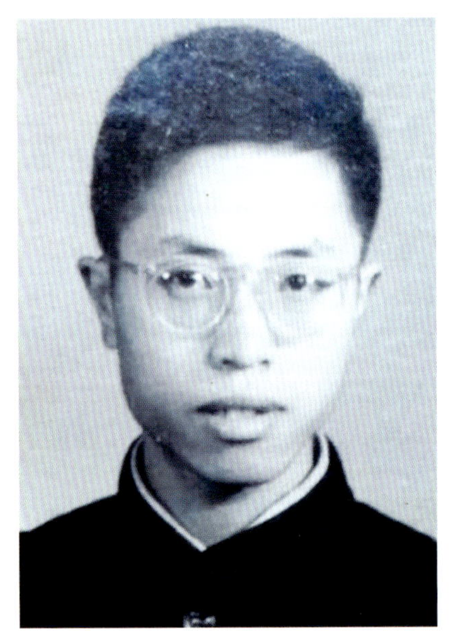

王明杰大学时期照片（1964 年）

黄淑芬大学时期照片（1965 年）

王明杰（后排右二）在成都中医学院读研期间，跟随导师陈达夫教授（左二）诊治病人。后排右一王文科，右三夏运民（1978 年）

川派中医药名家系列丛书

王明杰　黄淑芬

江花　江玉　主编

全国百佳图书出版单位

中国中医药出版社

·北京·

图书在版编目（CIP）数据

川派中医药名家系列丛书．王明杰　黄淑芬 / 江花，
江玉主编．—北京：中国中医药出版社，2021.7
ISBN 978-7-5132-6561-4

Ⅰ．①川… Ⅱ．①江… ②江… Ⅲ．①王明杰—生平
事迹②黄淑芬—生平事迹③中医临床—经验—中国—现代
Ⅳ．① K826.2 ② R249.7

中国版本图书馆 CIP 数据核字（2020）第 243530 号

中国中医药出版社出版
北京经济技术开发区科创十三街 31 号院二区 8 号楼
邮政编码　100176
传真　010-64405721
廊坊市祥丰印刷有限公司印刷
各地新华书店经销

开本 710×1000　1/16　印张 18.75　彩插 0.5　字数 315 千字
2021 年 7 月第 1 版　2021 年 7 月第 1 次印刷
书号　ISBN 978－7－5132－6561－4

定价　79.00 元
网址　www.cptcm.com

社 长 热 线　010-64405720
购 书 热 线　010-89535836
维 权 打 假　010-64405753

微信服务号　zgzyycbs
微商城网址　https://kdt.im/LIdUGr
官 方 微 博　http://e.weibo.com/cptcm
天猫旗舰店网址　https://zgzyycbs.tmall.com

如有印装质量问题请与本社出版部联系（010-64405510）

首届全国仲景学说讨论会四川代表与任应秋（左四）、
吕炳奎（左五）合影。前排左二郭子光，左三江尔逊，
右三王文雄，右一傅元谋；后排右四王辉武，右二王明杰（1982 年）

王明杰教授（左二）、黄淑芬教授（右二）同毕业研究生合影（2001 年）

成都中医药大学和中浚研究员、罗再琼教授来泸讲学合影。左起：江花、罗再琼、王明杰、和中浚、赵春妮、江玉（2015年）

黄淑芬全国名老中医药专家传承工作室与四川省十大名中医王明杰传承工作室建设工作会合影。前排左起：江花、钟红卫、张琼、黄淑芬、王明杰、李志、白雪、敖素华，二排左三张霞、左四周喜芬、左五江玉，后排左三黄新春、左四蒲清荣（2019年）

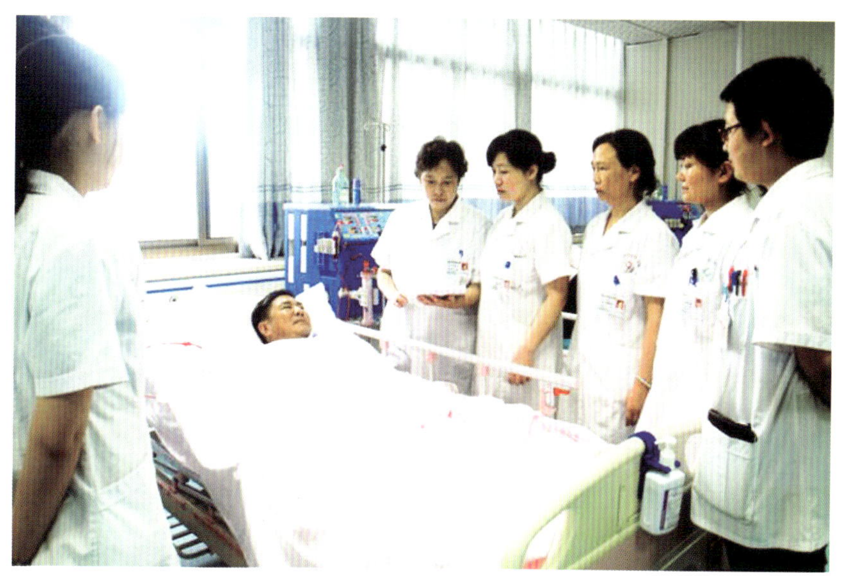

黄淑芬教授（右五）在肾病内科查房，右四张琼，右五张茂平

王明杰教授（右二）在名老中医传承工作室带弟子门诊，

右一王倩，右三罗再琼

四川省人民政府及中医药管理局领导为第三届

四川省十大名中医颁奖，前排左一王明杰（2018 年）

王明杰教授、黄淑芬教授主编、参编、

主审的部分著作、教材与终身成就奖奖杯

《川派中医药名家系列丛书》编委会

总 主 编：田兴军　杨殿兴

副总主编：杨正春　张　毅　和中浚

编写秘书：彭　鑫　贺　莉

《王明杰　黄淑芬》编委会

主　编：江　花　江　玉

编　委：白　雪　张　琼　王　倩　闫　颖

张　霞　黄新春　文艺玲　叶飞龙

袁勤琴

审　定：王明杰　黄淑芬

总序——加强文化建设，唱响川派中医

四川，雄踞我国西南，古称巴蜀。成都平原自古就有天府之国的美誉，天府之土，沃野千里，物华天宝，人杰地灵。

四川号称“中医之乡”“中药之库”，巴蜀自古出名医、产中药。据历史文献记载，从汉代至清代，见诸文献记载的四川医家有 1000 余人，川派中医药影响医坛 2000 多年，历久弥新；川产道地药材享誉国内外，业内素有“无川（药）不成方”的赞誉。

医派纷呈　源远流长

经过特殊的自然、社会、文化的长期浸润和积淀，四川历代名医辈出，学术繁荣，医派纷呈，源远流长。

汉代以涪翁、程高、郭玉为代表的四川医家，奠定了古蜀针灸学派。郭玉为涪翁弟子，曾任汉代太医丞。涪翁为四川绵阳人，曾撰著《针经》，开巴蜀针灸先河，影响深远。1993 年，在四川绵阳双包山汉墓出土了最早的汉代针灸经脉漆人；2013 年，在成都老官山汉墓再次出土了汉代针灸漆人和 920 支医简，带有“心”“肺”等线刻小字的人体经穴髹漆人像是我国考古史上的首次发现，应是我国迄今发现的最早、最完整的经穴人体医学模型，其精美程度令人咋舌！这又一次证明了针灸学派在巴蜀有悠久的历史，影响深远。

四川山清水秀，名山大川遍布。道教的发祥地青城山、鹤鸣山就坐落在成都市。青城山、鹤鸣山是中国的道教名山，也是中国道教的发源地之一，自东汉以来历经近2000年，不仅传授道家的思想，道医的学术思想也因此启蒙产生。道家注重炼丹和养生，历代蜀医多受影响，一些道家也兼行医术，如晋代蜀医李常在、李八百，宋代皇甫坦，以及明代著名医家韩懋（号飞霞道人）等，可见丹道医学在四川影响之深远。

川人好美食，以麻、辣、鲜、香为特色的川菜享誉国内外。川人性喜自在休闲，养生学派也因此产生。长寿之神——彭祖，号称活了800岁，相传他经历了尧、舜、夏、商诸朝，据《华阳国志》载，“彭祖本生蜀”“彭祖家其彭蒙”，由此推断，彭祖不但家在彭山，而且他晚年也落叶归根于此，死后葬于彭祖山。彭祖山坐落在眉山市彭山县。彭祖的长寿经验在于注意养生锻炼，他是我国气功的创始人，其健身法被后人写成“彭祖导引法”。他善烹饪之术，创制的“雉羹之道”被誉为“天下第一羹”，屈原在《楚辞·天问》中写道:“彭铿斟雉，帝何飨？受寿永多，夫何久长？”这也反映了彭祖在推动我国饮食养生方面做出了重要贡献。五代至北宋初年，四川安岳人陈希夷，为著名的道教学者，著有《指玄篇》《胎息诀》《观空篇》《阴真君还丹歌注》等，他注重养生，强调内丹修炼法，将黄老的清静无为思想、道教修炼方术和儒家修养、佛教禅观会归一流，被后世尊称为“睡仙”“陈抟老祖”。现安岳县有保存完整的明代陈抟墓，以及陈抟的《自赞铭》，这是全国独有的实物。

四川医家自古就重视中医脉学，成都老官山汉墓出土的汉代医简中就有《五色脉诊》（原有书名）一书，其余几部医简经初步整理暂定名为《敝昔医论》《脉死候》《六十病方》《病源》《经脉书》《诸病症候》《脉数》等。经学者初步考证推断这极有可能为扁鹊学派已经亡佚的经典书籍。扁鹊是脉学的倡导者，而此次出土的医书中脉学内容占有重要地位，一起出土的还有用于经脉教学的人体模型。唐代杜光庭著有脉学专著《玉函经》3卷，后世王鸿骥的《脉诀采真》、廖平的《脉学辑要评》、许宗正的《脉学启蒙》、张骥的《三世脉法》等，均为脉诊的发展做出了贡献。

昝殷，唐代四川成都人。昝氏精通医理，通晓药物学，擅长妇产科。唐大中年间，他将前人有关经、带、胎、产及产后诸症的经验效方及自己临证验方共378首，编成《经效产宝》3卷，是我国最早的妇产科专著。该书与北宋时期著名妇产科专家杨康侯（四川青神县人）编著的《十产论》等一批妇产科专论一起奠定了巴蜀妇产学派的基石。

宋代，以四川成都人唐慎微为代表撰著的《经史证类备急本草》，集宋代本草之大成，促进了本草学派的发展。宋代是巴蜀本草学派的繁荣发展时期，陈承的《重广补注神农本草并图经》，孟昶、韩保昇的《蜀本草》等，丰富、发展了本草学说，明代李时珍的《本草纲目》正是在此基础上产生的。

宋代也是巴蜀医家学术发展最活跃的时期。四川成都人、著名医家史崧献出了家藏的《灵枢》，校正并音释，名为《黄帝素问灵枢经》，由朝廷刊印颁行，为中医学发展做出了不可估量的贡献，可以说，没有史崧的奉献就没有完整的《黄帝内经》。虞庶撰著的《难经注》、杨康侯的《难经续演》，为医经学派的发展奠定了基础。

史堪，四川眉山人，为宋代政和年间进士，官至郡守，是宋代士人从医的代表人物之一，与当时的名医许叔微齐名，其著作《史载之方》为宋代重要的名家方书之一。同为四川眉山人的宋代大文豪苏东坡，也有《苏沈内翰良方》（又名《苏沈良方》）传世，是宋人根据苏轼所撰《苏学士方》和沈括所撰《良方》合编而成的中医方书。上述著作加之明代韩懋的《韩氏医通》等方书，一起成为巴蜀医方学派的代表。

四川盛产中药，川产道地药材久负盛名。以回阳救逆、破阴除寒的附子为代表的川产道地药材，既为中医治病提供了优良的药材，也孕育了以附子温阳为大法的扶阳学派。清末四川邛崃人郑钦安提出了中医扶阳理论，他的《医理真传》

《医法圆通》《伤寒恒论》为奠基之作，开创了以运用附、姜、桂为重点药物的温阳学派。

清代西学东进，受西学影响，中西汇通学说开始萌芽。四川成都人唐宗海以敏锐的目光捕捉西学之长，融汇中西，撰著了《血证论》《医经精义》《本草问答》《金匮要略浅注补正》《伤寒论浅注补正》，后人汇为《中西汇通医书五种》，成为“中西汇通”的第一种著作，这也是后来人们将主张中西医兼容思想的医家称为“中西医汇通派”的由来。

名医辈出　学术繁荣

中华人民共和国成立后，历经沧桑的中医药受到党和国家的高度重视，在教育、医疗、科研等方面齐头并进，一大批中医药大家焕发青春，在各自的领域里大显神通，中医药事业欣欣向荣。

四川中医教育的奠基人——李斯炽先生，在 1936 年创立了“中央国医馆四川分馆医学院”，简称“四川国医学院”。该院为国家批准的办学机构，虽属民办但带有官方性质。四川国医学院也是成都中医学院（现成都中医药大学）的前身，当时会集了一大批中医药的仁人志士，如内科专家李斯炽、伤寒专家邓绍先、中药专家凌一揆等，还有何伯勋、杨白鹿、易上达、王景虞、周禹锡、肖达因等一大批蜀中名医，可谓群贤毕集，盛极一时。该学院共招生 13 期，培养高等中医药人才 1000 余人，这些人后来大多数都成了中华人民共和国成立后的中医药界领军人物，成为四川中医药发展的功臣。

1955 年国家在北京成立了中医研究院，1956 年在全国西、北、东、南各建立了一所中医学院，即成都中医学院、北京中医学院、上海中医学院、广州中医学院。成都中医学院第一任院长由周恩来总理亲自任命。李斯炽先生继创办四川国医学院之后又成为成都中医学院的第一任院长。成都中医学院成立后，在原国医学院的基础上，又会集了一大批有造诣的专家学者，如内科专家彭履祥、冉品珍、彭宪章、傅灿冰、陆干甫；伤寒专家戴佛延；医经专家吴棹仙、李克光、郭仲夫；中药专家雷载权、徐楚江；妇科专家卓雨农、曾敬光、唐伯渊、王祚久、王渭川；温病专家宋鹭冰；外科专家文琢之；骨科、外科专家罗禹田；眼科专家陈达夫、刘松元；方剂专家陈潮祖；医古文专家郑孝昌；儿科专家胡伯安、曾应台、肖正安、吴康衡；针灸专家余仲权、薛鉴明、李仲愚、蒲湘澄、关吉多、杨介宾；医史专家孔健民、李介民；中医发展战略专家侯占元等，真可谓人才济济，群星灿烂。

北京成立中医高等院校、科研院所后，为了充实首都中医药人才的力量，四川一大批中医名家进驻北京，为国家中医药的发展做出了巨大贡献，也展现了四川中医的风采！如蒲辅周、任应秋、王文鼎、王朴城、王伯岳、冉雪峰、杜自明、李重人、叶清心、龚志贤、方药中、沈仲圭等，各有精专，影响广泛，功勋卓著。

北京四大名医之首的萧龙友先生，为四川三台人，是中医界最早的学部委员（院士，1955 年）、中央文史馆馆员（1951 年），集医道、文史、书法、收藏等于一身，是中医界难得的全才！其厚重的人文功底、精湛的医术、精美的书法、高尚的品德，可谓“厚德载物”的典范。2010 年 9 月 9 日，萧龙友先生诞辰 140 周年、逝世 50 周年，故宫博物院在北京隆重举办了“萧龙友先生捐赠文物精品展”，以缅怀先生，并表彰先生的收藏鉴赏水平和拳拳爱国情怀。萧龙友先生是一代举子、一代儒医，精通文史，书法绝伦，是中国近代史上中医界的泰斗、国学家、教育家、临床大家，是四川的骄傲，也是吾辈的楷模！

追源溯流　振兴川派

时间飞转，掐指一算，我自 1974 年赤脚医生的“红医班”始，到 1977 年大学学习、留校任教、临床实践、跟师学习、中医管理，入中医医道已 40 余年，真可谓弹指一挥间。俗曰：四十而不惑。在中医医道的学习、实践、历练、管理、推进中，我常常心怀感激，心存敬仰，常有激情和冲动，其中最想做的一件事就是将这些中医药实践的伟大先驱者，用笔记录下来，为他们树碑立传、歌功颂德！缅怀中医先辈的丰功伟绩，分享他们的学术成果，继承不泥古，发扬不离宗，认祖归宗，又学有源头，师古不泥，薪火相传，使中医药源远流长，代代相传，永续发展。

今天，时机已经成熟，四川省中医药管理局组织专家学者，编著了大型中医专著《川派中医药源流与发展》，横跨近2000年的历史，梳理中医药历史人物、著作，以四川籍（或主要在四川业医）有影响的历史医家和著作为线索，理清历史源流和传承脉络，突出地方中医药学术特点，认祖归宗，发扬传统，正本清源，继承创新，唱响川派中医药。其中，“医道溯源”是以清代以前的川籍或在川行医的中医药历史人物为线索，介绍医家的医学成就和学术精华，作为各学科发展的学术源头。“医派流芳”是以近现代著名医家为代表，重在学术流派的传承与发展，厘清流派源流，一脉相承，代代相传，源远流长。

我们在此基础上，还编著了“川派中医药名家系列丛书”，会集了一大批近现代四川中医药名家，遴选他们的后人、学生等整理其临床经验、学术思想，编辑成册。丛书拟选择100人，这是一批四川中医药的代表人物，也是难得的宝贵文化遗产。今天，经过大家的齐心努力终于得以付梓。在此，对为本系列书籍付出心血的各位作者、出版社编辑人员一并致谢！

由于历史久远，加之编撰者学识水平有限，书中罅、漏、舛、谬在所难免，敬望各位同仁、学者，提出宝贵意见，以便再版时修订提高。

中华中医药学会　副会长

四川省中医药学会　会　长

四川省中医药管理局　原局长　杨殿兴

成都中医药大学　教授、博士生导师

2015年春于蓉城雅兴轩

和序

本书书稿甫成，王明杰、黄淑芬教授伉俪盛情相邀作序，初时颇感踌躇。因二位均为我的学长，我视之为友亦为师，道德文章和学术造诣远胜于我。但想到我们相识相交50年，将他俩杰出的学术特长和研究成果向读者介绍，责无旁贷，故欣然命笔。

20世纪60年代，我们曾在成都中医学院同学数载，70年代末又同在母校进修研习，颇知他俩的学识修养。80年代起陆续读到二位在《中医杂志》上发表的《陈达夫眼科学术思想和经验介绍》《李东垣眼科学术思想探讨》《试论瞳神》《虚喘用麻黄》《试论治血先治风》等精品论文，钦佩有加。1988年获赠明杰教授主编的《伤寒明理论阐释》，读到其立意极高的前言、透彻明了的见解和流畅的文字论述，不禁击掌称绝，暗自引为楷模。

此后我的工作由眼科转入医史文献领域，与明杰兄任教的中医经典及各家学说有了更多交集，或共同参会，或合作撰文，每促膝而谈，常交流切磋。2015年《王明杰黄淑芬学术经验传承集》出版，兄赠我读后颇多共鸣，很快写成书评《以中医理论创新探索为特色的名老中医经验总结》发表。2016年又同获首届四川省医疗卫生终身成就奖，有幸再次相逢。兄邀我为其厚积薄发的力作《玄府学说》作序，更加深了我对他俩刻苦治学、不懈探索的心路历程的进一步了解。

二位学长植根泸州数十年来，共同致力于继承发扬中医药学，并取得诸多突出成就，却又各有特点。明杰教授侧重理论探索，在玄府学说上深入发掘，开拓创新，其“玄府郁闭为百病之根”“开通玄府为治病之纲”的卓越见识日益为学术界所认同；淑芬教授偏重临床诊疗，对以麻黄为代表的风药应用敢于突破陈规，大胆实践，其“血压高未必忌麻黄”“虚喘用麻黄”“治血先治风，风去血自通”等用药心法不同凡响，影响甚广。

特别值得称道的是，经过长期相互切磋，联袂探索，近十余年来他们逐渐将玄府与风药两个领域的研究成果融合，倡导从玄府理论的新视角重新认识风药，通过风药的“升、散、透、窜、动”开通玄府治诸病，在国内率先提出了“风药开玄论”“风药增效论”等创新论述，极富学术价值。本着为先圣继绝学、为后世立新说的情怀，二位教授在刘完素玄府理论及陈达夫先师开通玄府治疗疑难眼病独特经验的基础上，带领弟子们勤求博采，深入研究，初步构建起理法方药较为完善的玄府学理论体系，并在实践中将开通玄府和风药、虫药的临床运用发挥得淋漓尽致、风生水起，形成了“论病着眼玄府，临证首重开通，百病疏风为先，顽症从风论治”的诊疗风格，在国内独树一帜。

作为川南中医的领军人物，明杰、淑芬教授伉俪为泸医（今西南医科大学）中医事业的开创和发展做出了不可磨灭的贡献，可谓桃李满巴蜀，学术传九州。目前，泸州已成为我省除成都之外最大的中医医教研中心，西南医科大学附属中医医院进入全国中医医院百强，并成功入选国家中医药管理局中医药传承创新工程重点中医医院项目。这中间均凝聚着他俩付出的汗水与心血。经过多年来的辛勤培育，薪火相传，一支立足泸州，辐射巴蜀，影响遍及全国的中医学术团队——川南玄府学派正在迅速崛起，其代表性传承人杨思进、白雪等在玄府理论指导下运用风药组方治疗心脑血管病取得了一系列研究成果，近年来接连获得省市乃至国家级的科技奖项，凸显该学派的创新活力。

本书依《川派中医药名家系列丛书》体例编写。与他书不同之处在于，本书不仅是两位名家合集，而且是融为一体进行展示。这是本书的一大特点，也是一大难点，对于编写工作要求较高。本书编委会成员均为跟随二位教授医教研工作多年的优秀弟子。主编江花、江玉也是我的学生，具有坚实的中医理论功底与优秀的文献整理研究能力。编委白雪、张琼分别是明杰教授、淑芬教授的首位学术继承人，现为医院名列榜首的两个国家重点专科（脑病科、肾病科）主任与学科带头人。在二位导师的指导下，编者付出了辛勤努力，多方搜集整理临床医案，对其诊治经验进行阐发介绍，通过研读论著讲稿总结其学术思想，进而梳理传承脉络，凝练学派特色，较好地展示了川南玄府学派的传承创新优势。

纵观国内外学界，夫妻二人比翼双飞的例子时有所见，如中国科学院便有18对院士夫妻，四川中医界的名医伉俪亦不在少数。由于种种原因，如今夫妻合集《川派中医药名家系列丛书》者仅此一家，弥足珍贵。50多年来，明杰、淑芬夫妇在继承发扬中医学的事业中志同道合，风雨同舟，砥砺前行，不仅在各自的研究领域硕果累累，而且在此基础上融会贯通，珠联璧合，携手成为一代新兴学派创始人，当为后世留下一段杏林佳话。

中医学的发展，既需要长期临床经验的收集整理，更需要创新理论指导下的探索总结，需要不同特色的学术流派和诊疗风格百花齐放。本书的出版，不仅体现了由实践经验总结到学术思想凝练的理论升华，而且反映了陈氏眼科学派在更广阔学术领域的传承与发扬。可以认为，川南玄府学派是陈氏眼科学派的分化与发展。读者从本书可以发现中医各学科、各流派之间的差异性与相通性，了解开通玄府、从风论治临床经验的独特性与普适性。由此，本书提供给读者的已不仅仅是治疗疾病的诸多方法，还有更高层次的创新理论与临证思维。相信读者读到本书，或有相见恨晚之慨，如乐将此书常置案头，沿着书中思路进一步去实践，探索攻治疑难病症的新途径，促进中医学术发扬光大，两位教授之愿足矣！吾愿亦足矣！

是为序。

和中浚

2018年孟冬于成都西郊补拙堂

编写说明

本书是四川省中医药管理局“川派中医药名家学术思想及临床经验研究专项”课题成果之一。课题组在全面收集王明杰、黄淑芬二位教授从医 50 年来的论文、著作、讲稿、病案、处方及学术继承人的跟师笔记、学习心得等资料基础上，认真整理其独特治法及常用方药，反复凝练其学术思想与临床经验，重点展示其“论病着眼玄府，临证首重开通，百病疏风为先，顽症从风论治”的学派特色，作为贯串全书的主题。

本书由生平简介、临床经验、学术思想、学术传承、论著提要、学术年谱 6 个部分组成。其中“临床经验”为全书重点，分医案和方药两个方面进行介绍。“医案”是在二位教授临床 50 年、特别是近 10 年来的大量病案基础上，精选其中富有代表性的脑病、心病、肾病与眼病案例，兼及其他各科，以反映二老数十年临床工作的重心与全貌。医案均用中医病名，有明确西医诊断者，括注其后。编辑时尽量选取记录相对完整、疗效较为确切、辨证立法有新意、处方用药有特色的案例，予以规范整理（一些早年医案，记录欠规范，一般未予改动，仍保留原貌），并加按语辑成。编者本着传承创新的精神，认真梳理老师临床诊疗思路，尽力探索老师遣方用药心法，以帮助读者学习领会老师的学术思想。“治法与方药运用”包括常用开通玄府法（开玄治法）、开通玄府运用发挥、风药新识与新用、风药药论、风药方论、经验方及组方用药心得 7 个方面，重点介绍二位教授长期以来研究应用风药的创见卓识与实践经验。“经验总结”选录了 10 篇学术继承人整理发表的王老、黄老临证经验论文。“学术思想”突出介绍二位教授历经数十年发掘整理的河间玄府理论、总结创新的开通玄府治法，以及“百病疏风为先，顽症从风论治”“治血先治风，风去血自通”等独特见解。“学术传承”介绍二位教授创建的川南玄府学派传承脉络，列举了 15 位学术继承人的传承简况。“论著提要”从二老出版发表的众多著述中，选择有代表性的论文 12 篇、主编的著作及教材 6 部予以介绍及简要点评。书末“附录”列出了发表的主要论文目录与出版专著、教材的名称，便于读者查阅；最后选录王老涉及医药的诗词数首，供读者赏析。鉴于二位教授的工作有分有合，书中对于诊治的医案、撰写的论文和著作、提出的学术见解等，均具体标明系独立或合作完成。

本书编写工作一直在王老、黄老悉心指导下进行，全部书稿由二位教授最后审定。编写过程中，得到本丛书副总主编、成都中医药大学和中浚研究员的大力支持与热情指导，尤其是不辞辛劳，拨冗作序，为本书增色添辉，在此谨致谢忱！

由于编者水平有限，书中错谬之处难免，恳请读者不吝批评指正。

编委会

2021 年 5 月

目 录

生平简介

川派中医药名家系列丛书

王明杰
黄淑芬

王明杰教授生平

一、立志习医济世，众多名师引领

王明杰，1943 年 10 月出生于四川省成都市。1957 年初中毕业考入四川大学附中，高三时因突发恶性贫血休学一年，经中医药治疗痊愈后，立志继承中医学遗产，做一名济世活人的中医师。1961 年高考时以第一志愿考取成都中医学院中医学专业。

6 年大学期间，有幸受教于李斯炽、吴棹仙、彭履祥、冉品珍、刘耀三、王廷富、宋鹭冰、凌一揆、余仲权、关吉多、陆闻鸿、陈潮祖、罗禹田、肖正安等诸多名师，系统学习中医经典与临床课程，多次考试全优，获得过不少奖项，奠定了牢固的中医理论基础。又在附属医院、成都市第一人民医院与南充专区人民医院进行教学见习与实习，跟随彭履祥、王祉珍、廖先齐、庞济刚、何济生等名医学习临床诊疗技能，受益良多。

1967 年 7 月本科毕业，次年分配到解放军农场劳动锻炼，1970 年再分配到甘孜藏族自治州卫生学校工作。1978 年成都中医学院招收首届硕士研究生，王老出于对中医眼科名家陈达夫教授精湛学术的仰慕，放弃自己熟悉的内科方向，报考眼科专业并得以录取，有幸成为达夫先生的关门弟子，并得到林万和、邓亚平、曾樨良、王明芳、廖品正等眼科名医的悉心指导，还聆听到李克光、郭子光等中医大师的学术讲座，对中医学的认识和把握都上升到了一个新的层次。

二、植根泸医沃土，培育桃李满园

1981 年研究生毕业，为了早日实现家人团聚，自愿到泸州医学院工作。该院历来重视中医与中西医结合工作，较早开办高等中医教育，随后还在国内西医院校中第一个建立附属中医医院。来校之初，因中医系师资力量薄弱，他在主讲中医各家学说与伤寒论之外，还承担中医眼科学、中医内科学、温病学、中医基础理论、中医学导论等多门课程的教学任务，同时坚持临床工作。1987 年晋升副教授，1993 年晋升教授，1999 年选聘为硕士生导师。先后担任中医经典教研室主任，中医文献研究室主任，中医系副主任、主任，附属中医医院院长；兼任中华中医药学会理事、四川省中医药学会常务理事、四川省中医药学会仲景学说专委会副主任委员、泸州市中医药学会会长等职。

在教学工作中，王老从西医院校开办中医教育的客观情况出发，大胆进行人才培养模式及课程设置的教学改革，提倡理论联系实际，早临床，多临床，注重培养学生分析问题、解决问题的实际工作能力，毕业生受到各地医疗卫生机构的好评。王老主持的教改项目连续三届获评四川省教学成果奖。个人先后获评四川省师德标兵、四川省优秀教师、泸州医学院首届教学名师、四川省教学名师。

近 40 年来，王老在泸医（今西南医科大学）培养了一大批专科生、本科生及硕士研究生，遍布省内各地医疗卫生单位，还有不少学生在省外乃至国外行医，可谓桃李满天下。如今，他付出大半生心血建设的西南医科大学中西医结合学院附属中医医院，已经进入全国中医医院百强，成为四川省除成都外最大的中医、中西医结合医教研基地。

三、发掘河间绝学，构建玄府体系

数十年来，王老坚持不懈刻苦钻研中医经典及历代各家学说，尤以对金元医学大师刘完素河间学说的研究深入持久，成果丰硕。作为达夫先生的关门弟子，王老一直致力于发掘“沉寂医林八百年”的河间玄府理论，整理研究达夫先生开通玄府明目治法，并借鉴达夫先生移植伤寒六经于眼科领域的治学方法，将眼科开通玄府之法应用于内科及临床各科，力倡“玄府闭塞为百病之根，开通玄府为治病之纲”，并归纳总结开通玄府方药，丰富发展开通玄府治法，构建起理法方药较为完善的玄府学术体系，被称为“现代研究玄府学说的领航者”。

王老临床擅长运用风药、虫类药开通玄府畅达气血津液治疗中风、眩晕、头痛、心悸、冠心病等心脑血管病及某些疑难杂症。方法独特，疗效显著。相关经验纳入《长江医话》《当代名医证治汇萃》《中国中医眼科全书》《四川名家经方实验录》及《中医杂志》《中华中医药杂志》等书刊中。

王老近 40 年来共承担国家及省部级、厅局级、校级课题 20 余项，获奖成果 14 项，其中华夏医学科技进步奖、四川省科学技术进步奖、四川省中医药科技进步奖各 1 项，泸州市科技进步奖 2 项。发表学术论文逾 100 篇，编写出版专著、教材 20 部，其中主编 5 部，主审 4 部。先后获得泸州市劳动模范、四川省中医药发展先进个人等荣誉称号。2016 年荣获首届四川省医疗卫生终身成就奖。2018 年获评第三届四川省十大名中医。

四、全力传薪播火，创立玄府学派

为了中医事业后继有人，王老热忱参与中医学术传承工作，先后担任第三、四、六批全国老中医药专家学术经验继承工作指导老师及医院师承导师、中医学专业本科生临床导师，全力建设国家中医药管理局批准成立的“王明杰全国名老中医药专家传承工作室”，不辞辛劳培养学术继承人。与黄淑芬教授一道，以玄府学说为中心，全力传承创新，带领弟子们从基础理论、治法方药到临床各科，开展一系列探索与实践。在长期实践中形成了“论病着眼玄府，临证首重开通，百病疏风为先，顽症从风论治”的独特诊疗风格，通过多年薪火传承，逐步构建起一支人才济济的学术团队——川南玄府学派。以该派传承人为学术带头人及核心成员的脑病科、肾病科均发展成国家临床重点专科。王明杰作为创始人，正带领该学派不断发展壮大，使之逐步成为川派中医中一支特色鲜明、优势突出的学术流派，立足川南，影响巴蜀，辐射全国，发扬光大玄府学说，促进中医学术的繁荣发展。

黄淑芬教授生平

一、十年基层临床，体验中医优势

黄淑芬，1944 年 5 月出生于四川省自贡市。1962 年由自贡市蜀光中学考入成都中医学院中医专业 6 年制本科。在校期间，有幸聆听李斯炽院长带领的众多国内名老中医亲自授课，系统学习了中医基础理论、经典著作及临床各科课程。1965 年赴绵竹进行了为期半年的教学实习，打下了较为坚实的中医功底。

1968 年 12 月毕业分配到宜宾地区泸县福集区卫生院。该院当时既无中医科，也无中药房。黄老从针灸治疗开始，收到良好效果，逐步开设起中医门诊，病员持处方去附近的联合诊所取药。

1971 年夏天，当地发生乙脑流行，医院病房收治了不少高热、昏迷、抽搐的危重患儿，西医治疗无效，黄老运用温病学的方法大胆细心地治疗，使一个个被西医认定没有希望的乙脑患儿转危为安，痊愈出院。这些成功案例大大增强了这位初出茅庐的年轻人的自信，同时也令西医人员对中医刮目相看。此后病房中多种危重病症患者，都请她开中药配合治疗，明显提高了疗效。

半年以后，就诊病员逐渐增加，医院设置了中药房。尽管条件简陋，但得到广大农村病员的高度信任，黄老也从实践中体验到中医药防治各种常见病、多发病的重要作用，特别是川草乌、生南星、生白附子、甘遂、麻黄、蜈蚣、全蝎等峻猛有毒药物以及安宫牛黄丸、紫雪丹、至宝丹、六神丸等传统中成药治疗疑难痼疾和抢救危重病症的神奇效果，更加增强了对中医学的深切热爱。

二、跻身高等学府，医术更上层楼

1978 年成都中医学院为“老五届”毕业生开办为期一年的中医理论进修班，黄老重新回到母校学习，有机会与正在攻读研究生的王老相聚，也有幸聆听到陈潮祖、郭子光、张之文等名师的精彩讲课。积累了多年基层实际工作经验后，再回到课堂学习，深感机会难得，倍加勤奋研习，对中医学有了许多新的认识与感悟。学习1年后，学院选中黄老留校作为师资，没想到宜宾地区卫生局为留住人才而拒绝放人，黄老失去了回成都与家人团聚和回母校工作的机会。

几经周折，黄老于1981年与王老同调至泸州医学院，安排到附属医院中医科工作。为了适应病房中西医结合治疗危重患者的需要，黄老下苦功夫学习西医知识和技能，在实践中逐渐熟悉和掌握了内科常见病、多发病的西医诊疗常规及危重患者的急救处理。特别是经过1年住院总医师的锻炼，中、西医业务都上了一个台阶。

1984年泸州医学院建立附属中医院，随之黄老被安排到中医院工作，先是大内科，后来专科分化到肾病内科。一直坚持进行各种形式的继续教育学习，不断补充、更新专业知识，进一步拓宽知识面。优化知识结构，尤其是在中医、中西医结合治疗肾脏病及代谢、内分泌疾病等方面造诣较深，疗效显著。《泸州日报》曾以“屡建奇功的肾病专家”为题予以报道。先后担任内科4组负责人、肾病内科主任、大内科副主任及主任等职。1991年晋升副教授，1998年晋升主任中医师（教授）。

担任科室负责人期间，黄老十分注重人才培养与学科建设，所领导的肾病内科2000年被评为四川省重点建设专科，此后一直担任该科学术带头人至今。肾病内科2009年被评为四川省重点专科，2012年被评为国家中医药管理局“十二五”重点建设专科，2013年被评为卫生部临床重点专科，2017年被评为国家区域中医（专科）诊疗中心。

三、传承岐黄之术，热心培养后学

为了中医事业后继有人，黄老一直热心中医教育。她早在1975年就兼任泸县卫校中医教师，承担中医基础、温病学、中医内科、中医妇科等众多课程的教学任务，尽量结合临床，讲课深入浅出，并组织病案讨论，培养学生临床思维能力，深得好评。

20 世纪 80 年代到泸州医学院后，黄老的教学才能得到充分发挥。她在坚持繁忙临床医疗工作的同时，一直不脱产担任本科生中医内科学主讲教师。教学中循循善诱，善于进行案例式、讨论式教学，并精心设计制作多媒体计算机教学课件，受到学生普遍欢迎，多次被评为泸州医学院优秀教师。90 年代起兼任中医内科教研室主任，努力加强教研室建设，深化教学改革，强化教学管理，成效显著，曾获四川省教学成果二等奖，中医内科学被评为省级重点建设课程，中西医结合临床内科评获泸州医学院首批硕士学位点，个人被遴选为硕士研究生导师，从 1997 年起招收研究生。

从 2003 年起，黄老先后担任四川省第二批、全国第四批老中医药专家学术经验继承工作指导老师，2010 年由成都中医药大学聘任为中医师承博士、硕士生导师，指导学术继承人 2 名，分别获得博士、硕士学位，个人被国家中医药管理局评为优秀指导老师。2018 年国家中医药管理局批准建立“黄淑芬全国名老中医药专家传承工作室”。2019 年四川省中医药管理局批准建立“川南玄府学术流派工作室”。黄老作为学派创建人之一，正在更大范围内传承岐黄之术，培养后继人才。

四、拓展风药应用，倡导治风新说

多年来，黄淑芬教授致力于发掘中医学宝贵遗产，不断总结临床实践中积累的丰富经验，对以麻黄为代表的风药及某些虫类药的运用造诣颇深，先后提出“血压高未必忌麻黄”“虚喘用麻黄”及“风药增效论”“治血先治风，风去血自通”等独到学术见解，被《中医内科学》教材及《中国中医药报》收录转载。先后主持、主研省部、厅局级科研课题 8 项，其中牵头申报的“治血先治风基础与临床研究”被列为国家中医药管理局重点项目，带领学术团队圆满完成研究任务，发表的相关学术论文，影响甚广，其围绕风药与治风法的创新观点得到同行普遍认可，推广应用范围涉及肾病、心病、脑病、肝病、脾胃病、眼病、骨病、皮肤病、男科病等多个领域。主持完成的两项风药虫药组方制剂（灵仙胶囊、肾舒胶囊）研究分获四川省、泸州市科技进步奖。共研制专科纯中药制剂 8 种，获国家知识产权局发明专利 1 项。编写专著、教材 4 部；在国家级、省级学术刊物、学术会议及《长江医话》《四川名家经方实验录》上发表论文 50 余篇。1998 年被评为首届四川省名中医，1999 年被评为享受国务院特殊津贴专家。

黄淑芬教授目前仍然坚持工作在临床第一线，热心指导学术继承人，与王明杰教授一道，带领川南玄府学派，发扬光大玄府学说，为中医事业的发展尽自己的一份力量。

临床经验

川派中医药名家系列丛书

王明杰
黄淑芬

中医临证，“辨证论治”乃医者功夫一大正宗。然王老独能于疾病“证中”“证外”专意搜寻“玄府”郁闭之征兆，无论邪实之痰、湿、风、瘀、毒等缠绵，或是正虚之气、血、津液、精神失荣，皆为一“郁”所致。譬如阴阳，天地中自足，所乖者，道路堵塞故尔，故清浊升降失序，刚柔润燥失职。

王老能够领悟先贤所谓天地万物有此“玄府”之物，且“郁”乃其病根，而黄老亦能体会出风药之生升舒展，恰能解临床肾病、喘病等虚中有实，补泻两难之困局，不畏风药之激烈鼓荡，不守“虚喘不用麻黄”之旧见，于风瘀兼具之杂症，力倡“治血先治风，风去血自通”，大胆使用风药如风之性，治风之能，勇敢专攻，大有“以无入于有间”之妙。临床之寒温错杂，虚实并见，二老格物析理，于此临证中万水千山之魔境，悉能勘破迷障，认出“玄府”易郁易闭之真因，邪实或正虚恰是玄府郁闭之两果，故放胆运用风药、虫药、温药之利刃，着意开通玄府、肌腠、门户，则升降出入复常而邪自除，正自复，阴阳和调，乃为圣度。

“风药未必尽祛风，升散透泄用无穷”“虫药走窜性灵动，搜剔钻透有奇功”。二者在临床各科多种顽急症中屡建功勋，它们或单用，或合用，或重用，或轻用，于“开通玄府”却是不能不用。诚如王老在《究“玄府”》一诗中云：“出入升降塞则病，怫郁结滞通为先。大道至简悟不尽，万法归一曰开玄。”下面整理的各科医案与方药应用着重介绍了二老这方面的独到经验。

一、医案

（一）内科医案

1. 眩晕

案1 黄某，男，73岁。1980年3月12日初诊。

长期头昏眩晕，发作甚时行走不能自持，向前或侧面窜动，平时喜吐痰，纳差，面色苍白，一身瘙痒，睡眠尚可，舌淡红，苔白薄腻，脉弦滑。曾用补气养血、健脾除湿之法，疗效不明显。

诊断：眩晕。

辨证：痰湿中阻，清阳不升。

治法：健脾除湿，涤痰升清。

处方：半夏白术天麻汤合导痰汤加减。

胆南星 10g	白芥子 12g	半夏 12g	天麻 12g
白术 12g	茯苓 20g	党参 30g	枳实 12g
竹茹 12g	桂枝 12g	陈皮 12g	防风 12g
甘草 5g			

4 剂，水煎服。

1980 年 3 月 20 日二诊：症状略有减轻，其他无不适，效不更方，上方继服 6 剂。

1980 年 4 月 2 日三诊：共服上方 10 剂，眩晕明显好转，时而吐痰。改用六君子汤加减：

党参 30g	白术 12g	茯苓 20g	白芥子 12g
半夏 12g	桂枝 12g	陈皮 12g	枳壳 12g
黄芪 20g	干姜 10g	鸡血藤 30g	甘草 5g

4 剂，水煎服。

1980 年 4 月 10 日四诊：头昏、眩晕、吐痰明显好转，已能正常行走，面色红润，精神饮食均可。上方去白芥子、枳壳、干姜，加山药 15g，川芎 12g，葛根 30g。4 剂。

1980 年 4 月 18 日五诊：头昏、眩晕、吐痰等症状消失，行走自如，精神、饮食、睡眠正常，无不适，以调理脾胃之品巩固疗效。

（黄淑芬案）

按语：患者因脾虚生湿，湿聚为痰，痰浊阻窍，清阳不升，神机不遂而眩晕。一、二诊半夏白术天麻汤合导痰汤侧重涤痰以治其标，三、四诊改用六君子汤健脾化湿以求其本，疗效稳定。

案 2　林某，女，71 岁。2013 年 11 月 10 日初诊。

有低血压、支气管炎病史。现头晕，睡眠不好，舌尖红苔腻，脉沉细。

诊断：眩晕。

辨证：气虚血瘀。

治法：益气升阳。

处方：益气聪明汤加减。

黄芪 30g	炙甘草 9g	红参 8g	当归 12g
葛根 30g	柴胡 10g	白术 12g	鸡血藤 30g
防风 10g	酒川芎 12g	羌活 10g	白芍 15g

3 剂，水煎服。

2013 年 12 月 8 日二诊：服前药后症状减轻，头晕，口干，口苦，四肢疼痛，舌红少苔，再守方加减。

黄芪 20g	炙甘草 5g	当归 12g	葛根 40g
柴胡 10g	鸡血藤 30g	防风 10g	酒川芎 12g
牡丹皮 10g	白芍 25g	天麻 15g	生牡蛎（先煎）30g
炒僵蚕 10g	蝉蜕 10g	土鳖虫 10g	生地黄 20g

3 剂，水煎服。

2013 年 12 月 29 日三诊：眩晕减轻，手臂及双膝疼痛，脉细滑。改用黄芪桂枝五物汤加减以益气活血、祛风通络。

姜黄 15g	鸡血藤 30g	川牛膝 15g	酒川芎 15g
白芍 30g	白芷 10g	醋延胡索 12g	炒王不留行 20g
甘草 5g	土鳖虫 9g	桂枝 9g	忍冬藤 25g
葛根 30g	黄芪 15g	当归 10g	防风 10g
羌活 10g	威灵仙 20g		

3 剂，水煎服。

2014 年 5 月 9 日四诊：眩晕、四肢痛消失，现头胀，睡眠尚差。予下方调理善后：

当归 12g	葛根 40g	柴胡 10g	防风 10g
鸡血藤 30g	酒川芎 12g	羌活 10g	白芍 25g
炒僵蚕 10g	蝉蜕 10g	石菖蒲 12g	生牡蛎（先煎）30g
炙甘草 5g			

3 剂，水煎服。

（王明杰案）

按语：患者由于年老体虚，脾肾不足，髓海失养，清阳不升而致眩晕，诊为气虚血瘀。方选益气聪明汤以补气升阳，酌加鸡血藤、当归补血，再加风药如防风、川芎、羌活以畅达气血。3 剂后患者症状减轻，二诊症状减轻，见头晕，口干，口苦，四肢疼痛，舌红少苔，故守方基础上，加牡丹皮、生地黄清热凉血，天麻、牡蛎滋养肝肾之阴，再加虫药僵蚕、蝉蜕、土鳖虫增强通络之功。再服 3 剂后，患者眩晕减轻。三诊以“手臂及双膝疼痛”为主症就诊，故换用黄芪桂枝五物汤加虫类药等通络止痛之品。本案体现风药、虫类药与益气活血药的协同增效之功。

案 3　陈某，女，31 岁。2013 年 7 月 12 日初诊。

患者素来血压偏低，西医诊断为原发性低血压病，常觉头昏，劳累后尤甚，短气乏力，食欲不振，月经量少，舌质淡，苔薄白，脉沉细。

诊断：眩晕。

辨证：气血亏虚，清阳不升。

治法：益气养血，补中升阳。

处方：升阳益胃汤加减。

黄芪 30g　红参（先煎）9g　党参 20g　当归 12g
葛根 30g　石菖蒲 12g　柴胡 12g　白术 9g
鸡血藤 30g　羌活 10g　酒川芎 12g　防风 10g
麻黄 9g　枸杞子 15g　炙甘草 6g

4 剂，水煎服。

2013 年 7 月 29 日二诊：服上方汤药之后，症状减轻，血压回升。继以上方加附片（先煎）12g，4 剂，水煎服。

2013 年 8 月 9 日三诊：服上方汤药之后，症状减轻。继续守方加减。

处方 1：上方麻黄加至 12g，5 剂，水煎服。

处方 2：

黄芪 30g　炙甘草 6g　当归 12g　葛根 20g
石菖蒲 12g　柴胡 12g　白术 12g　鸡血藤 30g

羌活 10g　酒川芎 12g　防风 10g　麻黄 10g
枸杞子 20g　红参 10g　白芍 15g

5 剂，制水丸，汤剂服完后开始服用，每次 9g，每日 3 次。

2013 年 10 月 3 日四诊：头晕消失，精神转佳，血压稳定。再以丸药方 4 剂调理巩固。

（王明杰案）

按语：本案紧抓气血不足的病机，补益气血以培其本，配合柴胡、羌活、防风、麻黄等风药轻清上行以升其阳。因有参芪之补益而不畏风药之发散，麻黄等品反有增效补益之功，随着麻黄的不断加量而病情减轻，即为明证。

案 4　陈某，男，44 岁。2015 年 7 月 7 日初诊。

眩晕 6 年，晨起为重，长期服用中西药物乏效，精神疲倦，四肢酸软无力，短气，便溏，畏寒，口腻，苔薄白，脉沉细。

诊断：眩晕。

辨证：脾肾阳虚。

处方：补中益气汤合桂附理中汤加减。

黄芪 30g　炙甘草 6g　党参 25g　当归 10g
葛根 40g　柴胡 12g　白术 15g　白芍 20g
羌活 10g　防风 10g　炒僵蚕 10g　土鳖虫 10g
干姜 10g　桂枝 12g　红景天 6g　制附片（先煎）15g

5 剂，水煎服。

2015 年 7 月 24 日二诊：症状减轻，时有脑鸣。上方制附片加至 30g，另加石菖蒲 15g，法半夏 12g。5 剂，水煎服。

（王明杰案）

按语：本案患者素体脾胃亏虚，日久脾肾阳虚，清阳不升，发为眩晕。“脾宜升则健”，治疗上，不仅要补益脾气，同时要升举脾之清阳，上达头面，则眩晕自除。故治疗时，王老选用补中益气汤为主加减。方中黄芪补气升阳，为升举脾中清阳之要药，柴胡与黄芪相伍，能增加黄芪升举之力。王老常以葛根易升麻，认为此药既可助黄芪升举清阳，又可改善便溏，还能活血化瘀，与川芎、鸡血藤、土鳖虫等配合促进头部血运。红景天有一定的抗疲劳作用，亦能活血。王老常将其与补气药配合使用，对气虚血瘀者尤为适宜。

2. 中风（脑梗死）

案 1　陈某，男，68 岁。1997 年 3 月 7 日初诊。

主诉：口眼歪斜，伴右侧肢体活动障碍。

患者 10 天前因夜卧当风，晨起突发口眼歪斜，舌强语謇，右侧肢体活动障碍。经某院诊断为脑梗死，西医治疗 1 周后病情减轻，因经济原因要求出院，改请中医治疗。

诊见：身体肥胖，面色无华，舌强不灵，歪向左侧，言语不清，口角流涎，右侧肢体活动障碍，伴肢体麻木及感觉迟钝，手足厥冷，腰膝酸软无力，食少便溏，舌淡红，边有齿痕，苔白腻，脉沉细。

诊断：中风。

辨证：气血亏虚，风邪入中，痰瘀阻络。

治法：益气养血，祛风通络，涤痰化瘀。

处方：侯氏黑散。

菊花 20g	白术 12g	牡蛎 30g	茯苓 12g
党参 15g	当归 12g	细辛 9g	桔梗 12g
川芎 12g	防风 12g	黄芩 12g	干姜 9g
桂枝 9g	明矾（冲服）3g		

3 剂，水煎服，每日 1 剂。

1997 年 3 月 11 日二诊：口角流涎减少，饮食略增，上方加黄芪 20g，再进 3 剂。

1997 年 3 月 15 日三诊：言语较前清晰，自觉上下肢渐有力，患者要求此方长期服用，乃以初诊方去明矾，加天竺黄 6g，全蝎 3g，细辛减为 5g，6 剂。嘱将各药粉碎，取细末和匀，每服 5g，开水冲服，1 日 3 次。

1997 年 4 月 13 日四诊：服药 28 天后，舌已不强，肢麻消失，上下肢活动自如，能扶杖步行。再予上方 5 剂做成散剂巩固治疗，1 个月后恢复如常人。

（王明杰案）

按语：王老指出，侯氏黑散为仲景治中风之首方，《金匮要略·中风历节病脉证并治第五》中云："治大风，四肢烦重，心中恶寒不足者。"方中重用菊花，"以能并去内外之风邪也"，故以为君，配合防风、桂枝、细辛祛风通络，黄芩、牡蛎清热潜阳，明矾、桔梗涤痰，当归、川芎活血，人参、茯苓、白术、干姜温中健脾。诸药相伍，体现治寒、治热、治虚、治实俱备，外风、内风兼治的用药法度。祛风药于中风，唐宋以前运用甚多，金元以后因"内风说"的兴起而渐被摒弃。其实，祛风药不独治风，而且治气（调畅气机）、治血（活血通络），功擅开通经络窍道，开发郁结闭塞，在中风病的治疗中有着他药不可替代的作用，对出血性中风和缺血性中风皆宜。既往对侯氏黑散的质疑，一是认为用药太杂，寒热补泻并存；二是认为内外不分，祛风息风混用。然而中风的发生，原本因素复杂，内风外风，更难截然分开。本方寒热并用，内外同治，用于脑梗死本虚标实，痰瘀风火兼夹患者，标本兼顾，面面俱到，疗效肯定，但需要长期服用以竟全功。《金匮要略》原方作为散剂，正是便于患者长服。

案2 杨某，男，47岁。2016年1月17日来诊。

患脑梗死后1个月，现右侧肢体活动不利，双手发冷，精神疲乏，步履艰难，腰酸，舌淡暗，苔薄腻，脉弦无力。

诊断：中风。

辨证：气虚血瘀，玄府郁闭，络阻风动。

治法：益气活血，开玄息风。

处方：补阳还五汤加减。

黄芪100g	当归10g	地龙15g	川芎20g
红花10g	独活20g	牛膝30g	僵蚕15g
山楂30g	党参15g	茯苓30g	水蛭10g
炒白术15g	白芍20g	桑枝15g	桂枝20g
炙甘草10g	桃仁10g	桑椹10g	威灵仙15g

上方6剂，制水丸，每日3次，每次10g，温水送服。嘱配合进行肢体功能锻炼。

2016年2月28日二诊：精神好转，右侧肢体活动不利减轻，右手指发胀，行走尚不稳，小便黄，口干口苦，舌淡暗，苔薄腻，脉弦无力。上方去独活、桑枝、桑椹、威灵仙等，加熟地黄 20g，知母 15g，黄柏 10g，细辛 3g，通草 15g。继用 6 剂，制水丸，服法同前。

2016 年 4 月 1 日三诊：右侧肢体活动继续好转，上方去知母、黄柏、通草，加茯神木 20g，佩兰 15g，制水丸，继服 6 剂。

随访：患者坚持服用中药丸剂配合肢体功能锻炼，3 个月后基本康复。

（王明杰案）

按语：王老认为本案患者素体气虚，行血无力，致使瘀血内生，阻滞脑络玄府，发为脑梗，并遗留下右侧肢体活动不利，步态不稳。方选王清任补阳还五汤益气活血通络，方中重用黄芪大补脾胃之元气，党参、白术、茯苓健脾补气，桑椹滋补肝肾，以令气旺血行，瘀去络通，当归、酒川芎、红花、桃仁、牛膝、地龙、水蛭等活血开玄，僵蚕、独活、桂枝、桑枝、威灵仙、细辛等祛风开玄。全方共奏益气化瘀、开玄通络之功效。

3. 头风

案 1　姜某，男，37 岁。2013 年 6 月 9 日初诊。

头痛伴头昏头胀 5 年。长期服西药效果不佳，睡眠差，神疲气短，苔腻微黄，脉细涩。磁共振显示鼻中隔偏曲，颈椎增生，椎间盘突出。

诊断：头风。

辨证：气虚血瘀。

治法：益气活血，祛风通络。

处方：天虫定眩丸加减。

黄芪 20g	天麻 15g	当归 10g	茯苓 15g
葛根 30g	石菖蒲 12g	防风 10g	白术 12g
鸡血藤 20g	白芍 20g	酒川芎 15g	羌活 10g
炒僵蚕 10g	全蝎 5g	丹参 15g	炒酸枣仁 20g
土鳖虫 10g	地龙 8g	酒黄连 9g	炙甘草 5g
三七粉 3g			

4 剂，制水丸服。

2013年7月21日二诊：服用前药后头昏头痛减轻，食后胃胀，胃烧灼感，大便稀溏，睡眠较差，舌苔微黄腻，脉涩。上方去天麻、石菖蒲、全蝎、羌活，加豆蔻10g，厚朴12g，生山楂12g，4剂，制水丸服。

2013年8月25日三诊：服用前药后，症状进一步减轻。继用上方4剂，制水丸服。

2013年11月8日四诊：头昏头痛明显减轻，睡眠较差，疲乏，胃脘胀，苔腻微黄，脉弦。

黄芪25g　当归10g　白术12g　豆蔻（后下）10g

九香虫10g　姜厚朴12g　防风10g　炒酸枣仁30g

鸡血藤20g　白芍20g　酒川芎15g　炒僵蚕10g

丹参15g　土鳖虫10g　地龙8g　三七粉3g

酒黄连9g　茯苓15g　灵芝12g　五味子12g

炙甘草5g

4剂，制水丸服。

2014年4月1日来诊他病，言服药后睡眠改善，头痛解除，至今未发。

（王明杰案）

按语：本案患者长期头痛、头昏、头胀，有颈椎病史，经多方治疗效果不佳。王老另辟蹊径，从玄府角度辨证为玄府郁闭，脑络失养所致。脑之玄府闭塞，气血津液精神的运行不利，其脑络既有不通则痛，亦有不荣则痛，故而头痛经年不愈，并头晕、神疲、气短、眠差等。治疗上当益气活血、祛风通络。选方为王老经验方天虫定眩丸，治疗玄府郁闭的眩晕、头痛，效果显著。方中黄芪、炙甘草益气升阳，当归、白芍、鸡血藤养血活血，白术、茯苓、石菖蒲健脾化痰，丹参、三七粉活血化瘀，炒酸枣仁养血安神，妙在葛根、天麻、川芎、羌活、防风等风药与地龙、僵蚕、土鳖虫等虫药合用，共臻开通玄府、通络息风之功。

案2　陈某，女，57岁。2014年3月18日初诊。

主诉：头痛数年。

患者经常头痛，怕冷怕风，眼花。尿频，口腻，苔腻，脉缓。

诊断：头风。

辨证：肺脾气虚，风寒侵袭。

治法：补益肺脾，祛风通络。

处方：玉屏风散合柴葛解肌汤加减。

酒川芎 12g　麸炒白术 12g　防风 10g　桂枝 12g
白芷 10g　柴胡 15g　葛根 30g　白芍 25g
黄芪 30g　舒筋草 20g　木瓜 12g　党参 20g
鸡血藤 30g　酒黄芩 12g

3 剂，水煎服。

2014 年 3 月 23 日二诊：服上方后，怕冷、怕风、头痛缓解，眠差。

上方去木瓜、白芷，加用通络止痛较强的细辛 6g，另以炙甘草调中。3 剂，水煎服。

（王明杰案）

按语：患者素体不足，气血亏虚，正虚不足，易招致外邪，故常“怕冷恶风，头痛眼花”。据主症辨为肺脾气虚，风寒侵袭之头痛。此为本虚标实之证。治疗时应扶正祛邪并用，故方用玉屏风散合柴葛解肌汤以补益肺脾、祛风通络。再加党参加强补气，舒筋草、木瓜、鸡血藤祛风通络。

案 3　李某，女，36 岁。2011 年 11 月 17 日初诊。

主诉：头痛缠绵不愈近 20 年。

患者 20 年来因头痛屡用中药、西药、针灸等治疗，仅能暂时缓解，无法根治，每年发作数次，西医诊断为偏头痛。近几年来疼痛程度加重，持续时间延长，需在神经内科住院输液数日方能控制。此次已头痛两日，右侧尤甚，右颞侧连及目眶、耳后刺痛、跳痛，遇冷风加剧，服西药镇痛只能缓解三四个小时，睡卧不宁，烦躁不安，口干不欲饮，饮食、二便正常，舌暗红，苔薄白腻，脉弦细。

诊断：头风。

辨证：风邪阻络，寒凝血瘀。

治法：祛风散寒，温经通络。

处方：八味大发散合麻黄附子细辛汤、止痉散加减。

川芎 30g	羌活 12g	细辛 15g	麻黄 12g
白芷 12g	延胡索 12g	蔓荆子 12g	防风 12g
葛根 45g	白芍 30g	附片（先煎）15g	全蝎（研末冲服）3g
蜈蚣（研末冲服）1条			

3剂，水煎服。

2011年11月20日二诊：两剂后头痛明显减轻，已停用止痛西药，睡眠改善。上方川芎减为15g，细辛减为9g，继用3剂。

2011年11月24日三诊：头痛缓解大半，每日仅有1～2次小发作。改用丸剂调理巩固。

川芎 15g	羌活 12g	细辛 6g	乳香 12g
白芷 12g	玄胡 12g	蔓荆子 12g	防风 12g
葛根 20g	白芍 20g	黄芪 20g	全蝎 6g
蜈蚣 2条	地龙 12g	僵蚕 12g	当归 12g
鸡血藤 20g	丹皮 12g	甘草 6g	

4剂，制水丸，每服9g，每日3次。

患者1个月后来电致谢，言丸剂服完，头痛已愈。嘱停药观察，保持联系。随访两年，未见发作。2014年3月来院门诊，称头痛复发，但程度较前为轻。仍以丸药方加减4剂，服用后病情很快控制。追踪观察至今，头痛未见发作。

（王明杰案）

按：偏头痛临床多见，其久痛不愈者中医称为“头风”。本例病程18年，风寒之邪入络，瘀血阻滞，头痛发作剧烈，非大剂温散难以祛除其久羁之邪，非强力搜剔难以开其久闭之结，撼其混沉之瘀。故大剂风药（如羌、葛、芷）、虫药（蜈、蝎）及热药（附子）多管齐下，获得佳效。王老认为，中医对疼痛的认识是“不通则痛”，治疗思想是“通则不痛”，与纯属治标的西医止痛不同，不仅有优良的缓解疼痛作用，而且由于解除了引起疼痛的“不通”病根，故能使疼痛不再发作。本案近20年顽疾，中药10剂，得以根除，充分体现了中医治疗痛证的优势。

4. 面风痛（三叉神经痛）

温某，男，67 岁。2017 年 4 月 7 日初诊。

右侧面颊部阵发性闪电样剧痛，经某医院神经内科诊断为三叉神经痛，病程 2 年余，时作时止，服卡马西平可暂时缓解。此次因劳累后饮酒而复发 10 余天，疼痛发作频繁且程度加重，西药效果不满意，故求中医治疗。刻诊：神情焦虑，右侧面颊灼热不能触碰，畏风，溲黄便干，苔黄腻，脉弦数。

诊断：面风痛。

辨证：风痰阻络，肝火冲逆。

治法：祛风通络，清肝泻火。

处方：七味追风散加减。

川芎 15g	白芷 12g	羌活 12g	黄芩 5g
酒黄连 10g	法半夏 12g	柴胡 15g	白芍 45g
丹皮 15g	延胡索 20g	炒没药 10g	醋乳香 10g
生蒲黄 15g	滑石 20g	甘草 6g	人工天竺黄 15g
地龙 12g	僵蚕 15g	全蝎（研末冲服）3g	

7 剂，水煎服。

2017 年 5 月 2 日二诊：服药后疼痛缓解，已停用卡马西平，嘱继用上方汤药 7 剂，然后改为丸剂调理。

黄芩 15g	酒黄连 10g	半夏曲 12g	酒川芎 15g
白芷 12g	郁金 12g	白芍 45g	牡丹皮 15g
延胡索 25g	地龙 15g	柴胡 15g	全蝎 3g
僵蚕 15g	炒没药 12g	醋乳香 12g	生蒲黄 15g
火麻仁 20g	甘草 6g	人工天竺黄 15g	

6 剂，制水丸服。

2017 年 6 月 11 日三诊：疼痛基本消除，要求再用丸药巩固。遂予 5 月 2 日丸药方 5 剂。

2017 年 12 月 3 日四诊：三叉神经痛控制半年，近日因吹冷风略有复发，出现较轻面痛，家中尚有丸药，服后有所缓解，要求照原方再制作 5 剂备用。

（王明杰案）

按语：三叉神经痛有“天下第一痛”之说，又称痛性抽搐。中医学认为，面痛的发病与外邪有关，盖头面部为一身阳经之会，足三阳经经筋会于颃（面颧部），手三阳经经筋会于角（头角部）。若风寒风热等外邪侵袭手足三阳之络，闭阻经络，气血郁滞，不通则痛；风为阳邪，善行而数变，故疼痛乍发乍止、举发不时。其次多由情志郁结，肝气失调，郁而化火，肝火上犯，以致面部疼痛，如烧如灼。若面痛反复发作，多年不愈，必致气血亏损，脉络瘀滞而作痛。

本案针对面部三阳经络之热痰瘀阻，采取分而治之策略，遵《素问·至真要大论》“热淫于内，治以咸寒，佐以甘苦，以酸收之，以苦发之……火淫于内，治以咸冷，佐以苦辛，以酸收之，以苦发之”之旨，用诸虫药咸辛入络豁痰、息风止痉而祛痛；苦味黄芩、黄连、柴胡寒凉直清上部冲逆之肝火；半夏、羌活辛味开关透窍以透经络之积热，更以重剂芍药酸收平肝风木之郁火；川芎、乳没之属活血行气以止痛；用天竺黄清热豁痰、凉心定惊、平肝泻火；用滑石、甘草导热下行水道，从下窍而解。可见，在临证中辨证准确、恰当运用虫类药可以起到事半功倍的疗效。

5. 面风（面肌痉挛）

谢某，女，45岁。1981年11月12日初诊。

主诉：右眼睑及颜面部阵发性抽动1年。

患者1年前无明显诱因出现右上眼睑跳动，未做治疗，随后从右下眼睑到右口角、侧面部均出现阵发性抽动，无法自制，影响到日常工作与生活。病情逐渐加重，曾四处求医，服用多种中西药物无好转，抽动发作日益频繁。来诊时见其右侧面部阵发性抽搐，面容痛苦，舌苔薄白腻，脉弦滑。

诊断：痉病。

辨证：风痰阻络。

治法：祛风化痰，活血通络。

处方：正容汤合止痉散加减。

僵蚕12g　法半夏12g　蝉蜕9g　制白附子（先煎）12g
木瓜15g　羌活10g　防风10g　制南星（先煎）12g
当归12g　白芍30g　甘草6g　鸡血藤30g

全蝎（研末冲服）5g　　蜈蚣（研末冲服）1条

3剂，水煎服。

1981年11月18日二诊：服药后，抽搐发作次数减少，程度减轻，未有不良反应。效不更方，上方继续服用。

1981年12月1日三诊：面部抽动消失，喜形于色，特来致谢。言总共服药10剂，经年顽疾，一朝痊愈。随访2年，病未再发。

（王明杰案）

按语：本案面肌痉挛，经年顽疾，乃风痰阻络，以“风药”之动，“虫药”之通，利用药之“动”性制病之“动”症，诚妙矣。

6. 口僻（面神经炎）

案1　黄某，女，38岁。2010年8月22日初诊。

患者1周前因整夜使用电风扇纳凉，次日晨起面部僵硬，口眼歪斜，前来就诊。现右眼闭合不全，前额皱纹消失，鼻唇沟平坦，面部歪向左侧，微恶风，二便如常，舌质淡红，苔薄白，脉浮缓。

诊断：口僻（面神经炎）。

辨证：风痰阻络。

处方：七味追风散加减。

防风12g　　葛根30g　　白芍30g　　川芎12g

僵蚕12g　　羌活12g　　麻黄12g　　甘草6g

全蝎（研末冲服）5g

5剂，水煎服，每日1剂。

5剂后，诸症明显减轻。加用当归12g，鸡血藤30g，继服5剂，症状基本消失。

（王明杰案）

案2　罗某，女，63岁。2014年1月17日初诊。

患者平日体健，今晨起发现口眼㖞斜，左侧颜面麻木迟钝，耳后及颈项强痛，微恶风寒，舌淡红苔薄白腻，脉弦紧。

诊断：口僻（面神经炎）。

辨证：风痰阻络。

治法：祛风化痰，活血通络。

处方：葛根汤合桃红四物汤、牵正散加减。

麻黄 12g	桂枝 12g	葛根 50g	羌活 12g
防风 12g	酒川芎 20g	川赤芍 15g	焯桃仁 12g
红花 10g	当归 12g	鸡血藤 30g	地龙 12g
炒僵蚕 12g	制天南星（先煎）15g	制白附子（先煎）15g	蜈蚣（研末冲服）1 条

4 剂，水煎服。

2014 年 1 月 26 日二诊：左侧面部肌肉瘫痪有所好转，精神疲乏。上方加黄芪 30g，蜈蚣加至 2 条，3 剂。

病人 1 个月后来院，口眼㖞斜已痊愈。

（王明杰案）

按语：王老经多年临床观察，认为口僻因风邪入侵，闭阻头面三阳经脉玄府，痰瘀阻滞络脉，治疗当以风药祛风为先，常以葛根汤为主，配合祛风痰、活血、通络之品，收效甚捷。本病的治疗，一般以虫类药与祛风痰药为主，王老经验，风药的作用不可忽视，尤其是初期，祛风药必不可少，否则影响疗效。

7. 颤证（帕金森病）

邱某，男，68 岁。2012 年 3 月 7 日初诊。

左手颤抖半年，未予治疗，日渐加重，不能自控，经西医诊断为帕金森病，患者不愿服西药而来就诊。面色苍白，神情呆滞，少气懒言，食欲不振，舌淡苔白腻，脉沉细。

诊断：颤证。

辨证：气血两虚，风气内动。

治疗：益气养血，祛风定振。

处方：七味追风散加减。

黄芪 30g	红参 9g	白术 12g	葛根 30g
白芍 30g	当归 12g	鸡血藤 30g	防风 12g
地龙 12g	僵蚕 12g	甘草 6g	全蝎（研末冲服）5g

蜈蚣（研末冲服）1 条

5 剂，水煎服。

二诊：5 剂后手颤抖减轻，饮食略有增加，仍感乏力。上方 5 剂制水丸。服 1 个月后病情继续好转，守方再进。前后共服用 20 剂，手颤抖控制，精神、饮食均有改善。

（王明杰案）

按语：本病属于中医“颤证”的范畴，病在筋脉，病位在脑，属本虚标实，气血亏虚、肝肾不足为本，血瘀生风、风气内动为标。本例在辨证基础上从风论治，使用七味追风散加减，在改善症状、延缓病程、增强西药疗效、减少西药用量、减轻西药不良反应等方面均起到了较好作用。

8. 痴呆（血管性痴呆）

程某，男，66 岁。2011 年 12 月 12 日初诊。

有脑动脉硬化病史 5 年，多发性腔隙性脑梗死 2 年，近半年逐渐出现沉默少言，反应迟钝，记忆力明显减退，多寐，头昏，气短，乏力，畏风，腰膝酸软，舌苔薄白腻，脉沉细。脑 CT 检查显示：脑萎缩。经某医院确诊“老年血管性痴呆”，西药治疗数月，血压控制正常，痴呆症状改善不明显。

诊断：痴呆。

辨证：肾气亏虚，脑窍郁阻，神机不遂。

治法：温肾益气，祛风通窍。

处方：七味追风散加减。

羌活 12g	白芷 12g	石菖蒲 12g	川芎 12g
细辛 9g	麻黄 9g	葛根 30g	肉桂 9g
僵蚕 12g	制附片（先煎）15g	全蝎（研末冲服）5g	

7 剂，水煎服。

7 剂后，精神好转，心悸、气短、头晕目眩大减。以此方去附片，制水丸，调服 3 月余，精神转佳，记忆力有所好转，头昏气短诸症消失，睡眠正常。

（王明杰案）

按语：血管性痴呆是指发生在脑血管病基础上的获得性智能障碍综合征，以记忆、认知、语言、视空间能力和人格等精神方面的缺损为主要表现，属于中医“呆病”“痴呆”“善忘”范畴。传统认为多由精气亏损，清窍失养或痰浊蒙蔽神明所致，多从填补精气、豁痰开窍着手施治。王老认为，本病基本病机在于脑中玄府郁闭，神机失用，临床治疗应以风药、虫药开通玄府，畅达神机为基本出发点，在此基础上根据疾病所处的不同时期、不同证型选方用药。本例使用王老经验方七味追风散加减收到良好效果。

9. 郁证（抑郁症）

案1 李某，女，39岁。

近半年来神情忧郁，少言寡语，对日常生活丧失兴趣，在外院诊断为抑郁症，曾服西药抗抑郁药及多种中药，效果不明显，特来诊治。就诊时患者面色无华，目光呆滞，少言懒动，反应迟钝，自述头晕胸闷，不思饮食，困倦多寐，腰膝酸软，下肢发凉，大便稀溏。舌质淡，苔白腻，脉弦滑无力。观其之前所服处方，多系逍遥散、二陈汤之类加减，收效不佳。

诊断：郁证。

辨证：肝郁脾虚，痰湿阻滞，神机不畅。

治法：疏肝健脾，化痰除湿，开玄畅神。

处方：小青龙汤合二陈汤加减。

柴胡12g　香附12g　白术15g　半夏12g
陈皮9g　茯苓20g　石菖蒲12g　麻黄12g
桂枝12g　细辛9g　羌活12g　白芷12g
炙甘草6g

5剂，自加生姜10g，水煎服。

二诊：服药后上述症状减轻，饮食稍增。自述有时觉得提不起气。上方去柴胡、香附，加红参9g，黄芪30g，继服5剂。

三诊：服药后精神明显好转。嘱患者抗抑郁西药逐渐减量，上方加减继续服用。

2个月后来电告知已停用西药，症状基本消除，改用中药制作丸剂调理。

（王明杰案）

按语：观患者既往所服处方，多系逍遥散、二陈汤之类加减，收效不佳，王老基于玄府理论，提出玄府郁闭、神机失运为抑郁症的基本病机，以开通玄府、畅达气机为治疗基本原则。在药物选用上，使用风药组方，发挥风药调畅气机，开发郁结，引经报使，宣导百药的多种性能，可以辛散通阳，开通玄府，增强疗效。通过开通玄府，实现治疗时多靶点、多途径的综合性作用。从“玄府理论”的新视角认识抑郁症的病因病机，为抑郁症的治疗提供了新思路。

本例取效的关键在于加用麻黄、桂枝、细辛、羌活、白芷、生姜等风药。风药气味轻薄，轻扬宣通升散，可内可外，如春木之生发特性，开宣郁结、调畅气机作用显著。与其他理气药相比，风药辛散走窜，能开启玄府、开发郁结，苏醒脾胃，通畅三焦之气机，振奋全身之阳气，使津液通达，营卫和调，血流畅行，神机运转，在抑郁症的治疗中发挥独特的作用。

案2　杨某，男，36岁。2017年7月7日初诊。

近5年来因工作压力大，精神萎靡，情绪低落，四处求医，经华西医院、军区总医院等诊断为“抑郁症”，服用多种抗抑郁药物均未见明显好转，难以坚持工作。经人介绍专程从凉山来泸州就医。刻诊：精神疲惫，终日头晕头痛，四肢乏力，汗多，眠差，多梦心烦，纳差脘痞，苔黄白相兼，脉弦细滑。

诊断：郁证。

辨证：心脾两虚，神机不遂。

治法：补益心脾，开玄达神。

处方：归脾汤合天虫定眩饮加减。

黄芪25g	当归10g	茯苓30g	麸炒白术15g
灵芝12g	柴胡12g	党参20g	炒酸枣仁20g
炙甘草6g	白芍25g	酒川芎18g	蔓荆子12g
羌活10g	白芷10g	葛根25g	土鳖虫12g
地龙10g	炒僵蚕12g	全蝎5g	醋延胡索15g
蜜远志5g	牡丹皮12g	炒栀子12g	红景天6g

5剂，制水丸服。

另用：舒肝解郁胶囊（中成药）7盒，每次2粒，每日3次。

2017年7月28日二诊（电话就诊）：患者及家属在电话中诉服药后病情缓解，因距离较远，来泸不便，希望医院制水丸代为邮寄。遂继用上方7剂。

2017年10月3日三诊：患者利用国庆小长假来泸州就诊，诉头晕头痛减轻，睡眠改善，精神好转，苔白微腻，脉弦细。自述有颈椎病、慢性胃炎病史，多年未愈。上方去远志、栀子，加蜈蚣1条，水蛭3g，12剂，制水丸服。

2017年12月19日四诊（微信挂号就诊）：微信视频通话告知其服完丸药身体已基本康复，能够胜任纷繁的日常工作，要求继续用药调理巩固。近来胃脘痞闷隐痛，望处方兼顾。遂以上方去牡丹皮、水蛭、地龙、蔓荆子，另将黄芪、党参、酸枣仁、川芎均减为12g，加乳香10g，苍术12g，厚朴12g，木香10g，九香虫8g。10剂，制水丸服。

（王明杰案）

按语：本案处方药味甚多，然井然有序：在参、芪、归、术、茯苓、枣仁等调养心脾气血基础上，施以诸风药发散开玄、虫药搜剔开玄，使玄府开通，气血畅行则头晕头痛可消，神机畅达则抑郁可解。从中可见郁证之治，非独疏肝一法。王老指出，初诊用虫药的初衷主要是针对头晕头痛，患者服药后不仅晕痛减轻，抑郁症状亦得到改善，促使我们从开通玄府、畅达神机的角度去认识其中机制。三诊刻意加入蜈蚣、水蛭，收效更为显著。

10. 百合病（癔症）

周某，男，47岁。1982年9月14日初诊。

患者阵发性手足抽搐，眼皮跳动，周身麻木，发时不能说话，呼吸困难，一天发作20余次。感头痛，精神差，梦多，心累心悸。去年（1981年9月）发病8次，抢救数次。舌质红，苔白腻，脉弦滑。考虑属于癔症一类，曾有慢性支气管炎、肺气肿病史。

诊断：百合病。

辨证：气血不足，脑脉失养。

治法：益气养血，祛风通络。

处方：黄芪桂枝五物汤合四物汤加减。

黄芪30g　党参30g　桂枝12g　当归12g

白芍 20g	葛根 30g	生地黄 30g	川芎 12g
鸡血藤 30g	甘草 5g	郁金 12g	地龙 12g

蜈蚣（研末冲服）1 条

1982 年 9 月 19 日二诊：服上方 4 剂后，头脑清醒，精神好转，呼吸平和，手足抽搐，一身麻木等症状均明显减轻，发作次数减到十次左右。无其他不良反应，上方去桂枝、蜈蚣、郁金，加白术 12g，木瓜 12g 健脾胃；加酸枣仁 12g，生地黄换成熟地黄 30g 以补血安神，加减继服 4 剂。

1982 年 9 月 24 日三诊：服 8 剂药后，上述症状完全控制，一如常人。随访数月未再发。

（黄淑芬案）

按语：癔症属于中医学的“脏躁”“郁冒”“奔豚”“百合病”等范畴。大多由精神过度紧张、内外刺激、痰气郁结、脏腑阴阳气血功能失调所致。其治则多以补气养血、润燥缓急、解郁化痰、顺气降逆为主。本例既有肝风内动征象，又有气血亏虚表现，黄老以益气养血与祛风通络治之，补气药、活血药与风药、虫药并用，标本兼顾，收效甚捷。

11. 不寐

案 1　王某，女，42 岁。2014 年 6 月 15 日初诊。

眠差，多梦，头晕，疲倦，四肢无力，健忘，站立困难，胸脘痞闷，食欲不振，舌苔白，脉细弦。

诊断：不寐。

辨证：心脾两虚。

治法：健脾益气，养心安神。

处方：归脾汤加减。

当归 10g	茯苓 15g	黄芪 25g	麸炒白术 15g
百合 30g	党参 25g	炙甘草 6g	炒酸枣仁 30g
五味子 12g	法半夏 12g	酒川芎 12g	麸炒枳壳 12g
酒黄连 10g	鸡血藤 30g		

3 剂，水煎服。

2014年6月22日二诊：症状有所缓解，睡眠增加2小时，噩梦有所减少，食欲不振、胸脘痞闷减轻，仍觉疲倦无力、健忘，舌苔白，脉细弦。上方加生牡蛎（先煎）25g，生龙骨（先煎）25g，3剂，水煎服。

2014年7月13日三诊：症状明显缓解，睡眠质量提高，头晕、乏力等减轻，苔薄白，脉细弦。上方继用3剂，水煎服。

（王明杰案）

按语：患者操劳过度，耗伤气血，血不荣心，从而夜不安眠，噩梦纷纭。患者素来脾胃较差，饭量偏小，长期致使气血匮乏，“脾主肉”“脾主四肢”，四肢肌肉长期得不到营养则无力，不耐久站。脾虚生湿，湿浊留滞，故而胸脘痞闷。“脾为气血生化之源”，脾虚则气血亏虚，不能荣养心神，发为不寐。治疗上，王老选用归脾汤作为基础方。参、芪、苓、术补气健脾，健运中焦，气血充盛，自能荣养心神，寤寐有时，疲倦、四肢无力、站立困难等自然缓解。当归配合川芎、鸡血藤等养血和血。血不荣心，心火亢盛，则噩梦纷纭，加入黄连清心泻火。酸枣仁、五味子养心安神，龙骨、牡蛎镇心安神，为老师治疗失眠时常用药对。

案2 胡某，女，49岁。2014年10月10日初诊。

眠差，难入睡，睡后易醒，心烦，腰膝酸软，眼干涩，舌红苔薄黄而干，脉弦细。

诊断：不寐。

辨证：心肝血亏，虚热内扰。

治法：清热除烦，养血安神。

处方：百合地黄汤合酸枣仁汤加减。

炒酸枣仁30g　炙甘草6g　知母12g　茯苓20g
酒川芎12g　百合30g　生地黄20g　五味子12g
酒黄连6g　白芍20g　灵芝12g　鸡血藤30g
生牡蛎（先煎）25g　煅龙骨（先煎）20g

4剂，水煎服。

2014年10月19日二诊：服药后症状缓解，纳差。上方加豆蔻（后下）8g。

4 剂，水煎服。

（王明杰案）

按语：《景岳全书·不寐》曰："真阴精血不足，阴阳不交，而神有不安其室耳。"本案患者处于更年期，阴血亏虚，心神失养，则眠差，难入睡，易惊醒；阴虚内热则心烦；肝血亏虚，目窍失养则眼睛干涩。舌红苔薄黄而干，脉弦细，为心肝血虚，血热内扰的表现。王老选用张仲景的百合地黄汤合酸枣仁汤，百合清心安神，生地黄清热凉血、养阴生津。酸枣仁汤治疗"虚劳虚烦不得眠"，酸枣仁养肝血、宁心神，茯苓宁心安神，知母滋阴清热，川芎疏肝理气。全方共奏养血安神、清热除烦之效。加五味子、牡蛎、龙骨宁心镇静安神，灵芝养心安神，鸡血藤、白芍养血柔肝。服后患者睡眠质量得到提高。

12. 多寐

刘某，女，42 岁。2016 年 6 月 30 日初诊。

主诉：多寐嗜睡 1 个月。

患者每天睡眠时间（包括午睡）超过 10 小时仍然感到疲倦，全身乏力，饮食无味，二便如常，舌边齿痕，苔白腻，脉濡缓。

诊断：多寐。

辨证：脾虚湿困。

治法：健脾除湿，祛风胜湿。

处方：平胃散加味。

苍术 12g	厚朴 12g	陈皮 12g	炙甘草 6g
黄芪 30g	石菖蒲 12g	麻黄 10g	柴胡 12g
羌活 10g	荆芥 12g	防风 12g	当归 12g
红景天 6g			

3 剂，水煎服，每日 3 次。

2016 年 7 月 4 日二诊：症状明显减轻，精神好转，苔薄白腻，脉缓。上方黄芪减为 20g，麻黄减为 6g。

3 剂，水煎服。

（王明杰案）

按语：本例多寐病机为脾虚湿困，清阳不升。王老除以黄芪、红景天益气健脾，石菖蒲运脾燥湿外，加用麻黄、柴胡、羌活、荆芥、防风等祛风之品，一则风能胜湿，二则增效补虚，三则升发清阳，流通气血，患者窍开神清而多寐之困自解。

13. 胸痹心痛（冠心病）

赵某，男，57岁。2005年3月8日初诊。

患冠心病5年，平素常感心前区闷痛，上坡或运动后加重，伴头晕、恶心，速效救心丸可缓解症状，长期服用复方丹参滴丸、单硝酸异山梨酯等药物。1周前感冒后胸部闷痛症状加重，服速效救心丸无明显缓解。现诉心悸，胸部闷痛，偶向左肩部放射，乏力疲倦，舌淡苔白腻，脉弦细。

诊断：胸痹。

辨证：心气亏虚，痰瘀阻滞。

治法：开玄通痹，补虚燥湿。

处方：自拟羌鳖开痹汤加减。

羌活 9g　葛根 30g　川芎 12g　白芷 9g
细辛 9g　桂枝 6g　法半夏 12g　黄芪 20g
茯苓 15g　甘草 6g　土鳖虫 10g　全蝎（研末冲服）3g
蜈蚣（研末冲服）1条

2剂，水煎服。

二诊：上方服2剂后，胸闷心痛减轻，发作频次降低，尚感心悸神疲，纳差。上方加党参25g，白术12g。3剂。

三诊：患者诸症悉减，身体恢复如平时。二诊方去法半夏、加丹参15g，6剂，由医院制剂室加工制水丸，每次9g，1日3次，同时停用其他冠心病药物。

1个月后患者告知，症状完全缓解，胸部闷痛未有发作。此后一直以此方作为基本方加减制水丸服用至今，10余年来病情一直稳定。

（王明杰案）

按语：羌鳖开痹汤以风药、虫药为主治疗冠心病，力专效宏，作用肯定。该例患者坚持服用该方加减丸药已逾10年，病情一直保持稳定，且未发生任何毒副作用，证明了风药、虫药长期服用的安全性。

14. 心痹（病毒性心肌炎）

余某，女，14岁。1996年7月12日初诊。

主诉：胸闷、心悸3个月。

诊见：3个月前患病毒性心肌炎，经中西药物治疗后病情缓解，但早搏未能消除。心悸神疲，胸闷气短，口苦咽干，多梦，便秘，舌尖红，苔薄白，脉细结代。心电图示：频发房性早搏。

诊断：心痹。

辨证：气阴两虚，余邪未尽。

治法：益气养阴，化瘀复脉。

处方：五参饮合炙甘草汤加减。

西洋参 30g　北沙参 30g　玄参 15g　丹参 15g
苦参 10g　生地 25g　五味子 12g　阿胶（烊化）10g
柏子仁 20g　炙甘草 9g　麦冬 15g　三七粉（冲服）3g

5剂，水煎服。

上方加减服用30剂（10剂后以党参易西洋参，20剂后以太子参易党参），心悸等症逐渐改善，早搏次数减少渐至消失，心电图恢复正常。

（王明杰案）

按语：本案早搏、心悸等乃因病毒等外邪侵损心脏功能所致，经中西医治疗后，邪气去其大半而尚恋，正损气阴不足亟待补足，故须扶正祛邪双管齐下。苦参、生地黄可清其余热，丹参、三七则化瘀开心窍，使邪气能出而正气能布，其余众药则重用以益气养阴复脉，则症方能解。

15. 虚劳（重度贫血）

胡某，女，40岁，泸县牛滩区缝纫社职工。1977年11月初诊。

患者面色苍白无华，长期感心累心悸气短，不寐倦怠乏力，头昏四肢无力，无以支撑身体，语声低微，纳食极差，胃脘胀满，舌淡，苔薄白，脉沉细无力。血红蛋白3.5g/L左右。患者长期接受中西医治疗，1976年曾在泸州医学院住院治疗3个月，因严重贫血输血300mL，一直中西医治疗，出院后仍坚持服中药，但因经常服药反应大，病情加重，不能坚持工作。

诊断：虚劳。

辨证：气血亏虚。

治法：益气养阴，甘淡实脾。

处方：参苓白术散加减。

阿胶（烊化）12g	明参20g	首乌15g	生地黄20g
白芍15g	酸枣仁12g	茯苓15g	扁豆15g
山药15g	薏苡仁30g	白术12g	炙甘草5g

3剂，水煎服。

二诊：2个月之后，患者突然来诊，面色红润，精神奕奕，语声洪亮，心情愉快，明显长胖，判若两人。询问原因：患者说是服上述药物后自觉无副作用，就将其处方连服10剂后诸症好转，则用原方做成丸药，服用2个月，诸症尽除，丸药未服完就停了。现已上班近2个月，走路、挑抬都行。此次来，一方面是当面感谢，另一方面顺便看病。月经近1个月量多，色红。用清热凉血之品调理。

随访患者，仍在泸县牛滩区缝纫社工作，一直身体健康，病情未曾反复。

（黄淑芬案）

按语：根据病人现状，确属于中医的心脾两虚、气血不足之症，理当益气健脾、补益气血。但患者对黄芪、党参、当归之类补气血之品、益气健脾的香砂六君子汤等均难以接受，言服此类药后反应较大，严重时头昏欲倒。黄老考虑其脾阴不足，故选用甘淡实脾之品配合益气养阴治疗收到良好效果。

16. 喘证（肺气肿，过度换气综合征）

案1 李某，男，56岁。2004年12月15日初诊。

患者患慢性支气管炎已20余年，病情逐年加重。3天前因受凉感冒，咳喘发作，服用西药汗出后感冒症状减轻，咳喘仍甚，故请中医治疗。诊见：面色晦滞，胞睑及下肢浮肿，呼吸急促，张口抬肩，不能平卧，胸部胀满，喉中痰鸣，咳嗽痰多、色白质稠，小便短少，舌暗红，苔厚腻微黄，脉弦滑。

诊断：肺胀（慢性支气管炎急性发作，肺气肿，肺心病心衰）。

辨证：外邪引动内饮上逆，肺失宣肃。

治法：宣肺泄热，化饮降逆。

处方：越婢加半夏汤合葶苈大枣泻肺汤加味。

生麻黄 12g　石膏 30g　法半夏 12g　生姜 9g
大枣 12g　葶苈子 25g　杏仁 12g　细辛 10g
黄芩 12g　茯苓 12g　生甘草 6g

2 剂，水煎服。

2004 年 12 月 18 日二诊：服药后咳喘大减，已能安卧，尿量增加，浮肿亦有所消退，短气乏力较明显，上方去杏仁，加泡参 30g，黄芪 20g。2 剂，水煎服。

（黄淑芬案）

按语：肺胀以咳、痰、喘、悸、肿为主要临床特征，发作期多属内外合邪，本虚标实而以标实为急，越婢加半夏汤外散风寒，内化痰饮，兼清郁热，合葶苈大枣泻肺汤泻肺涤痰平喘。两方合用，治疗慢性肺源性心脏病并发心衰有良好效果。药理学研究证实，葶苈子具有显著的止咳平喘、强心利尿、抗感染作用，但用量宜重，一般可用 20 ～ 30g。

案 2　袁某，男，15 岁。2017 年 2 月 24 日初诊。

主诉：胸闷、阵发性呼吸急促半年。

患者近半年来经常感到胸闷，短气，阵发性呼吸急促，自觉口唇麻木，疲乏，头晕。经多地医院诊断为过度换气综合征，治疗效果不显，特从贵州来泸州看中医。患者面色苍白，神情抑郁，食少，眠差，舌淡，苔薄，脉细缓。

诊断：喘证。

辨证：肝郁肺虚，升降失调。

治法：补肺疏肝，调节升降。

处方：益气聪明汤加减。

黄芪 30g　党参 20g　当归 12g　白芍 20g
葛根 45g　白术 12g　枸杞 15g　鸡血藤 30g
柴胡 12g　川芎 12g　防风 12g　麻黄 9g
炒僵蚕 12g　土鳖虫 12g　炒王不留行 20g　红花 9g

丹参 15g　　　炙甘草 6g

7 剂，水煎服。

2017 年 3 月 5 日二诊：诉服药后呼吸急促发作次数减少，精神略有好转，仍觉头晕，时感胸闷。上方黄芪加至 45g，党参加至 30g。继进 7 剂，水煎服。

2017 年 3 月 26 日三诊：自述服药后呼吸急促未再发作，精神转佳，头晕好转大半，略有胸闷。

处方 1：2 月 24 日方 3 剂，水煎服。

处方 2：

黄芪 30g　　党参 30g　　当归 12g　　葛根 20g
炒僵蚕 12g　　土鳖虫 12g　　白术 12g　　鸡血藤 20g
白芍 20g　　柴胡 12g　　酒川芎 12g　　防风 12g
麻黄 9g　　瓜蒌皮 9g　　丹参 15g　　炒王不留行 20g
薤白 15g　　半夏曲 12g　　石菖蒲 12g　　红景天 6g
炙甘草 6g

4 剂，制水丸，5 日 1 剂，每日 3 次。

1 个月后家长来电致谢，言病已痊愈。

（王明杰案）

按语：肝与肺在生理上升降相因，相克互制。肝木之气以升发调畅为贵，肺金之气以肃降通调为顺。两脏协调则气机正常，出入均衡则呼吸平稳。过度换气综合征在中医学中没有相对应病名，从中医理论分析，本例当责之肝肺的升降功能失常，肝郁清阳不升，肺虚失其肃降，因而出现频繁过度换气之症。治疗当补肺疏肝以调其升降。方中重用黄芪、党参等补肺气，当归、枸杞、鸡血藤、白芍等养肝血，更有柴胡、葛根、川芎、防风、麻黄、僵蚕等风药，既能升发肝气，又能通降肺气，辅以土鳖虫、王不留行等活血通络之品，使气血通调，升降复常而诸症自愈。

本案处方与益气聪明汤相仿，但未用黄柏、蔓荆子，而扩大了虫药、风药的运用。此足太阴、阳明、少阴、厥阴药也。十二经清阳之气，皆上于头面而走空窍，因饮食劳逸，脾胃受伤，心火太盛，则百脉沸腾，邪害空窍矣。参、芪甘温以补脾胃；甘草甘缓以和脾胃；葛根、升麻、蔓荆子轻扬升发，能入阳明，鼓舞胃气，上行头目。中气既足，清阳上升，则九窍通利，不仅耳聪目明，胸腔也自宽畅。

17. 消渴肾衰（糖尿病肾病）

徐某，女，52 岁。2016 年 8 月 8 日初诊。

患者 5 年前发现患糖尿病，同时发现尿蛋白（++），使用胰岛素治疗。但未正规使用，加之饮食控制不好，致血糖常波动在 9.0 ～ 16.0mmol/L。今日复查血糖 9.8mmol/L，肾功能 BUN11.34mmol/L，Cr228μmol/L，尿常规：蛋白尿（++），隐血（++）。面色苍白，头昏心悸，疲乏腿软，畏寒恶风，短气食少，下肢水肿，大便干结，数日 1 次，舌淡红，苔白，脉沉细。

诊断：消渴，肾衰（糖尿病肾病、慢性肾衰竭）。

辨证：脾肾阳虚，水湿停聚，浊毒内蕴。

治法：温补脾肾，利水泄浊。

处方：补中益气汤、苓桂术甘汤、大黄附子汤加减。

党参 30g　黄芪 30g　制附片（先煎）20g　巴戟天 12g
茯苓 15g　炒白术 12g　桂枝 12g　升麻 12g
炒枳壳 12g　生大黄 8g　柴胡 12g　车前子 15g
泽泻 15g

10 剂，水煎服。

另用：肾舒胶囊（院内制剂）3 瓶，每次 4 粒，每日 3 次。

配合西药胰岛素及降压药使用。

2016 年 9 月 5 日二诊：头昏心悸、短气乏力、畏寒恶风等临床症状明显好转，下肢水肿消失，尿常规和血糖均有改善：蛋白尿（+），隐血（+），血糖 7.47mmol/L，大便干，1 ～ 2 天 1 次。肾功能指标略有升高：Cr242μmol/L，BUN14.7mmol/L。上方减去利水之品，加入活血化瘀药物：

制附片（先煎）20g　党参 30g　黄芪 30g　茯苓 15g
炒白术 12g　地龙 12g　淫羊藿 12g　川牛膝 12g
生大黄 12g　当归 12g　三棱 12g　肉桂 6g
炒枳壳 12g　山茱萸 12g

5剂，水煎服。

肾舒胶囊，每次4粒，每日3次。

2016年10月31日三诊：患者经近2个月治疗，头昏心悸、短气恶风等临床症状消失，蛋白尿明显减少；血糖已控制正常，大便一日2次左右。今日复查尿常规：蛋白尿（±），血糖6.4mmol/L，唯肾功能无明显改变：BUN9.6mmol/L，Cr210μmol/L。上方去附片、肉桂、茯苓，加枸杞子15g，土茯苓15g。西药治疗同前。

2017年1月12日四诊：患者治疗4个月以后，病情稳定好转，无不适。尿常规正常，血糖6.21mmol/L，肾功能Cr194μmol/L、BUN8.7mmol/L。上方加菟丝子12g，夏枯草30g，10剂，水煎服。

此后追踪观察1年余，患者间断服中药，或改用中成药，坚持必需的西药治疗，病情一直稳定，无不适感，尿常规正常，蛋白尿持续（-），肾功能Cr170～200μmol/L，虽未控制到正常，但指标一直稳定。蛋白尿时有轻度反复，但治疗后又恢复正常。最近4次复查尿常规均正常。

（黄淑芬案）

按语：糖尿病肾病、肾功能衰竭是糖尿病最严重的并发症之一，易危及生命。黄老采用中药温补脾肾、利水泄浊治疗，配合自制肾舒胶囊消除尿蛋白，在改善患者临床症状、延缓病情、提高生存质量等方面，起到不可忽略的作用。此处使用降压药主要在于减轻肾小球动脉高压，从而减少蛋白尿漏出。

18. 水肿（急性肾小球肾炎，特发性水肿）

案1 李某，男，20岁。

患者因突然全身浮肿，小便少，腰痛，尿常规异常，西医诊断为急性肾小球肾炎，收入泸县福集卫生院住院治疗。入院后，采用中西药物治疗1个月，水肿未见消退，反而愈甚，近日来患者自觉在床上翻动时，听到腹部有水响声。1977年12月6日邀请中医会诊。诊见患者头面、全身、四肢浮肿特甚，胸腹部胀满，叩之腹部有振水声，小便极少，饮食、睡眠、精神尚可，舌红，苔白腻，脉弦滑。

诊断：水肿。

辨证：脾虚失运，水饮内停。

治法：益气健脾，利水逐饮。

处方：春泽汤合十枣汤加减。

党参 30g	黄芪 30g	白术 15g	大枣 15g
泽泻 15g	茯苓 15g	木通 12g	防己 12g
枳壳 12g	木香 12g	黑丑 10g	甘遂（研末分2次吞服）1.5g

1剂，水煎服。

二诊：服1剂药后，解清稀大便数次，腹水消除，全身浮肿亦稍有减轻，观其精神饮食尚可，故续用1剂。

三诊：服2剂药后，面部、四肢水肿开始消退，小便增多。病情逐渐好转。此后采用胃苓汤加减8剂，水肿全部消退。前后住院半个月，病情基本控制后出院。

（黄淑芬案）

按语：肾炎水肿一般采用利水消肿治法有效。本例浮肿特甚，中西药物利水未效。黄老仿十枣汤意，采用甘遂、黑丑泄水逐饮为主，辅以枳壳、木香、泽泻、茯苓、木通、防己理气行水治其标，配合党参、黄芪、白术、大枣补气健脾顾其本，水肿迅速消退。《本草新编》谓："甘遂，破癥坚积聚如神，退面目浮肿，祛胃中水结，尤能利水。此物逐水湿而功缓，牵牛逐水湿而功速，二味相配，则缓者不缓，而速者不速矣。然而甘遂亦不可轻用也。"黄老认为，甘遂逐水消肿作用很强，配合牵牛（黑丑）效果更增，用于某些顽固性水肿不可少。本品不宜水煎，研末冲服，每日用量控制在1g以内，配合扶正之品更为安全。

案2　周某，女，18岁。2004年2月26日初诊。

患者晨起面部、眼睑浮肿伴尿少2天，今来我科就诊。症见面目浮肿，足踝亦肿，按之没指。发热恶风，头痛鼻塞，咳嗽痰黄，咽痛口渴，小便短赤，腰酸腿软，舌红苔薄黄，脉浮数。检查：体温38.2℃；尿常规：尿蛋白（++），红细胞（+），白细胞、上皮细胞少许。血压150/105mmHg。

诊断：风水（急性肾小球肾炎）。

辨证：风热蕴肺，水邪内停。

治法：疏风泄热，宣肺利水。

处方：越婢汤加减。

生麻黄 12g　石膏 30g　板蓝根 15g　连翘 12g

桔梗 12g　茯苓 15g　白茅根 30g　益母草 20g

甘草 6g

2 剂，水煎服。

2004 年 2 月 29 日二诊：药后得微汗出，尿量增多，浮肿减轻，身热消退，咽已不痛，仍有咳嗽，痰黄黏稠，体温 37.5℃，血压 135/90mmHg。上方去板蓝根，麻黄改为 8g，加杏仁 10g，瓜蒌壳 12g，4 剂。

2004 年 3 月 4 日三诊：水肿消失，诸症悉退，唯腰腿略感酸软，血压 14/10kPa，尿检各项指标恢复正常。改服六味地黄丸调理巩固。

（黄淑芬案）

按语：急性肾炎初起感染征象明显者多属中医“风水”范畴，黄老临床常以越婢汤为基础方加减治疗，收效甚捷。方中麻黄用量一般为 10 ～ 15g，石膏用量一般为 30 ～ 50g。多年来治疗不少患者，均按原方使用麻黄，未见不良反应。

案 3　张某，女，46 岁。2004 年 3 月 7 日初诊。

主诉：双下肢浮肿，反复多次发作 2 年。

患者因双下肢反复多次水肿，时轻时重，曾到多家医院诊治，经临床各项检查无器质性变化，西医诊断为特发性水肿。服用利尿剂后，水肿暂时有所减轻，但不到 1 个月又复发。中药亦服过不少，效果俱不甚理想。患者眼睑及下肢浮肿，神情抑郁，疲乏无力，胸闷胁胀，不思饮食，口苦咽干，小便短少，舌苔白黄而腻，脉弦细。

诊断：水肿。

辨证：肝肺失调，气滞火郁，水溢肌肤。

治法：行气开郁，通阳利水。

处方：麻黄连翘赤小豆汤化裁。

麻黄 9g　杏仁 12g　连翘 15g　赤小豆 15g

当归 12g　白芍 15g　苏梗 9g　柴胡 12g

生姜 6g　　　　　通草 1g

3 剂，水煎服。

3 剂后眼睑浮肿消除，下肢浮肿亦减，精神、食欲好转，上方中麻黄减为 6g，继续服用 6 剂，症状基本解除，改用逍遥散调理善后。3 个月后因他病来诊，言水肿未再发作。

（王明杰案）

按语：特发性水肿好发于中青年妇女，主要表现为下肢及眼睑或其他部位的轻度肿胀，其病因复杂，多与内分泌紊乱和毛细血管的通透性增加有关。中医认为本病机制在于气机失调，血脉不利，三焦水道不畅。麻黄连翘赤小豆汤宣肺利气、通调水道，加入柴胡、苏梗、当归、白芍等疏肝解郁、理气活血，共收利水消肿之功。因有诸多风药发散开玄，尽管方中利水之品不多，收效却甚佳。

案 4　张某，女，63 岁。2014 年 11 月 21 日初诊。

主诉：双下肢水肿 2 月余。

患者经西医诊断为特发性水肿，服用西药不适应，故请中医诊治。刻诊：双下肢膝下凹陷性水肿，左侧尤甚，肿时有灼热感，运动后好转，口干，便溏，小便常规正常，舌质红，脉沉细。

诊断：水肿。

辨证：气滞血瘀，湿热内蕴。

治法：理气活血，清热利湿。

处方：四妙散合越婢汤加减。

麸炒苍术 12g　　黄柏 12g　　薏苡仁 30g　　川牛膝 15g
益母草 30g　　茯苓 20g　　柴胡 12g　　醋香附 12g
赤小豆 30g　　姜厚朴 12g　　麻黄 9g　　石膏（先煎）25g

3 剂，水煎服。

2014 年 11 月 25 日二诊：服药后水肿减轻，今日口腔发生溃疡，腰痛，舌红苔黄，脉弦。上方去黄柏、厚朴，加酒黄连 9g，独活 12g，蒲公英 25g。

3 剂，水煎服。

2014 年 12 月 2 日三诊：水肿大为减轻，口腔溃疡基本愈合，腰觉冷痛。二诊方去蒲公英加制附片（先煎）15g。3剂，水煎服。

（王明杰案）

按语：本例由于气滞血瘀，湿热壅盛，郁于肌肤而为水肿。方用四妙散清热利湿，配合麻黄、石膏发越脾土之湿邪，柴胡、香附理气，鸡血藤、益母草活血，茯苓、赤小豆增强利水之功，服3剂后患者水肿减轻。二诊水肿减轻，见口腔溃疡，腰痛，故加黄连、蒲公英清热解毒，独活祛风止痛。三诊加附片应为腰冷痛而设。

19. 肾衰病（慢性肾衰竭）

刘某，女。2001年8月25日初诊。

患者因双肾输尿管结石在当地医院先后碎石10余次，致右侧输尿管严重损伤，病情加重。2000年12月在泸州医学院附属医院确诊为慢性肾衰竭、高血压病肾病、肾性贫血。住院20余天病情仍未得到控制，出院后经人介绍，来我院门诊治疗。

患者面色晦暗无泽，眼睑、口唇无血色，面部及全身水肿明显，神疲乏力，步履艰难，语声低微，纳差食少，胃脘胀满，心累气短，动则尤甚，尿少，大便干结，2～3天1次，舌淡苔白，脉沉细。尿常规尿蛋白（+++），隐血（+++），血肌酐328μmmol/L，尿素氮16.8mmol/L，血红蛋白42.6g/L，血压170/98mmHg。

诊断：慢性肾衰竭，肾性贫血，高血压肾病。

辨证：脾肾阳虚，水湿内停。

治法：温补脾肾，利水泄浊。

处方：肾衰基础方加减。

黄芪 30g	党参 30g	桂枝 12g	巴戟天 12g
茯苓 30g	白术 12g	泽泻 12g	防己 12g
砂仁 10g	生大黄 10g	车前子 15g	枳壳 12g

6剂，水煎服。

配合西药降压、降肌酐、纠正贫血等对症处理。

2001年9月2日二诊：尿量明显增多，大便1天1次，水肿有所消退。继用上方6剂。

2001 年 9 月 10 日三诊：全身水肿明显减退，面色精神好转，胃脘胀满、心累气短减轻，血压降至 150/90mmHg，尿蛋白（+++），隐血（++），血红蛋白 45.8g/L。舌脉同前。上方去桂枝、巴戟天、防己，加木香、当归、川芎各 12g。

四诊略。

2001 年 9 月 26 日五诊：中西药物治疗 1 个月后，面部、全身水肿基本消失，眼睑口唇淡红，精神尚可，行走正常，心累气短明显好转。胃脘胀满消失，饮食增加，血压 140/90mmHg，大便 1 日 2 次，尿蛋白（++），隐血（++），血红蛋白 58.2g/L，舌淡红，苔白，脉细。以前方加制首乌 15g，川牛膝 12g，枸杞子 20g。

患者经半年中西医治疗后（其间中药治疗从未间断过），初诊时的所有临床症状基本消失，形如常人，无不适。鉴于病情一直稳定，患者及家属十分满意，愿意长期服中药调理，稳定病情，此后除西医的降压药外，均以中药汤剂加中成药治疗为主。

辨证：脾肾气虚，瘀血阻络。

治法：益气化瘀，泄浊通络。

处方：防己黄芪汤合春泽汤加减。

黄芪 30g　　党参 30g　　当归 12g　　三棱 10g
茯苓 15g　　生大黄 8g　　白术 12g　　山茱萸 12g
地龙 10g　　土鳖虫 10g　　川牛膝 12g　　枸杞子 15g
甘草 5g

另配合自制肾舒胶囊；并随时根据病情变化，灵活加减。

患者在我处门诊治疗已近 9 年时间，病情一直很稳定，病员长期坚持中药汤剂治疗，也十分难得。目前只是蛋白尿仍有 + ～ ++，Cr160 ～ 200μmol/L，家属很理解，认为这种病情能维持 9 年这么长的时间，检查指标还能稳定在这种水平，没有逐渐加重，实属不易。

（黄淑芬案）

按语：慢性肾衰竭属于中医学“水肿”“癃闭”“关格”“虚劳”等病的范畴，多因水肿、淋证、癃闭迁延不愈，反复发作，因病致虚，复加六淫外感，或劳倦太过等损伤正气而成。黄淑芬教授认为，慢性肾衰竭病程冗长，病机错综复杂，往往虚实互见，寒热错杂，既有正气的耗损，又有邪实的蕴阻，总的来说为本虚标实，本虚为气、血、阴、阳俱虚，其中以脾肾气虚为根本，在此基础上进一步出现血虚、阴虚、阳虚，而脾肾气虚贯穿病程始终。标实为湿浊、湿热、湿毒、瘀血，气虚血瘀、浊毒阻络为其基本病机，补益脾肾、活血通络、化湿泄浊为其基本治法，以肾衰基础方加减化裁，配合肾舒胶囊长期使用，对缓解临床症状、降低各项检查指标、控制病情发展，疗效确切。

20. 尿血（紫癜性肾炎，IgA 肾病）

案 1 邹某，女，70 岁。2018 年 6 月 28 日初诊。

患者述持续镜下血尿 5 年余，反复查小便常规均为隐血（++），时有皮肤发红疹、皮下出血点。曾在泸州医学院附属医院诊断为“紫癜性肾炎？IgA 肾病？”（未做肾穿检查）。中西药物治疗无效。舌质红，苔薄白，脉细。

诊断：尿血。

辨证：气阴两虚。

治法：滋养肝肾，益气止血。

处方：参芪地黄汤加减。

黄芪 20g	党参 20g	生地黄 20g	山药 12g
山茱萸 10g	柴胡 10g	白芍 15g	炒枳壳 12g
大蓟 12g	小蓟 12g	益智仁 10g	肉苁蓉 12g
甘草 5g			

中药免煎颗粒 6 剂，每日 3 次，1 次 1 格，开水冲服。

二诊：略。

2018 年 7 月 19 日三诊：已服用免煎中药 12 剂，小便隐血仍为（++）。考虑病程有 5 年之久，需加强药力，守方长服。为便于长期服用，改为水丸剂：

黄芪 30g	党参 20g	酒女贞子 20g	山茱萸 12g
生地黄 30g	灵芝 20g	三七粉 10g	枸杞子 15g
白及 10g	炒栀子 12g	大蓟 20g	小蓟 20g
牛膝 12g	白茅根 30g	白芍 15g	山药 15g
知母 12g	牡丹皮 15g	甘草 5g	

中药 4 剂，制水丸，每袋 10g，每次 1 袋，每日 3 次。

四诊：略。

2018 年 7 月 26 日五诊：患者服用水丸后，踝关节轻度浮肿，皮下出血点消失。尿常规复查：隐血（±），舌红，苔白，脉细。其余症状稳定好转，尿隐血逐渐减轻，无不适，上次水丸方去山药、知母、牡丹皮、甘草，加白术 15g，茯苓 20g，4 剂，制水丸服。

此后患者长期服用水丸调理，迄今病情稳定，尿隐血维持在“±”与“–”之间。

（黄淑芬案）

按语：长期镜下血尿，往往原因不明，或肾穿检查确诊为 IgA 肾病，西医缺乏有效治疗方法。本病属中医学尿血、虚劳等范畴，其发病多是在素体气虚、阴虚或气阴两虚，以及七情内伤、劳倦过度，致使正气耗伤，机体抗病能力减弱，免疫功能失调的基础上，复加感受外邪，多为本虚标实、虚实夹杂之证。中药调理往往能取得一定效果，但需要有耐心，长期坚持。

案 2　李某，女，53 岁。2018 年 8 月 26 日初诊。

患者尿频尿急，小腹胀 1 个月。今天因突然出现肉眼血尿量多来就诊。尿常规：蛋白尿（+++），隐血（+++）。

诊断：血淋（尿路感染）。

辨证：下焦湿热。

治法：清热凉血，利尿通淋。

处方：小蓟饮子加减。

生地黄 20g	小蓟 15g	生蒲黄 12g	藕节 20g
柴胡 15g	山栀子 15g	枳壳 10g	白芍 20g
甘草 5g	茯苓 15g	黄柏 12g	白茅根 30g
牡丹皮 10g			

配合西药抗生素治疗。

2018 年 9 月 2 日二诊：治疗 1 周后，尿血尿频尿急、小腹胀好转，肉眼血尿消失。但尿常规仍为蛋白（+++），隐血（+++），考虑：①慢性肾炎？②尿路感染？考虑发病已 1 月余，为了明确诊断，收入本院肾病科住院治疗。

2018年9月20日三诊：患者住院11天，肾穿确诊为硬化性IgA肾病、肾小管受损、肾功能不全。今日来门诊继续治疗。现胃脘胀满痛，食少欲吐，尿频尿急，复查尿常规:蛋白尿（++），白细胞（++），隐血（++）。Cr182μmol/L。舌红，苔白，脉弦滑。予银翘八正散加减。

山银花15g 连翘15g 瞿麦12g 萹蓄12g
炒栀子12g 盐泽泻12g 茯苓15g 黄柏12g
白茅根30g 白及10g 小蓟15g 牡丹皮20g
生大黄8g

5剂，水煎服。

另用中成药：黄芪片1盒，每次4片，每日2次。柴芍胃炎颗粒（医院制剂）2盒，每次1袋，每日3次。

配合服用缬沙坦分散片、雷贝拉唑钠肠溶片。

2018年9月27日四诊：服药1周后，胃脘胀满痛，食少欲吐消失。蛋白尿（+），隐血（+++）。

停用雷贝拉唑钠肠溶片、柴芍胃炎颗粒，余继用。

2018年10月14日五诊：服药半月后，临床症状消失，复查尿常规：蛋白（±），隐血（+++），白细胞（++），Cr110μmol/L。以知柏地黄丸合小蓟饮子加减，益气养阴、凉血止血。

2018年10月21日六诊：小便常规隐血（+++），白细胞（+），蛋白尿（–）。尿灼热，时尿痛。继续用上方治疗。

（黄淑芬案）

按语：IgA肾病（IgA glomerulonephritis）是以肾小球系膜细胞增生，基质增多，伴广泛IgA沉积为特点的原发性肾小球疾病，临床表现为反复发作性肉眼血尿或镜下血尿，可伴有不同程度的蛋白尿，部分患者可出现严重高血压或者肾功能不全。其中蛋白尿是发展成慢性肾功能衰竭的关键因素，只要能控制蛋白尿，就能控制病情。该患者中西医结合治疗3个月，坚持服用中药汤剂及中成药（黄芪片等），近2个月来临床症状消失，多次复查尿常规蛋白尿均为（–），但隐血（+++），Cr104μmol/L左右，较前减轻。因患者肾小管受损明显，不易修复，故隐血在短期内未能消除。

21. 淋证（尿路感染，神经性尿频）

案 1　刁某，女，63 岁。2018 年 11 月 28 日初诊。

反复尿频尿急 20 余年，此次复发 1 月余，服头孢丙烯分散片后尿频略减，仍诉腹部坠胀疼痛，尿无力。本次尿常规：隐血（++）。口苦口腻，舌红苔微黄腻，脉细滑。

诊断：劳淋（尿路感染、神经性尿频）。

辨证：脾肾气虚，下焦湿热。

处方：补中益气汤合二妙散加减。

党参 20g　黄芪 20g　柴胡 10g　升麻 10g
黄柏 12g　炒栀子 12g　麸炒苍术 12g　盐车前子 10g
茯苓 15g　白茅根 20g　麸炒枳壳 12g　肉苁蓉 10g
盐益智仁 10g　萹蓄 12g　瞿麦 12g

中药免煎颗粒 6 剂，每天 1 剂，开水冲服，每日 3 次。

2018 年 12 月 3 日二诊：腹部坠胀疼痛好转，仍尿无力，尿常规隐血（++）。上方略予加减：山银花 15g，黄芪 30g，生地黄 30g，瞿麦 12g，萹蓄 12g，炒栀子 12g，麸炒白术 12g，茯苓 15g，肉苁蓉 12g，黄柏 12g，白茅根 30g，麸炒枳壳 12g，牡丹皮 15g，山萸肉 12g，柴胡 12g。中药免煎颗粒 6 剂，开水冲服，每日 3 次。

2018 年 12 月 12 日三诊：尿频尿灼热及腹部坠胀疼痛均明显好转，现诉胃脘疼痛，小便常规：蛋白（±），隐血（+++）。生地黄 20g，瞿麦 10g，萹蓄 10g，炒栀子 10g，麸炒白术 12g，茯苓 15g，黄柏 12g，蒲公英 20g，麸炒枳壳 10g，牡丹皮 12g，山萸肉 12g，柴胡 10g，白芍 15g，醋延胡索 10g。中药免煎颗粒 6 剂，开水冲服，每日 3 次。

（黄淑芬案）

按语：本例尿路感染患者病程迁延 20 余年，反复使用过多种西药抗生素，患者全身免疫功能下降，病情缠绵难愈。黄老辨证为脾肾气虚，下焦湿热，治疗着眼于整体调节，扶正祛邪，患者坚持服药月余，病情得以控制。

案 2 段某，女，38 岁。2013 年 10 月 29 日初诊。

小便频数近 20 年，西医检查各项指标无异常，诊断为神经性尿频，曾服用多种中西药物乏效。近年来症状加重，白天每小时 3 ～ 5 次，深以为苦，特从宜宾来泸州求治。现症：小便频急灼热，腰痛，畏寒，苔薄白，脉沉细。

诊断：淋证。

辨证：肾虚不固，湿热下注。

治法：温肾固摄，兼清湿热。

处方：五子衍宗丸合缩泉丸、二妙散加减。

苍术 12g　黄柏 12g　女贞子 20g　金樱子肉 15g
五味子 12g　连须 9g　芡实 20g　盐菟丝子 20g
白芍 15g　沙苑子 18g　山药 30g　盐覆盆子 15g
盐益智仁 9g　乌药 12g　炙甘草 6g　麸炒枳壳 12g
续断 25g

5 剂，水煎服。

2013 年 11 月 17 日二诊：服上方首剂尿频益甚，当晚来电话询问，思量辨证无误，嘱坚持服用，2 剂后显效，5 剂服完，病情明显缓解，现仍畏寒，腰痛，属阳虚寒凝之象。于上方加温阳散寒、补益肾气之品，盐菟丝子 20g，制附片（先煎）15g，淫羊藿 15g。3 剂，水煎服。

半年后因他病来诊，言多年尿频已愈。追踪观察至今未再发作。

（王明杰案）

按语：本案患者小便频急灼热之症，极容易断诊为湿热，然患者腰痛，畏寒，苔薄白，脉沉细，病程近 20 年，皆属肾气不固、开阖失利之象。尤其在患者首剂药后尿频反而加重之后，重新思量，勘破迷雾，坚持温肾固摄为主，而未立马改弦易张，此诚辨证准确而胸有成竹也。故而可显医生之胆气全根源于辨证之心细。

22. 泄泻

裴某，男，37 岁。2013 年 12 月 22 日初诊。

慢性结肠炎病史，近 1 年来经常腹胀，进食尤甚，故不能多食，大便日

3～4次，溏而不爽，夹有黏液，舌苔黄腻，脉弦滑。

诊断：泄泻。

辨证：脾虚气滞，湿热内蕴。

治法：健运脾气，清化湿热。

处方：葛根芩连汤合胃苓汤加减。

葛根 30g　酒黄芩 12g　酒黄连 10g　炙甘草 5g
木香 10g　麸炒苍术 15g　姜厚朴 12g　薏苡仁 30g
桂枝 10g　茯苓 15g　乌药 12g　山药 25g
防风 12g

4剂，水煎服。

2013年12月27日二诊：服药后腹胀缓解，进食增加，大便次数减少，肛门下坠不爽感减轻。继用上方3剂水煎服，另予下方：

葛根 30g　酒黄芩 12g　酒黄连 12g　炙甘草 5g
木香 10g　麸炒苍术 15g　姜厚朴 12g　薏苡仁 30g
茯苓 15g　乌药 12g　山药 25g　防风 12g
炒槟榔 10g　半夏曲 12g　炒莱菔子 20g　建曲 12g
麸炒白术 12g　麸炒枳壳 12g

6剂，制水丸，每次服9g，每日3次。

1个月后来电言服用后病情控制，大便恢复正常。

（王明杰案）

按语：慢性结肠炎患者往往呈现虚实错杂、湿热胶结的证情，王老治疗本病多寒温并用，通补兼施。尤其着意风药的运用。如本案中葛根、防风、桂枝，既能升发清阳，助脾气健运；又可宣畅气机，促湿热分消，从而增强治疗效果。

23. 肠澼（溃疡性结肠炎伴下消化道出血）

朱某，男，38岁。1986年7月9日入院。泸州医学院附属中医医院住院号：44367。

主诉：腹痛，便脓血，里急后重10天。

10多天前，因食鱼肉酒后，腹痛肠鸣，于大便前解鲜红色液体，量多，大便后有脓样物，里急后重。以“下消化道出血”收入本院外科治疗。经检查诊断为“溃疡性结肠炎伴下消化道出血”，经抗感染、激素等治疗，腹痛减轻，血止。住院 7 天，因结肠糜烂，充血炎症广泛，无法手术，建议保守治疗。7 月 10 日收入我科继续治疗。

症状：入院时患者仍感腹痛肠鸣，便中带脓血，解鲜血少量，有里急后重感，腹胀满。头昏乏力，面色苍白无华，口苦口腻，小便黄，舌质红，苔薄白，脉滑数。

诊断：肠澼。

辨证：湿热蕴结，气滞血瘀。

治法：清热除湿，调理气血。

处方：白头翁汤加味。

白头翁 20g	黄柏 15g	秦皮 15g	槟榔 12g
白及 15g	丹皮 15g	枳壳 12	地丁 30g
苍术 12g	木香 12g	茯苓 15g	甘草 5g

3 剂，水煎服。

另开：白头翁 15g，黄柏 15g，白及 15g，地榆 12g，地丁 30g 水煎取汁，浓缩 200mL 保留灌肠，每日 1 次，3 剂。

7 月 13 日查房：经上述处理后，大便已无鲜血，大便坠胀感已明显好转。大便 1 ～ 2 次，质中等。但近两日小便淋漓涩痛、尿血，一日 10 余次，为合并淋证，以白头翁汤合八正散加减：

白头翁 20g	黄柏 15g	秦皮 15g	丹皮 15g
白及 15g	萹蓄 12g	瞿麦 12g	木通 12g
车前子 12g	白茅根 30g	金银花 12g	甘草 5g

3 剂，水煎服。同时继续保留灌肠。

7 月 17 日查房：患者脓血已尽，小便症状消失。但因原有内外痔疮，肛门处有糜烂，灌肠较困难，故暂停灌肠治疗，以白头翁汤合槐角丸加减。

白头翁 20g	黄柏 15g	秦皮 15g	槟榔 12g
白及 12g	地榆 12g	槐花 12g	白术 12g
蒲公英 30g	甘草 5g	党参 30g	茯苓 15g

3 剂，水煎服。

7 月 19 日：停用灌肠 2 日后，又便鲜血约 500mL，感头昏乏力，心慌不适。在中药灌肠汤中加入 4 支锡类散保留灌肠。内服方：

党参 30g　黄芪 20g　白术 12g　白及 12g
白头翁 20g　白芍 20g　地榆 12g　茯苓 15g
仙鹤草 30g　黄连 8g　枳壳 12g　甘草 5g

水煎服，3 剂。

7 月 22 日查房：病情稳定好转。继用上方治疗。

此后继续调理半月痊愈出院，随访半年未复发。

（黄淑芬案）

按语：溃疡性结肠炎是一种慢性非特异性肠道炎症，病因至今仍不明，本例合并肠出血，又不宜手术，治疗甚为棘手。黄老采用中药水煎内服配合灌肠治疗不到 1 个月，痊愈出院，显示出中药治疗对本病的独特优势。

24. 便秘

赵某，男，67 岁，退休人员。因反复便秘 5 年，于 2010 年 11 月 12 日就诊。

患者 5 年来反复便秘，每 3 ～ 5 天一次，经多方医治乏效，屡用番泻叶或开塞露等，虽能暂时缓解，停药后排便更难。症见：大便艰涩难出，虚挣努责，神疲乏力，气短，畏寒肢冷，时有咳嗽。查体：面白少华，舌淡边有齿痕，苔白微腻，脉细弱。

诊断：便秘。

辨证：脾肺气虚。

治法：健脾益气，宣肺通便。

处方：三拗汤合补中益气汤加减。

麻黄（蜜炙）10g　黄芪 30g　当归 12g　党参 12g
肉苁蓉 15g　白术 20g　杏仁 12g　陈皮 12g
莱菔子 30g　枳壳 12g　升麻 10g　干姜 10g
炙甘草 5g

上方3剂，水煎服。3剂后便软易排，余症减轻，以上方化裁5剂后症状基本消失。偶有便秘，气短乏力，嘱其服补中益气丸善后，多食蔬菜、水果、易消化食物，随访3个月，无复发。

（黄淑芬案）

按：患者因年迈体弱，脾肺气虚，运化失职，大肠传导无力，而致大便艰涩难出、虚挣努责。以补中益气汤化裁，方中黄芪、白术、党参、甘草峻补脾肺之气，麻黄、杏仁宣肺通便，升麻升举下陷之清阳，当归补血润肠，干姜、肉苁蓉温阳润肠通便，陈皮、枳壳、莱菔子理气化痰。全方通降不伤正，补益又寓通，标本同治，诸症自除。黄老认为由于肺与大肠相表里，肺气虚肃降无权，气滞于下，有便意而不得肺气下降鼓舞导致的便秘，妙在补益肺脾之品中加入麻黄，宣肺肃降，调畅气机，大便自通，体现增效益气补虚之功。

25. 口渴症

杨某，女，45岁。2008年4月20日初诊。

近1年来不明原因口渴欲饮，饮水不解其渴，故饮亦不多，同时常感口苦口腻不适，多方医治，长期服用养阴生津、清热润燥之品，仅能缓解一时。西医检查各项指标未见异常。刻诊：精神困倦，饮食无味，小便短少，大便微溏，舌暗红，苔白腻微黄，脉濡缓。

诊断：口渴症。

辨证：湿困脾胃，津液不布。

治法：化湿运脾，布津润燥。

处方：不换金正气散加减。

苍术12g　厚朴12g　陈皮9g　法半夏12g

藿香12g　茯苓20g　薏苡仁30g　白豆蔻（后下）10g

滑石25g　甘草5g

2剂，水煎服。

2008年4月24日二诊：服药后口渴及口苦口腻感减轻，小便增多，苔仍腻。上方以草豆蔻易白豆蔻，加干姜6g，增强化湿之力。4剂，水煎服。

2008年4月30日三诊：口渴及苦腻感消除，精神、食欲转佳，苔薄白，脉细缓，予香砂六君颗粒 2 盒善后调理。

患者 1 年多后因他病来诊，言口渴未再发作。

（王明杰案）

按语：口渴一症，多属热盛、津亏，以清热泻火、生津润燥取效。据王老临床观察，因口中玄府闭塞，津液不布所致者亦时有所见，屡用清热生津乏效，改用辛散温燥之品，反能解渴。该病员初诊时见方中有陈皮、半夏等品，一再说明不敢服温燥药。王老让他先少量服用试试，无碍再逐渐增加。结果 1 剂服完，口渴有所减轻。二诊更加用干姜温化水湿而渴愈。

26. 痹证

牟某，男，42 岁。2017 年 9 月 1 日初诊。

主诉：夜间下肢冷痛 2 年，冬重夏轻。

近日酷暑刚过，夜间便觉下肢冷痛不适，甚至影响睡眠，白天肢冷痛不明显，唯觉背心冷，汗出，夜间盗汗，便溏，小便无力，性功能减退，苔微黄，脉细缓。

诊断：痛痹。

辨证：阳虚不固，寒湿阻滞。

治法：温补脾肾。

处方：附子汤加味。

附片（先煎）20g　茯苓 15g　白芍 15g　白术 15g
桂枝 15g　黄芪 45g　当归 12g　细辛 10g
党参 20g　山药 30g　鸡血藤 30g　防风 10g
山茱萸 30g　煅龙骨（先煎）30g　生牡蛎（先煎）30g

4 剂，水煎服。

2017 年 9 月 10 日二诊：服药 4 剂，诸症未见明显好转，苔白腻，脉沉细。考虑药力不足，仍守前方，附片、白芍均加至 30g，另加川芎 15g，红花 8g。6 剂，水煎服。

2017 年 9 月 19 日三诊：症状减轻，上方去鸡血藤、红花，加干姜、法半夏、陈皮各 9g。7 剂，水煎服。

2017年10月1日四诊：夜间四肢厥冷疼痛基本缓解，汗出明显减少，仍小便无力，晨起腹痛作泻，泻后痛减。

辨证：脾肾阳虚。

处方：桂附理中汤合四神丸加减。

党参20g　白术15g　干姜12g　附片（先煎）40g
肉桂10g　肉豆蔻10g　五味子15g　吴茱萸4g
补骨脂12g　黄芪40g　当归12g　白芍30g
山药30g　茯苓20g　山茱萸30g　川芎12g

8剂，水煎服。

（王明杰案）

按语：本案实际是在表里之阳气上考虑，患者下肢冷痛、出汗均在夜间加重。其中病证颇合少阴身痛附子汤证，有背恶寒、手足寒、骨节痛；但明显的汗出、小便难，却又类似桂枝加附子汤证，兼有便溏、性功能减退，脾肾阳虚之证明确，因卫阳根于肾阳，所以用炮附子温肾阳，由内达表，可让卫气的功能恢复正常。然为何4剂后却无反应？当是药力不足之故。王老据苔白腻、脉沉细，仍坚持原法，加大剂量，增加附片、当归之温阳药力，而逐渐收功。

27. 转筋

周某，女，75岁。2013年11月28日初诊。

双腿转筋3年余，近半年来加重，经西药、输液及养血息风中药等多方治疗乏效。两小腿肌肉痉挛，疼痛难忍，昼夜均作，夜间尤重，每夜发作2～3次，无法安睡。白天双手指端肌肉亦不时痉挛。患有冠心病、高血压病。神疲肢冷，苔白腻，脉弦细。

诊断：转筋。

辨证：阳虚寒凝，筋脉失养。

治法：温经散寒，通络解痉。

处方：芍药甘草附子汤合止痉散加减。

制附片（先煎）20g　白芍60g　桂枝12g　当归15g
鸡血藤30g　木瓜15g　川牛膝15g　地龙10g

伸筋草 30g　　舒筋草 30g　　甘草 6g

2 剂，水煎服，取汁 500mL 分 3 次服。

另用：全蝎 5g，蜈蚣 2 条（研末冲服）。

2013 年 12 月 1 日二诊：自诉症状缓解，夜间转筋减为 1 ～ 2 次，痛势稍缓。

处方：

1. 中药汤剂：

制附片（先煎）30g　　白芍 50g　　甘草 6g　　桂枝 12g

鸡血藤 30g　　木瓜 15g　　伸筋草 30g　　舒筋草 30g

当归 12g　　川芎 12g　　地龙 10g　　黄芪 25g

4 剂，水煎服。

2. 中药丸剂：

全蝎 60g　　蜈蚣 15 条　　地龙 60g　　土鳖虫 60g

僵蚕 60g　　水蛭 15g　　桂枝 70g　　白芍 200g

当归 80g　　木瓜 100g　　鸡血藤 150g　　三七 30g

甘草 30g

共研细末，水泛为丸，每次 9g，每日 3 次。

2013 年 12 月 22 日三诊：加服丸剂后，转筋次数逐渐减少，目前病情已基本控制。此次来诊，要求继续制作丸剂服用，巩固疗效。

处方：

全蝎 30g　　蜈蚣 6 条　　地龙 30g　　土鳖虫 50g

僵蚕 50g　　水蛭 8g　　桂枝 50g　　白芍 120g

当归 80g　　木瓜 60g　　鸡血藤 100g　　三七 20g

甘草 30g　　黄芪 100g　　川牛膝 60g　　川芎 60g

共研细末，水泛为丸，每次 9g，每日 3 次。

（王明杰案）

按语：转筋为肢体筋脉牵掣拘挛，痛如扭转，多由阴血亏虚、筋脉失养所致。本例病情较重，服养血息风之品未效，当从阳虚寒凝辨证。《素问·生气通天论》云：“阳气者，精则养神，柔则养筋。”阳气虚衰，或寒邪侵袭，阳气温养筋脉的功能受阻，亦可导致转筋。风药、虫药通络解痉治其标，附片、黄芪、当归、桂枝等温经散寒治其本，标本同治，收效甚捷。

28. 全身瞤动

陈某，男，65 岁。1981 年 12 月初诊。

患者无故突发作肌肉瞤动，自觉从胸部向全身放射性发作，随即全身起鸡皮疙瘩，极度畏寒，一瞬间即过。轻时一天 10 余次，重时一天多达 50 次。尤其是冬季或气候变化、气温下降时则更明显。夏天发作轻。犯病已 1 年半，治疗无效，严重影响睡眠。患者十分痛苦。现症：面色青白，疲倦乏力，睡眠差，胃脘胀满，食少，口苦口腻，苔黄腻，脉弦滑。同时特别说明凡是舌苔厚腻时，发作更频繁。

辨证：脾肾阳虚，湿热内蕴。

治法：调和营卫，清化湿热。

处方：柴胡桂枝汤合加减泻心汤化裁。

药物：白芍、桂枝、柴胡、半夏、黄芩、黄连、干姜、厚朴、茯苓、苍术、黄芪、防风、甘草。

二诊：服 2 剂后，发作次数稍微减少，饮食增加，睡眠、精神好转，口苦口腻减轻。见其好转，故在原方基础上加减继服。

三诊：服 6 剂之后，疲倦乏力、睡眠差、胃脘胀满等症状均去除，舌苔正常，精神明显好转。但身瞤动症状未能完全控制，1 天仍发作 5 ～ 8 次。改为以真武汤为主，佐以原方中泻心汤加减。药物：附片、干姜、苍术、桂枝、黄芪、白芍、茯苓、黄连、黄芩、防风、厚朴、甘草。

四诊：服 2 剂后，效果明显，每天只发作 2 ～ 4 次，有 1 天只发作了 1 次。脾胃湿热证消除。故单用真武汤为主加减治疗。药物：附片、干姜、白芍、白术、桂枝、黄芪、茯苓、补骨脂、菟丝子、淫羊藿、甘草。

五诊：服上方后，出现口苦口干，咽喉隐痛，苔腻。每天发作 2 ～ 4 次。故又将处方恢复为四诊的温阳固肾为主，清湿热为辅的方案。药物：附片、干姜、白术、桂枝、黄芪、黄连、黄芩、厚朴、补骨脂、菟丝子、淫羊藿、甘草。

此方服用 4 剂后，病情明显稳定好转，由 1 天发作 1 ～ 2 次，或不发作，到最后半月未发作过。又继续调理半月后，未复发。

（黄淑芬案）

按语：《伤寒论》82 条云：“身瞤动，振振欲擗地者，真武汤主之。”指出身瞤动可因发汗太过，津亏气耗，筋肉失养而致。本例伴有中焦脾胃湿热之候，患者言舌苔厚腻时发作更频繁，说明湿热壅遏亦可加重病情，故先从脾胃湿热着手治疗，三诊后以真武汤为主佐以泻心汤加减，温补脾肾之中，佐以清化湿热，收效显著。

29. 阳虚感冒

吴某，女，46岁。2014年11月2日来诊。

感冒1个月，口淡无味，自觉胃胀，怯冷，出冷汗，心悸，眠差，舌淡苔白，脉细。

诊断：感冒。

辨证：阳虚感寒。

治法：温阳散寒。

处方：桂枝加附子汤合玉屏风散加减。

桂枝 12g　　白芍 12g　　大枣 12g　　黄芪 25g
麸炒白术 15g　　防风 12g　　制附片（先煎）15g　　细辛 10g
陈皮 10g　　砂仁（后下）8g　　南沙参 30g　　炙甘草 6g
生姜 12g

2剂，水煎服。

2014年11月4日二诊：心悸、睡眠改善，仍畏寒，口无味，苔白，脉细。上方略予加减：

桂枝 12g　　白芍 12g　　炙甘草 6g　　大枣 12g
黄芪 30g　　葛根 30g　　细辛 10g　　麸炒白术 15g
防风 12g　　陈皮 10g　　草豆蔻 12g　　砂仁（后下）9g
当归 12g　　制附片（先煎）25g

3剂，水煎服。

后电话回访症状基本好转，仍略感怯冷，嘱常服玉屏风散、金匮肾气丸调理。

（王明杰案）

按语：本案中患者感冒1个月，久病不愈，耗伤正气，阳气不足，余邪未清，故辨证为风寒未尽，脾肾两虚。治以桂枝汤合玉屏风散加减，扶正解表祛邪。方中酌加细辛加强祛风散寒，陈皮、砂仁健脾理气，南沙参养阴清肺。服2剂后，二诊时患者仍然畏寒，当为阳虚所致，故加附片以温阳，草豆蔻温中，当归养血，葛根升阳，诸药合用，加强温补，使阳气恢复而余邪自消。

30. 湿温发热

余某，女，32岁。1981年12月6日初诊。

患者从8月中旬开始突然发高烧，恶寒，呕吐，不食，头痛身痛。经中西医治疗，恶寒、呕吐、不食、头痛身痛均已解除。但仍发热，倦怠乏力，胃脘胀满不适，纳呆，不寐。经中医治疗数月不效，西医检查无异常，人逐渐消瘦，精神疲乏，特来泸州医学院附属医院中医门诊就诊。

患者目前每晚（有时两晚）发热汗出，T38～38.5℃，疲乏无力，胃脘不适，纳呆，呕吐，消瘦，舌红，口苦口腻，苔黄腻，脉弦滑数。

诊断：湿温。

辨证：脾虚湿热。

治法：清热化湿。

处方：蒿芩清胆汤合平胃散加减。

青蒿20g　黄芩12g　柴胡15g　黄连10g
茯苓15g　法半夏12g　苍术12g　厚朴12g
枳壳12g　陈皮12g　竹茹12g

二诊：服2剂之后，6天未发热，仅晚上稍微潮热，但精神、饮食、睡眠、呕吐、口苦口腻等均较前好转，舌红，苔腻，脉滑数。

仍用上方去黄连、枳壳、竹茹，柴胡减量至12g，加藿香12g，薏苡仁30g，党参20g。

此方服6剂后，患者未再发热，精神、饮食、睡眠等均已恢复正常。

仍在上方基础上加减调理，巩固治疗，病得痊愈而未复发。

（黄淑芬案）

按语：本例湿温发热缠绵近4个月不愈，伴有明显湿遏热伏证候，黄老首诊以蒿芩清胆汤合平胃散分消湿热，2剂即未再发热；二诊减去黄连，加入党参、薏苡仁、藿香增强健脾除湿之力，病得痊愈，充分体现了前人“湿去热孤”治疗经验的卓越价值。

31. 内伤发热

案 1　莫某，男，76 岁。2015 年 5 月 1 日初诊。

主诉：夜间潮热 3 个月。

患者有帕金森病病史，近 3 个月来夜间全身潮热，纳差，大便不成形，小便黄，口干，舌苔白腻，脉浮大无力。

诊断：内伤发热。

辨证：脾胃气虚，湿热郁滞，阴火内生。

治法：补中升阳，佐以清热化湿。

处方：补中益气汤加减。

黄芪 30g	党参 20g	当归 10g	白术 12g
陈皮 6g	柴胡 15g	升麻 10g	葛根 30g
茯苓 12g	地骨皮 15g	黄柏 8g	青蒿（后下）10g
石菖蒲 12g	法半夏 12g	炙甘草 6g	

2 剂，水煎服。

2015 年 5 月 3 日二诊：服药后症状好转，夜间发热明显减轻，精神状态差，纳差，小便黄，苔薄白腻，脉浮大。上方继用 3 剂。

2015 年 5 月 8 日三诊：全身发热解除，唯下肢略有发热，咯痰不爽，流清口水，乏力，脉缓。上方去青蒿、黄柏、地骨皮、升麻，加桔梗 12g，盐益智仁 8g，桂枝 10g，防风 9g，秦艽 12g。2 剂，水煎服。

（王明杰案）

按语：本例属气虚发热，阴火为患，补中益气汤原为正治。但因兼夹湿热为患，故配合清热化湿之黄柏、青蒿、石菖蒲、法半夏等品，收到较好效果。王老认为，阴火虽然源于脾胃气虚，但其生成在于因虚致郁，因郁生火，治疗中除了补中益气外，尚需配合风药开其郁、苦寒泄其火，方能迅速收效。

案 2 牟某，男，12 岁。2018 年 5 月 12 日初诊。

全身发热汗出，胸闷灼热如火 2 个月。在西南医科大学附属医院做了全面检查，均未发现异常。以后在当地服中药治疗 1 月余未效，经当地医生介绍来我处治疗。患儿神情忧郁，形体消瘦，食少乏力，口干口苦，不欲饮水，舌红，苔黄腻，脉细数。查看以往所服处方，多为青蒿鳖甲汤之类。

诊断：内伤发热。

辨证：湿热郁阻，气机不畅。

治法：宽胸理气，清热化湿。

处方：蒿芩清胆汤合瓜蒌薤白半夏汤加减。

柴胡 12g	青蒿 12g	黄芩 12g	栀子 10g
法半夏 12g	茯苓 10g	苍术 10g	枳壳 10g
草豆蔻 10g	郁金 12g	桔梗 12g	薤白 12g
砂仁（后下）8g	党参 20g	瓜蒌皮 10g	

3 剂，水煎服。

2018 年 5 月 14 日二诊：胸闷，口苦口干好转。发热汗出、胸中灼热依旧。上方加知母 12g，生石膏 20g（先煎）。3 剂，水煎服。

2018 年 5 月 17 日三诊：胸闷、发热汗出、口干口苦基本消除，但胸中灼热仍然不减。上方继服 3 剂。

2018 年 5 月 21 日四诊：症状同前。改用补中益气汤合蒿芩清胆汤加减：

党参 20g	黄芪 20g	柴胡 20g	葛根 15g
法半夏 12g	白术 10g	淡豆豉 10g	知母 10g
防风 10g	升麻 10g	青蒿 15g	酒黄芩 12g
薄荷 10g	生石膏 20g	甘草 5g	

3 剂，水煎服。

2018 年 5 月 27 日五诊：患儿胸部灼热不减，患儿及家属焦虑不安。伴无汗，厌油，舌红，苔白，脉细数。考虑郁火闭郁不宣，治以宣通发散之法：

银柴胡 15g	青蒿 15g	酒黄芩 12g	茯苓 12g
麸炒苍术 10g	淡豆豉 12g	知母 10g	生地黄 30g
薄荷 10g	麻黄 12g	桂枝 10g	醋鳖甲 15g

黄芪 30g　　地骨皮 12g　　生石膏 20g　　甘草 5g

3 剂，水煎服。

1 月余后，患者母亲来院告知，患儿服上方 2 剂后，全身汗出，从此胸中灼热症状霍然消除。停药半个月后，曾有轻微复发，照原方再服 2 剂后，痊愈未再发作。

（黄淑芬案）

按语：本例亦属于内伤发热，除全身发热汗出外，尤以胸闷灼热如火为其特点。初诊时湿热蕴结之象明显，故长期服用青蒿鳖甲汤一类方药乏效。黄老以蒿芩清胆汤合瓜蒌薤白半夏汤宽胸理气、清热化湿，6 剂后胸闷、发热汗出解除，唯有胸部灼热不减。改用补中益气汤甘温除热无功。最后考虑郁火闭郁不宣，从宣通发散之法，加入麻黄、桂枝辛温发散，全身汗出而胸中灼热全消。李时珍云："麻黄汤虽太阳发汗重剂，实为发散肺经火郁之药也。"可谓一语中的。

32. 戴阳证

刘某，女，23 岁。2015 年 1 月 4 日来诊。

主诉：晚上面部烘热发红 10 余天。

患者素体阳虚畏寒，神疲乏力，便溏。近 10 天来晚上面部烘热发红，咽喉不适，背心、胸口冷，午后乏力，苔薄白，脉细弱。

辨证：少阴戴阳证。

治法：温肾健脾通阳。

处方：四逆汤加减。

党参 25g　　炙甘草 8g　　细辛 6g　　麻黄 6g

山药 25g　　当归 12g　　白芍 15g　　麸炒白术 12g

干姜 15g　　肉桂 10g　　制附片（先煎）50g

2 剂，水煎服。

2015 年 1 月 23 日二诊：服药后畏寒、面部烘热减轻，头重如裹，夜间口干，行走时自觉失去平衡。于原方中去掉麻黄，将附片减至 40g，党参减至 20g，另加茯苓 15g，薏苡仁 25g，石菖蒲 15g，羌活 10g。2 剂，水煎服。

患者服药后虚热症状消除，嘱以鹿茸片研末服用，温补调理。

（王明杰案）

按语：本案初诊时为命门火衰、虚阳上浮之真寒假热证，与《伤寒论》少阴篇314条白通汤证机理相似，但见于杂病中则证情较缓，仍辨为戴阳证，治以温阳散寒，引火归原之法。方中重用附片，辅以干姜、炙甘草，为通脉四逆汤，加党参、白术、山药、当归、白芍益气养血、温补脾肾，少量麻黄、细辛配合附片温经散寒、宣通上下，肉桂引火归原。药后寒去阳复，上下通达而头面虚热自消。二诊时虚阳上浮的现象已经得到改善，而湿气阻滞的现象明显，故去掉并减轻温阳升散之药，而突出了茯苓、薏苡仁、石菖蒲、羌活化湿通络的功效，更体现了“通阳不在温而在利小便”的妙理。使阴阳上下升降自由而无格拒之虞。且以鹿茸粉温补精血阴阳而调理善后以固其本，真是治疗缓急有度之范本。

王老指出，本案首诊附片即重用至50g，是因为该患者常来就诊，长期服用附片，平日用量均在30g以上。对于一般患者，使用此类药品，仍然以小剂量递加为宜。附片的使用，王老通常以12～15g为起点，逐渐加量，少有超过60g者。

33. 自汗

案1 赵某，男，63岁。2014年6月17日来诊。

自汗月余，动则尤甚，心悸，气短，疲乏，口干，口苦，自觉口臭，眠差，舌苔黄腻，脉弦数。

诊断：汗证。

辨证：气阴两虚，湿热内蕴，卫表不固。

治法：益气养阴固表。

处方：保元汤合二至丸加减。

黄芪45g	红参6g	当归12g	酒女贞子25g
墨旱莲25g	山萸肉30g	生地黄20g	五味子15g
牡丹皮12g	薏苡仁20g	炒栀子12g	浮小麦50g
桑叶12g	生牡蛎（先煎）25g		

3剂，水煎服。

2014年6月24日二诊：汗出、心悸等症减轻，疲乏，口苦，苔薄黄，脉弦数。前方中墨旱莲增至30g，桑叶增至15g，另加知母10g，石膏（先煎）20g。3

剂，水煎服。

2014 年 7 月 6 日三诊：汗出、口干、气短明显减轻，心悸、口苦消失，舌苔薄黄，脉弦数。于二诊方中浮小麦减至 45g，黄芪减至 30g。3 剂，水煎服。

后因他病来诊，未诉自汗再作。

（王明杰案）

按语：《素问·阴阳别论》曰："阳加于阴谓之汗。"本案患者素体虚弱，气虚卫表不固则自汗，动则尤甚，长期自汗，津液外泄；阴津亏虚则口干；气阴两虚，心神失养则心悸、气短、疲乏、眠差；湿热内蕴则口苦、口臭、舌苔黄腻。治疗当益气养阴固表，兼除湿热。方中山茱萸、五味子、桑叶、牡蛎、浮小麦等收敛止汗，黄芪、红参益气固表，女贞子、墨旱莲、生地黄、牡丹皮养阴生津，诸药配伍补气养阴，固表止汗，标本兼顾。患者兼夹湿热，配伍栀子、薏苡仁清热利湿。全方补泻兼施，标本兼顾，取得了明显的疗效。

案 2　刘某，女，48 岁。2018 年 8 月 19 日初诊。

肺癌术后 1 年余，停经 2 年。潮热出汗，大汗淋漓，眼眵多口苦。舌红，苔微黄腻，脉弦细。

诊断：汗证（更年期综合征）。

辨证：肾虚肝郁，湿热熏蒸。

治法：滋肾疏肝，清利湿热。

处方：丹栀逍遥散合知柏地黄丸加减。

柴胡 15g	当归 12g	白芍 20g	麸炒枳壳 12g
牡丹皮 20g	炒栀子 12g	青蒿（后下）12g	酒女贞子 15g
茯苓 15g	白术 12g	黄柏 12g	浮小麦 30g
生地黄 30g	知母 12g	煅龙骨（先煎）30g	

4 剂，水煎服，每天 1 剂。

2018 年 8 月 23 日二诊：潮热汗出明显减轻，眼眵口苦消失，睡眠较差。上方加百合 15g。

（黄淑芬案）

按语：本例是出现在肺癌术后又值更年期中的汗证，肾虚肝郁，湿热熏蒸，故潮热汗出不已，唯有滋阴疏肝清热方为本，妙在以茯苓、白术以固后天之本，使营卫有源，浮小麦、煅龙骨等收敛止汗乃是顺势而为，治标也。

34. 盗汗

王某，男，48岁。2013年1月15日初诊。

盗汗1年余。夜间口干苦，潮热，汗出，神疲乏力，苔薄白，脉细弱。

诊断：盗汗。

辨证：气阴两虚。

治法：益气养阴固表。

方剂：当归六黄汤合二至丸加减。

黄芪 25g	当归 12g	生地黄 20g	桑叶 12g
牡丹皮 12g	熟地黄 20g	山萸肉 20g	酒女贞子 30g
墨旱莲 25g	酒黄芩 12g	甘草 5g	生牡蛎 30g
五味子 12g	白芍 15g	浮小麦 30g	

3剂，每天1剂，水煎（自煎）服，取汁300mL分3次服。

2013年1月22日二诊：盗汗同前，细加询问，言夜间虽觉潮热，白天却略感畏寒，考虑阳气亦不足，上方应少加温阳之品。于初诊方中以黄柏12g易黄芩，加肉桂6g，制附片（先煎）15g，共3剂。另用：五倍子10g，研末，每晚调水敷脐上。

2013年3月5日三诊：服前药后症状好转，停药月余，近日又有发作。继以二诊方3剂水煎服。

2013年5月28日四诊：盗汗减轻。以二诊方加入酒黄芩9g，3剂水煎服。

后电话随访，盗汗未再发作。

（王明杰案）

按语：患者盗汗1年多，病机已经从最初单纯的阴虚盗汗发展为阴阳两虚，卫气不足，即阴虚日久，损及肾中精气，导致肾精化生阳气不足，从而形成阴阳两虚。长期的盗汗，气随津泄，导致卫气不足，故《景岳全书·汗证》曰："自汗盗汗亦各有阴阳之证，不得谓自汗必属阳虚，盗汗必属阴虚也。"治疗上，滋阴止汗为主，同时要兼顾固表止汗，温补阳气。王老选用当归六黄汤加减治疗，方中生地黄、熟地黄、山萸肉、女贞子、墨旱莲、白芍等滋阴补肾、养精填髓，其中山萸肉、白芍还可收敛止汗，黄芪益气固表止汗，牡丹皮清热凉血以除阴虚内热，桑叶、牡蛎、五味子、浮小麦等收敛止汗。二诊患者自述畏寒怕冷，阴虚日久，导致阳虚，加附片温补阳气，五倍子研末外敷脐部以收敛止汗。服药后缓解，患者停药致病情反复，复诊时继续以前方加减治疗而获效。

（二）眼科医案

1. 暴风客热（急性结膜炎）

案 1　李某，男，9 岁。1981 年 4 月 20 日就诊。

患儿双目红肿，自觉眼中灼热，痒涩难当，刺痛羞明，已用中西药治疗 10 余日乏效。查前所服中药处方，均系疏风清热泻火之品。观其白睛赤脉晦滞不泽，黑睛旁隆起呈灰黄色，舌质红，苔白腻。

诊断：暴风客热（急性结膜炎）。

辨证：风火郁目，气血津液瘀滞。

治法：辛温发散开通。

处方：八味大发散加减。

麻黄 3g　　细辛 3g　　防风 6g　　蔓荆 6g

栀子 6g　　白芷 6g　　羌活 4.5g　　川芎 4.5g

2 剂，水煎服，日 1 剂。

服 2 剂后，诸症有所缓解，守原方去羌活，加茺蔚子 9g。4 剂后痒痛皆止，红肿减退，改予小柴胡汤调理而安。

（王明杰案）

按语：本例为火郁于目而红肿灼热，刺痛羞明，清热泻火不效，王老改投辛温发散，使玄府畅通，郁开气达，而火热得除，正是开玄泻火之法。

案 2　李某，女性，17 岁。2009 年 12 月 23 日就诊。

主诉：双眼发红 4 日。

刻诊：双目疼痛刺痒，羞明难睁，晨起多眵胶黏，伴头痛鼻塞，时寒时热，全身不适，已服清热中药、滴消炎眼药效果不显，舌红，苔薄白腻，脉浮紧。

诊断：暴风客热（急性结膜炎）。

辨证：风邪外束，肺胃郁热。

治法：祛风泄热。

处方：八味大发散加减。

麻黄 10g	细辛 10g	蔓荆子 10g	羌活 10g
白芷 10g	川芎 10g	野菊花 10g	连翘 12g

3 剂，水煎服。

服药后目赤消退，诸症俱除。

（王明杰案）

按语：风热之邪用野菊花、连翘、蔓荆子等辛凉辛苦清解，原为正治，然前医单用清热药无效则足为前车之鉴。病之不愈非因清热力度不够，反而是因过用苦寒凝涩目中之玄府，不但风热邪气、肝胃郁热不得透出，且精气、津液亦不能正常输布而反为害，故本案取效在于麻、辛、羌、芷、芎等辛温之品发散开玄而郁热乃解。

2. 时复症（春季卡他性结膜炎）

陈某，男，15 岁。2002 年 3 月 20 日初诊。

主诉：两眼灼热奇痒反复发作 2 年。

患儿双眼灼热奇痒难忍，满布黏丝状分泌物，畏光流泪，2 年来每到春夏季加重，秋冬减轻。此次发作已 10 余天，服西药并滴多种眼药水未能控制。检查：两睑微肿，双上睑结膜充血，有扁平乳头增生，状若铺路卵石，球结膜充血，角膜缘有胶状组织增生。舌质红，苔薄黄腻，脉滑数。

诊断：双眼时复症（春季卡他性结膜炎）。

辨证：风邪湿热郁滞目络。

治法：清热除湿，祛风止痒。

处方：麻黄连翘赤小豆汤加减。

麻黄 9g	连翘 12g	赤小豆 15g	丹皮 12g
蝉蜕 9g	防风 9g	地肤子 20g	大枣 12g

甘草 6g　　　　全蝎（研末冲服）3g

2 剂，水煎服，并嘱其用药渣煎水熏洗眼部。

2002 年 3 月 23 日二诊：药后目痒、充血减轻，分泌物减少。上方继进 4 剂，用法同前。

2002 年 3 月 28 日三诊：眼部诸症基本消失，外观一如常人，改用桑菊饮加蝉蜕调理巩固。

（王明杰案）

按语：白睛属肺，胞睑属脾，肺脾风湿热邪搏结，瘀滞于胞睑白睛脉络而无以宣泄，故奇痒难忍，眵泪胶黏，缠绵难愈。麻黄连翘赤小豆汤宣利肺气，配合虫药全蝎、蝉蜕开发郁结，使风邪散，湿热去，瘀滞消，而诸症尽除。

3. 聚星障（单纯疱疹性角膜炎）

陈某，男性，30 岁。2007 年 6 月 28 日就诊。

患者 1 周前感冒咳嗽咽痛，经治好转，3 天前右眼发痒，涩痛，流泪畏光，用妥布霉素眼药水滴眼无效，今日症状加重，伴头痛身痛，视物模糊。某医院眼科查视力：右眼 0.3，右眼角膜上方树枝状浅层溃疡伴浸润混浊，红汞染色阳性，抱轮红赤，舌红苔薄白，脉浮数。

诊断：聚星障（单纯疱疹性角膜炎）。

辨证：邪犯黑睛，阻滞目络，黑睛失养。

治法：祛风泄热，退翳明目。

处方：柴葛解肌汤加减。

柴胡 20g　　葛根 30g　　羌活 12g　　白芷 12g
黄芩 12g　　赤芍 15g　　蝉蜕 10g　　麻黄 10g
蔓荆子 12g　　桔梗 12g　　蒲公英 30g　　甘草 5g

3 剂，水煎服。

二诊：目赤涩痛流泪减轻，黑睛溃烂面缩小，上方去麻黄、蔓荆子，加密蒙花 10g，刺蒺藜 10g。3 剂。

三诊：症状消失，角膜溃疡愈合。

（王明杰案）

按语：柴葛解肌汤原是治疗三阳合病的发热类疾病的方剂，本案中虽全身发热不明显，但头痛、身痛、目赤而痒痛，三阳经络风热邪气滞留在黑睛局部而为患，柴、葛、麻、羌之强有力的开玄启膝的作用正可给邪气以出路。

4. 睑弦赤烂（睑缘炎）

汪某，男，52岁。2011年5月28日就诊。

主诉：患睑缘炎近1年。

症见：睑缘赤烂，生眵胶黏，痒涩羞明，时轻时重，口渴心烦，小便短赤，大便干结。舌红苔黄厚腻，脉滑数。长期服用龙胆泻肝片、三黄片等，效果不佳。

诊断：睑弦赤烂（睑缘炎）。

辨证：风湿热邪，郁结睑弦。

治法：祛风胜湿，通玄泄热。

处方：防风通圣散加减。

防风 12g	荆芥 12g	连翘 12g	麻黄 9g
薄荷 9g	川芎 12g	当归 12g	赤芍 15g
栀子 9g	生大黄 6g	黄芩 12g	升麻 12g
僵蚕 12g	白鲜皮 15g	甘草 6g	滑石 12g

3剂。水煎3次，前两煎分3次内服，第3煎熏洗双眼，并用毛巾浸药液湿敷眼睑，每日2次。

二诊：药后诸症明显减轻，大便畅通微溏，生大黄改为酒大黄，再进7剂。

患者坚持治疗半个月，病告痊愈。

（王明杰案）

按语：龙胆泻肝片、三黄片之所以长期疗效不佳，因清热燥湿之力胜，而开玄达膝、引邪达表之力远不足，故此小病缠绵逾年而未能获愈。而防风通圣散则能表里双解，开鬼门，洁净府，去菀陈莝，汗道、谷道、水道、血道多途径给邪以出路，则邪无由留恋。

5. 上胞下垂（重症肌无力眼肌型）

罗某，男，52 岁。2014 年 6 月 24 日初诊。

患者双眼睑下垂 1 年余，睑裂变窄，午后明显，劳累后加重，略感疲乏，饮食、二便正常，舌淡红，苔薄白，脉弦缓。眼科诊断为重症肌无力眼肌型，服用溴吡斯的明后症状明显缓解，但停药不久便复发，故寻求中医治疗。

诊断：上胞下垂（重症肌无力眼肌型）。

辨证：中气不足，风邪阻滞。

治法：补中升阳，祛风开玄。

处方：补中益气汤加减。

黄芪 30g	炙甘草 6g	红参 6g	当归 12g
陈皮 6g	升麻 6g	柴胡 10g	白术 15g
葛根 30g	酒川芎 12g	白芍 25g	鸡血藤 25g
党参 20g	木瓜 15g	红景天 12g	制马钱子 2g

3 剂，研细末，温水冲服，每次 6g，每日 3 次。

2014 年 8 月 22 日二诊：眼睑下垂症状减轻。继用前方去掉红参，加重马钱子至 3 钱，另加防风 12g，羌活 10g。3 剂，并嘱逐渐减少溴吡斯的明用量。

2014 年 10 月 24 日三诊：眼睑下垂症状缓解，已停用溴吡斯的明。在二诊方基础上，黄芪由 30g 加至 45g，更加麻黄 12g，细辛 6g，继用 3 剂，用法同前。

患者于 2015 年 9 月 7 日来院复诊，言服完上方后眼睑下垂症状消除近 1 年，近日有所复发，睑裂略有缩小，要求继续服用中药散剂，乃予 2014 年 10 月 24 日方 3 剂。此后患者每年来诊 1 ～ 2 次，均以上方出入调治，迄今病情稳定。

（王明杰案）

按语：《诸病源候论・目病诸候》：“五脏六腑之血气，皆上荣于目也。若血气虚，则肤腠开而受风，风客于睑肤之间，所以其皮缓纵，垂覆于目，则不能开。”明确指出本病系气血亏虚而受风所致，而诸家治疗往往忽略祛风，故收效欠佳。本例王老以补中益气汤加葛根、川芎、羌活、防风、麻黄、细辛及马钱子等风药补益气血，祛风开玄，达神起痿，收到了停用西药、控制病情的效果。

6. 白涩症（干眼症）

案 1 杜某，女，45 岁。2010 年 11 月 2 日就诊。

患者 1 年前无明显原因出现双眼发红，伴异物感，干涩不适，易疲劳。经某医院眼科检查后诊断为双眼干眼症，予人工泪液、玻璃酸钠眼药水滴眼后症状缓解。近 3 个月复发，干涩不适加重，再用前药效果欠佳。故来院寻求中药治疗。患者双眼结膜轻度充血，视力正常，但不耐久视，夜寐不安，舌红苔薄白腻，脉弦细。

诊断：白涩症（干眼症）。

辨证：风邪郁阻，津液不布。

治疗：祛风通玄，布津润燥。

处方：自拟祛风舒目汤加减。

麻黄 10g　葛根 30g　柴胡 15g　菊花 10g
蝉蜕 10g　黄芪 20g　当归 12g　白芍 25g
石菖蒲 10g　牡蛎 25g　甘草 6g

服用 3 剂后自觉症状有所减轻，继续治疗半个月后病情基本缓解，改用眼舒颗粒调理巩固。

（王明杰案）

案 2 刘某，女，62 岁。2013 年 10 月 27 日初诊。

主诉：双眼干涩不适 3 年。

患者 3 年来双眼干涩不适，视物模糊，易疲劳，眼科诊断为干眼症，长期使用玻璃酸钠眼药水、人工泪液等滴眼，伴潮热汗出，口干，夜尿频，苔薄白少津，脉弦细。

诊断：白涩症（干眼症）。

辨证：阴虚燥热。

治法：滋阴清热，布津润燥。

处方：柴胡清骨散加减。

柴胡 12g　知母 12g　生地黄 20g　炒栀子 12g
牡丹皮 10g　连翘 12g　蔓荆子 12g　地骨皮 20g
青蒿 12g　秦艽 15g　升麻 15g　生牡蛎 30g

酒黄芩 12g　　忍冬藤 20g　　鸡血藤 30g

3 剂，水煎服。

2013 年 11 月 2 日二诊：症状略有减轻，要求制作膏方服用。

知母 12g　　生地黄 20g　　鸡血藤 30g　　忍冬藤 20g
炒栀子 12g　　牡丹皮 10g　　天冬 20g　　炒蔓荆子 12g
地骨皮 20g　　秦艽 15g　　当归 15g　　骨碎补 20g
菊花 10g　　麦冬 20g　　墨旱莲 20g　　酒女贞子 25g
白芍 40g　　桑叶 10g　　盐车前子（包煎）15g

4 剂，加蜂蜜制膏，取 10g 温水冲服，每日 2 次。

2014 年 1 月 17 日三诊：服药后症状缓解，停药 1 月余又复发，眼干涩，不耐疲劳，口干，舌麻，睡眠差，苔薄黄干，脉细滑。建议用丸剂，便于长期缓调。

知母 12g　　生地黄 20g　　鸡血藤 30g　　威灵仙 20g
炒栀子 12g　　牡丹皮 10g　　地肤子 30g　　炒蔓荆子 12g
地骨皮 20g　　秦艽 15g　　当归 15g　　盐车前子 15g
青蒿 30g　　炒乳香 20g　　墨旱莲 20g　　酒女贞子 25g
骨碎补 20g　　白芍 40g　　桑叶 10g　　土鳖虫 15g
防己 25g

7 剂，制水丸服。

患者服药后病情减轻。此后一直来王老处诊治，长期服用丸剂，病情有所缓解。

（王明杰案）

按语：中医眼科称本病为“白涩症”“神水将枯症”，属于燥证范畴。一般认为，肝肾阴虚，津液不足是本病发生的主要原因。阴津亏乏，则泪液生化之源不足，泪液生成减少，目失泪水濡润而生燥导致干眼症的发生。通常以滋阴生津、养肝明目为治则。但王老认为，从玄府理论来看，干眼的成因，往往不在于津液的匮乏，而在于津液的不布。由于目中玄府闭塞，津液敷布受阻，以致目失濡润而干涩；同时由于营血运行不畅，眼部筋脉失养而拘急，神光发越不利，往往伴有眼胀痛、眼部充血及视物模糊等视疲劳的问题。

西医对干眼症的治疗以局部用药为主，属于治标之法。中医治疗有一定的优势。临证所见，多属阴精亏损，燥热内生，滋阴清热润燥是常用治法。王老认为，还应考虑目中玄府闭塞以致津液敷布障碍的因素，治疗宜适当伍用宣通之品以开玄布津润燥。只有使闭塞的目中玄府恢复畅通，让气血津液得以正常输布，种种症状才能根本缓解。尽管患者出现许多干燥症状，却仍然离不开辛散的风药，祛风通玄，布津润燥。这就是《内经》“辛以润之”之理。案1方中麻黄、柴胡、葛根、蝉蜕，案2方中柴胡、升麻、蔓荆子、桑叶、秦艽等风药均为此意。

7. 肝劳（视疲劳）

刘某，女，20岁，大学生。2008年3月15日初诊。

主诉：双眼胀痛半年。

半年来双眼胀痛，阅读、上网时加重，痛连前额，眼部灼热干涩，难以坚持正常学习，思想负担沉重。双外眼及眼底未见明显异常，屈光及眼肌检查均正常，西医诊断为神经性视疲劳。曾服用杞菊地黄丸、补中益气丸等药，乏效。患者面色不华，舌淡红，边有齿痕，苔薄白，脉缓。

诊断：肝劳（视疲劳）。

辨证：脾虚气弱，玄府郁闭。

治法：健脾益气，祛风通玄。

因煎药不便，予眼舒颗粒（院内制剂）3盒。

2008年3月22日复诊：服药后症状略有缓解，加用全蝎最细粉冲服。

1周后来诊，言效果明显，能坚持阅读1小时以上。考虑患者经济负担，改用祛风舒目汤加减制作丸剂。

麻黄 50g　葛根 150g　蔓荆子 90g　黄芪 120g
党参 120g　白术 90g　川芎 90g　白芍 120g
鸡血藤 120g　羌活 75g　白芷 75g　全蝎 50g
蜈蚣 10条　僵蚕 50g　蝉蜕 25g　甘草 30g

1个月后电话告知病已痊愈。

（王明杰案）

按语：王老认为，视疲劳同样存在玄府闭塞的病机。目中玄府郁闭，气血运行不畅则眼胀痛；津液不布则眼干涩，神光发越障碍故不耐久视。如果患者没有明显的全身虚弱证候，治疗重点当是宣通。临床常用自拟“祛风舒目汤”为主治疗，或用王老拟方的医院制剂“眼舒颗粒”（见后“治法与方药应用经验”），功用、主治大体相同，服用较为方便。较重者则需加用虫药制作丸散剂，加强搜剔开玄之力。本案即是一例。

8. 青风内障（慢性青光眼）

吴某，女，41 岁。2001 年 9 月 5 日初诊。

双眼胀痛，干涩不适，视物模糊、视物疲劳 1 年余。西医诊断为慢性单纯性青光眼，已做抗青光眼手术 3 月余，术后一直滴用噻吗心胺眼液，眼压略有下降，眼痛稍减，仍视物疲劳，不能久视，伴头痛头晕，神倦纳差，舌质淡，苔薄白腻，脉细弱。检查：视力左 0.4、右 0.6，眼压左 26.2mmHg、右 25.4mmHg。

诊断：青风内障（慢性青光眼）。

辨证：中阳不足，风邪上扰，神水瘀阻。

治法：温中健脾，祛风通络，活血利水。

处方:《金匮要略》侯氏黑散化裁。

菊花 20g	白术 10g	细辛 6g	茯苓 15g
牡蛎 30g	桔梗 10g	防风 10g	太子参 20g
半夏 10g	黄芩 10g	当归 10g	干姜 6g
川芎 10g	桂枝 10g		

3 剂，水煎服。继续滴用噻吗心胺眼液。

2001 年 9 月 9 日二诊：服药后，眼胀痛及干涩均有所减轻，守上方继进 3 剂。

2001 年 9 月 13 日三诊：自觉眼部诸症继续缓解，精神、食欲转佳。为便于长期服用，上方去半夏、干姜，加天竺黄 6g，全蝎 3g，以 10 剂量交由我院制剂室加工制作胶囊，每粒 0.4g，每次 4 粒，每日 3 次，温水送服，同时停用噻吗心胺眼液。

2001 年 10 月 15 日四诊：服用胶囊 1 个月，自觉眼部症状皆除，连续用眼 2 小时亦不感到疲劳。视力左 0.6、右 0.8。眼压左 19.6mmHg，右 18.2mmHg。此后患者常以此方制作胶囊或蜜丸服用，随访 3 年，病情稳定。

（王明杰案）

按语：青光眼中医称绿风、青风内障，或谓之头风灌目，总以“风”为名。王老认为，其治疗当不离治风。临床上不限于平息内风之药，疏散外风之品亦有殊功。陈达夫先生治疗青光眼习用陈氏息风丸（赤芍、玄参、紫草、菊花、川芎、细辛、桔梗、僵蚕、麝香、牛黄、羚羊角）与沈氏息风汤（犀角、黄芪、沙参、天花粉、生地黄、当归、钩藤、麻黄、蝉蜕、防风），前方适用于肝经热盛之风，后方适用于阴虚血少之风。与之相对照，侯氏黑散所治为中阳不足、气虚血弱之风。三方均以祛风息风并用、外风内风兼治为特色，是其共性所在。尽管适应证候有所不同，对于青光眼却均有良好效果。

9. 消渴目病（糖尿病视网膜病变）

谢某，女，58岁。2010年2月初诊。

患者患糖尿病3年，近3个月来视力减退，视物易疲劳，伴头痛、口干、神疲、气短，苔薄白、舌偏红，脉弦细无力。空腹血糖11.8mmol/L。眼科检查：双眼视力0.3。眼底检查：视网膜陈旧出血。诊断为糖尿病视网膜病变。

诊断：消渴目病。

辨证：气阴两虚，瘀血阻络。

治法：益气养阴，化瘀通络。

处方：降糖护目方加减。

黄芪30g	生地黄20g	玄参15g	苍术12g
丹参15g	葛根30g	女贞子30g	旱莲草30g
僵蚕10g	地龙10g	土鳖虫10g	茺蔚子18g
全蝎（研末冲服）3g			

7剂，水煎服，每日1剂。同时嘱患者调整降糖药用量，将空腹血糖控制在7.5mmol/L以下。

服药1周后复诊：视物疲劳减轻，视力0.4，视网膜出血减少，未见新鲜出血，守方继进。

服药2周后三诊：视力恢复至0.8，眼底检查视网膜出血消失。上方去土鳖虫、茺蔚子，继续服用，1个月后视力恢复至1.0。此后病情一直稳定。

（王明杰案）

按语：本案气阴不足之症明显，益气养阴原为正治。而目能视物全赖五脏六腑之精上注而充养之，今气阴不足则无以上充，瘀血阻络则无从上行，故以四虫（僵蚕、地龙、全蝎、土鳖虫）开玄通窍以宣行气血、津液、精神，神光得以发越则能视。

10. 青盲（视神经萎缩）

案 1　杨某，男，14 岁。1989 年 5 月 10 日初诊。

主诉：双眼视力先后减退半年。

患儿约半年前突然左眼视力减退，伴眼珠胀痛，经当地医院检查诊断为视神经乳头炎。使用西药治疗无效，视力继续下降。3 个月前右眼又发生视力下降，在武汉某医科大学附属医院住院治疗 20 余天，炎症消退而视力未能恢复，眼底检查发现已继发视神经萎缩，出院后继续采用中西药物治疗 2 个月，未见好转，遂来我院诊治。患儿发育良好，饮食好，二便调，全身无不适感，眼亦不胀痛，唯觉视物不清。查视力：左远 0.1，近 0.2；右远 0.1，近 0.2。

诊断：青盲。

辨证：玄府闭郁，神光不遂。

治法：开窍明目。

处方：通窍明目饮。

柴胡 12g　葛根 30g　石菖蒲 12g　远志 6g
当归 12g　黄芪 30g　全蝎（研末冲服）3g

15 剂后，左眼视力 0.2，右眼视力 0.4。原方加丹参、郁金，继服 30 剂后，视力上升至左远 0.7，近 1.0；右远 0.8，近 1.0。

此后视力无进一步变化，一直保持稳定。

（王明杰案）

按语：本案发病急骤，视力迅速减弱并丧失，眼底检查通常视盘边界模糊，以充血水肿为主，晚期视神经继发性萎缩时，视盘颜色淡，动脉变细。患儿来诊时，邪正斗争已不明显，而余战场之破败凋零，故目之玄府衰萎闭塞乃是基本病因病机，以柴胡、葛根、石菖蒲、全蝎以强力开通玄府，黄芪、当归充养气血以荣养目玄府，待目玄府复其形，通其用，而神机自能通达。

案2 刘某，女，20岁。

自述因产后失血过多，加之情志不和，1年前开始双眼视物昏蒙，经西医眼科诊断为视神经萎缩，长期使用中西药物治疗无效，视力日益下降，现左眼已失明，右眼视力亦甚差。查视力：左光感，右0.08。伴肢体酸软，多寐神疲，心悸气短，两眉宇间时感胀痛，舌淡苔白，脉细弱。

诊断：青盲。

辨证：气血亏虚，玄府萎闭，清阳不升。

治法：补气养血，通窍升阳。

处方：益气聪明汤合当归补血汤加减。

柴胡12g　葛根15g　党参25g　黄芪25g
当归15g　石菖蒲12g　远志6g　肉桂6g
全蝎（研末冲服）3g

患者服药20剂后来信，言全身状况改善，左眼视力升至0.2，除略感咽干外，余无不适。上方去肉桂，加丹参20g，地龙10g，寄去处方，嘱继续服用30剂。

患者继续服药22剂，视力续有增长，后因故外出，煎药不便，遂以全蝎一味研末吞服，每日3g，共服用单味全蝎60g。经当地医院检查视力，左眼维持前数值，右眼0.8。此后通信随访，视力一直稳定。

（王明杰案）

按语：本例辨证气血亏虚无误，但既往屡用补益无功。王老以通窍明目饮加减数十剂取效，其中柴胡、葛根、肉桂、石菖蒲、远志等开通玄府药物，尤其是全蝎的走窜开玄起到了重要作用，充分证明了玄府理论的临床指导价值。

11. 风牵偏视（麻痹性斜视）

曾某，女，38岁。2010年12月18日初诊。

主诉：双眼视物成双7天。

患者7日来发现双眼视物成双，眼球转动失灵。左眼球外转失灵、疼痛，伴左侧及前额部痛，视力减退。某医院CT检查排除颅内病变，诊断为左眼外直肌麻痹，使用三磷腺苷、辅酶A、维生素、肌苷、甲钴胺等治疗1周，效果不显，故求中医治疗。患者饮食、二便正常，舌淡苔白，脉浮紧。

诊断：风牵偏视。

辨证：风邪犯目，玄府郁闭。

治法：祛风开玄，活血通络。

处方：追风逐瘀醒脑汤加减。

川芎 15g	防风 12g	白芷 12g	细辛 10g
当归 15g	白芍 25g	甘草 6g	全蝎（研末冲服）3g
僵蚕 12g	地龙 10g	鸡血藤 30g	蜈蚣（研末冲服）1 条

2010 年 12 月 25 日二诊：服药 7 剂后疼痛明显减轻，左眼球外转受限略有好转，守方再进。

2011 年 1 月 8 日三诊：患者继续服用上方 15 剂，眼球转动如常，复视消失，双眼视物清晰。

（王明杰案）

按语：王老认为，本病以外感风邪为主要致病外因，内伤脾胃，或肝肾亏损为常见发病内因。风邪入中，闭塞目中玄府，神机不遂，则目珠转动障碍；神光受阻，则视一为二。急则治其标，当以祛风通玄，畅达神光为先。常用自拟追风逐瘀醒脑汤（川芎、防风、白芷、细辛、当归、生地黄、石菖蒲、大黄、水蛭、蜈蚣、全蝎、地龙、地鳖虫、甘草）加减治疗。该方系王老为我院神经外科治疗颅脑损伤拟订，在临床应用过程中，发现该方对于脑外伤合并眼肌麻痹有较好疗效，借用于其他麻痹性斜视亦收到满意效果。

12. 小儿劄目

江某，男，9 岁 11 个月。2015 年 5 月 2 日初诊。

家长代述：患儿眨眼近半年，一开始以为是不良习惯，并未引起重视，近 1 个月愈发频繁，在家自服维生素 C、维生素 B_2 等治疗未见缓解。现症见眨眼次数多，目赤眵多，纳差，精神欠佳，易感冒，大便时溏或黏滞，舌淡红苔薄，脉细。

诊断：小儿劄目。

辨证：脾虚肝旺。

治法：健脾益气，疏风泻肝。

处方：逍遥散合玉屏风散加减。

当归 10g 茯苓 12g 白芍 15g 豆蔻（后下）9g

白术 12g 柴胡 10g 薄荷（后下）6g 蝉蜕 9g

生山楂 12g 黄芪 12g 木瓜 10g 炒僵蚕 9g

鸡血藤 15g 防风 10g 钩藤（后下）10g 炒蒺藜 10g

炒麦芽 20g 煅石决明（先煎）20g

3 剂，水煎服。

并嘱患儿家长注意让患儿少吃辛辣食物，注意休息，避免长时间看电脑、电视。

2015 年 5 月 9 日二诊：家长代述，服药后症状减轻。守方继进 3 剂。

2015 年 5 月 18 日三诊：患儿眨眼进一步好转，饮食增加，仍用上方治疗。患儿共服药 12 剂后痊愈，2 个月后电话回访未复发。

（王明杰案）

按语：小儿劄目之症，俗称"鬼眨眼"，多属虚风为患，风邪侵目，玄府闭塞，气机升降失职，精血不足，上犯头目，损及清阳，目失濡养，筋肉拘挛不能自控，故出现频繁眨眼。据主症辨证为脾虚肝旺证，治疗选逍遥散合玉屏风散以健脾益气疏肝。王老认为，不论阴虚、血虚所致，均可酌加少量全蝎或僵蚕于四物、六味、归脾等方中。王老擅用风药，方中柴胡、蝉蜕、防风、僵蚕等祛风通络止痒，再加钩藤息风，鸡血藤活血通络，刺蒺藜、石决明明目止痒，麦芽健脾和胃，可见灵活配伍风药治疗目劄收效良好。

（三）外科医案

1. 瘾疹（慢性荨麻疹）

李某，男，29 岁。2003 年 12 月 7 日初诊。

主诉：患者全身风疹块伴瘙痒反复发作 2 年余。近 1 周来，每天发作 1 ～ 2 次，奇痒难耐，服西药只能缓解数小时，且头昏嗜睡影响工作，故请中医治疗。诊见：面部、胸背、四肢泛发大小不等片状风团样皮疹，部分融合成片，呈淡红色，略高出皮肤，伴颜面浮肿，微恶风，咽痛，苔腻微黄，脉滑数。

诊断：瘾疹（慢性荨麻疹）。

辨证：风邪外袭，湿热内蕴，瘀滞肌肤。

治法：疏风清热，除湿解毒。

方剂：麻黄连翘赤小豆汤化裁。

麻黄 12g	连翘 15g	赤小豆 30g	防风 12g
丹皮 15g	苦参 12g	白鲜皮 30g	生地黄 20g
蝉蜕 12g	乌梢蛇 15g	甘草 6g	

2 剂，水煎服。

2003 年 12 月 9 日二诊：服药后瘙痒明显减轻，风疹块消退近半。效不更方，继用上方坚持服用 2 周，共服药 14 剂痊愈。

（王明杰案）

按语：中医称本病为“赤白游风”，认为主要是由于风邪外袭，湿热内蕴，以致内不得疏泄，外不得透达，风热湿邪郁滞于皮肤腠理之间，正邪相搏而发病。其病机与前春季卡他性结膜炎案有共同之处，投以麻黄连翘赤小豆汤同样收到满意效果，体现中医异病同治之理。

2. 缠腰火丹（带状疱疹）

姚某，女，74 岁。2010 年 4 月 11 日初诊。

带状疱疹后遗神经痛，发病 20 余天，左侧腰胁部及后背见带状疱疹大片瘢痕，疼痛剧烈，灼热难忍，夜间尤甚，大便 10 余天未解，无腹胀，舌红苔黄而干，脉细弱。

诊断：缠腰火丹。

辨证：瘀血阻络，阴津亏虚。

治法：化瘀通络，增液养阴。

处方：桃红四物汤合增液汤加减。

地龙 10g	赤芍 15g	鸡血藤 30g	生地黄 15g
川芎 15g	当归 10g	桃仁 12g	火麻仁 15g
肉苁蓉 15g	玄参 15g	麦冬 15g	白芷 10g

甘草 5g	全蝎（研末冲服）5g	水蛭（研末冲服）3g

3 剂，水煎服。

服药 1 周后，疼痛有所减轻，大便已行，再在原方基础上进行加减：去火麻仁、肉苁蓉，加黄芪 20g，又服药 10 余天，带状疱疹后遗神经痛症状得到有效缓解，后改用丸剂缓调巩固。

（王明杰案）

按语：王老认为，本病疼痛剧烈，为邪毒入络，气血阻滞，除行气活血、化瘀止痛外，尤需风药、虫药开泄搜剔，临床常用白芷、细辛、羌活与全蝎、蜈蚣、水蛭等配伍组方，结合患者证情适当加减。本例因热毒耗伤阴津，故与增液汤合用，防止风药、虫药辛燥之弊，而疼痛亦得以缓解。

3. 白疕（银屑病）

谢某，女，70 岁。2015 年 2 月 27 日初诊。

主诉：患银屑病 6 年。

患者罹患银屑病 6 年，曾用多种中西药物治疗，病情时轻时重，反复发作。诊见：胸背、上下肢均有斑块状皮损，色泽暗红，上覆白色、银白色鳞屑，时时瘙痒，夜寐不安，神疲，口干苦，舌质红苔薄黄，脉弦细。

诊断：白疕（银屑病）。

辨证：血热蕴毒，壅滞玄府。

治法：凉血消斑，开玄解毒。

处方：

麻黄 20g	防风 50g	独活 30g	白芷 30g
苍术 50g	蝉蜕 30g	僵蚕 50g	全蝎 10g
乌梢蛇 25g	水牛角 60g	黄芪 100g	当归 50g
桃仁 50g	丹参 50g	生地黄 60g	玄参 60g
赤芍 60g	丹皮 50g	苦参 60g	栀子 50g
黄柏 50g	地肤子 80g	白鲜皮 60g	甘草 30g

上方药物制水丸，每次 9g，每日 3 次。

2015 年 3 月 28 日二诊：瘙痒减轻，皮损逐渐消退，鳞屑减少，有散在轻度色素沉着。上方去水牛角（因缺药），加蒲公英 60g，制水丸继续服用。

2 个月后来院致谢，称丸药服完，皮损全消，一身轻松，不再用药。

2017 年 11 月 4 日再次来院，言停药后银屑病控制了 2 年多，近日有所复发，但病情较轻，要求再制丸药，遂以上方减量制水丸一料与服。

（王明杰案）

按语：王老认为，银屑病同样存在玄府郁闭，开阖失司的基本病机，以致血毒内伏，不得宣泄，发为白疕。治疗不仅需要清解热毒，凉血消斑，还需要开通玄府，透达表里，开郁达闭。方中麻黄等风药与全蝎等虫药配合清热解毒、凉血活血之品，共奏开玄消斑之效。

4. 乳癖（乳腺增生）

王某，女，35 岁。2012 年 2 月 15 日初诊。

双乳房胀痛 3 年，患者 3 年前出现双乳房胀痛，经前加重，月经来潮第 2 日后逐渐减轻。自扪有块，彩超检查示乳房小叶增生。月经提前，色暗红，有血块，口干苦，舌红苔薄黄，脉弦细。

诊断：乳癖。

辨证：肝胃郁热，痰瘀互结。

治法：疏肝清胃，化痰活血，软坚散结。

处方：丹栀逍遥散合海藻玉壶汤加减。

柴胡 12g	当归 10g	白芍 25g	川芎 12g
浙贝母 12g	夏枯草 20g	香附 12g	王不留行 20g
莪术 12g	三棱 12g	郁金 12g	乳香 12g
延胡索 15g	白芷 10g	路路通 15g	海藻 10g
丹皮 10g	栀子 10g	土鳖虫 12g	全蝎 3g
蒲公英 20g	山慈菇 15g	甘草 5g	

4 剂，制水丸服，每次服用 9g，每日 3 次。

2012 年 3 月 12 日二诊：服药后乳痛明显减轻，上方再进 4 剂。

2012 年 4 月 18 日三诊：乳痛消失，自觉肿块缩小。上方去白芷、乳香、延胡索、栀子，白芍减为 12g。

2012 年 5 月 11 日四诊：触诊无压痛，乳腺彩超：未探及明显结节。

（王明杰案）

按语：乳癖之人，多性躁气郁，易郁而化火，乳之玄府拘急，除清肝泻火之外，确可增土鳖虫、全蝎、路路通等品重在开玄通络以止痛，痛消而情悦，切断因痛而郁，因郁而更痛的恶性循环。

5. 粉刺（痤疮）

周某，男，19 岁。2013 年 2 月 2 日初诊。

面部痤疮 2 年余，曾用多种中西药内服外治，均只能暂时缓解。去年到澳门上大学，生活环境改变，痤疮发作益甚。寒假返泸，特来院诊治。症见：双侧面颊、下颌及胸背部生长红色丘疹与结节，并有少数脓疱、红肿微痒，口苦咽干，烦躁不安，大便结燥，舌尖红苔黄，脉弦滑。

诊断：粉刺（痤疮）。

辨证：肝胃郁热，痰瘀互结。

治法：化痰活血，开郁泄热。

处方：泻青丸合五味消毒饮加减。

羌活 10g　防风 10g　当归 10g　栀子 12g
丹皮 12g　龙胆草 5g　蒲公英 30g　野菊花 10g
连翘 12g　夏枯草 20g　半枝莲 15g　甘草 6g
酒大黄 10g

3 剂，水煎服。嘱忌食辛辣刺激之品。

2013 年 2 月 7 日二诊：大便通畅，痤疮红肿减轻，上方羌活、酒大黄减为 6g，加浙贝母 12g，7 剂。

2013 年 2 月 21 日三诊：未见新发皮疹，要求带药到学校继续服用，遂处丸药方：

荆芥 10g　白芷 6g　连翘 12g　栀子 12g
丹皮 12g　黄芩 12g　蒲公英 20g　半枝莲 15g
夏枯草 20g　莪术 15g　王不留行 20g　土鳖虫 10g

全蝎 3g　　浙贝母 12g　　牛蒡子 12g　　海藻 10g
甘草 6g

7 剂，制水丸服。

3 个月后其母来院言患者服用丸剂后，皮疹逐渐消退，要求再制 2 个月丸药寄去。乃予上方 6 剂，制水丸，用量从每日 3 次改为 1 日 2 次。

患者暑假回家来院复查，面部仅有少数结节未愈，嘱少食辛辣刺激之品，常以金银花、菊花、苦丁茶等泡水代茶服用。

（王明杰案）

按语：痤疮青年多发，好发于颜面，影响美观，对患者心理亦有不良影响。本例因求学澳门，气候较泸州热，饮食不习惯，作息不规律，肝胃郁热之象明显，故当以火热为核心进行治疗，但并非一味清热解毒。两方中除用芩、栀、翘、蒲公英等寒凉之品清泻火毒外，还配伍羌、防、荆芥、白芷等发散开玄以透郁热，全蝎、土鳖虫入络搜剔以散结滞；更以莪术、王不留行活血化瘀，海藻、浙贝母、夏枯草化痰散结。诸药合用，共臻其功。

6. 脱疽（下肢动脉硬化闭塞症）

杨某，男，72 岁。

双下肢乏力、冷痛，日渐加重 2 年。患者 2 年前无明显原因出现双下肢乏力、冷痛，日渐加重，行走不到 10 分钟就需坐下休息片刻才能继续行走。2012 年 5 月在我院疼痛科住院治疗未见好转。后转到血管外科，经血管彩超等检查诊断为下肢动脉硬化闭塞症。入院行介入治疗后病情有所减轻，出院数月又复发如故。同年 12 月 20 日再次入住血管外科。西医予前列地尔、灯盏花素静脉滴注及阿托伐他汀钙片等治疗。王老会诊查房，见患者双足发凉，夜间疼痛，右侧较甚，且大脚趾外 4 个趾头皮色紫暗，双侧足背动脉搏动明显减弱。神疲乏力，语声低微，舌暗淡，脉沉细。

诊断：脱疽。

辨证：阳气虚弱，寒凝血瘀。

治法：温阳散寒，化瘀通络。

处方：当归四逆汤合黄芪桂枝五物汤加减。

桃仁 10g　鸡血藤 15g　当归 10g　生地黄 10g
川芎 6g　桂枝 12g　赤芍 10g　川牛膝 10g
细辛 6g　王不留行 10g　独活 10g　黄芪 10g
土鳖虫 10g　甘草 3g

中药免煎颗粒 3 剂，水调服。

另用：水蛭最细粉、炮山甲最细粉、三七最细粉冲服，每次各 1g，每日 3 次。

患者用药后诉下肢疼痛稍减，上方继服 12 剂。

2013 年 1 月 11 日查房，病情有所缓解，准备次日出院，改用丸剂：

水蛭 3g　全蝎 5g　地龙 12g　土鳖虫 12g
白芷 8g　细辛 6g　川芎 15g　独活 12g
肉桂 5g　威灵仙 15g　黄芪 15g　赤芍 20g
川牛膝 15g　王不留行 20g　白芥子 8g

8 剂，制水丸服。

2013 年 3 月 9 日门诊：患者回家服用丸药 2 个月后，下肢疼痛逐渐消失，双足发凉减轻，要求继续制作丸药。遂以 1 月 11 日方 10 剂，制水丸服。

此后一直坚持服用此丸药方（视病情略有加减）。半年后左脚趾头皮色逐渐恢复正常，疼痛完全解除，每次能步行约 15 分钟。追踪观察至今已逾 3 年，患者一直服用丸药，病情得到控制，每日步行 1 小时以上。

（王明杰案）

按语：下肢动脉硬化闭塞症是由于下肢动脉粥样硬化斑块形成，引起下肢动脉狭窄、闭塞，进而导致肢体慢性缺血的一种疾病，多发于老年人，后期可出现溃疡、坏疽，往往导致截肢。中医认为本病病位在血脉，多以活血化瘀治疗，效果不尽如人意。王老运用玄府学说来认识本病，中老年人脏腑虚衰，气化失常，容易引起血脉玄府失养而萎闭；玄府闭塞则津血渗灌不利，可造成痰湿脂浊等病理产物逐渐堆积脉体，日久则血管硬化，脉道不畅，气血运行受阻。因此，痰浊瘀滞，血脉不通，肢体失荣的关键一环在于血脉玄府闭塞。临床上不能单纯从血瘀的表面征象出发，一味活血化瘀，必须着力解除血脉玄府的闭塞。本例介入治疗未效，证候属于阳虚寒凝，故基本方中加入肉桂、黄芪温阳益气、通阳散寒，配合风药、虫药与血药强有力地开冲玄府，打通经络堵塞，收效甚佳。

7. 颈痹（颈椎病）

案 1　陈某，女，56 岁。2004 年 10 月 6 日初诊。

近 2 个月来肩颈部酸痛不适，转侧不利，入夜疼痛加重，肢冷，恶寒无汗，舌淡苔白，脉浮紧。颈椎摄片示：颈 5 ～ 7 椎唇样增生。经针灸、理疗，并服用骨质增生丸等，疗效不显。

诊断：颈痹。

辨证：风寒侵袭太阳经输。

治法：祛风散寒，宣通经输。

处方：葛根汤加味。

葛根 30g　麻黄 12g　桂枝 12g　白芍 12g
威灵仙 30g　大枣 12g　甘草 6g

2 剂，水煎服。

2004 年 10 月 9 日二诊：服药 2 剂后，恶寒减轻，颈部不适亦减。上方麻黄改为 10g，加防风 12g，川芎 12g。4 剂。

2004 年 10 月 16 日三诊：诸症明显缓解，晨起颈部尚有轻度不适，上肢略感麻木、乏力，改用黄芪桂枝五物汤加葛根、当归、鸡血藤等调理巩固。

（黄淑芬案）

按语：颈椎病初起，多表现为颈项强硬不适，转侧不利，或胀或痛，伴有头、肩、背、四肢疼痛及恶风、恶寒等，为风寒湿袭表，太阳经输不利，气血痹阻不通，治宜祛风散寒、宣通经输，黄老常用葛根汤为主方，汗出者去麻黄，即桂枝加葛根汤。冷痛较甚，加附子、细辛、羌活等；麻木加当归、鸡血藤、黄芪；颈部僵硬，重用白芍（30 ～ 50g），加木瓜、地龙；如病程较长，久痛不已者加虫类药如蜈蚣、全蝎、水蛭（用 1 ～ 2 味），或加用自制祛风通络止痛、益气养血活血的医院制剂复方灵仙通络胶囊。

案 2 黎某，男，52 岁。2017 年 1 月 9 日初诊。

头项肩颈僵痛 1 年。患者 1 年来感头项肩颈僵痛，受凉或劳累后加重，经中西药物与小针刀、微创、理疗等治疗未见明显缓解。刻诊：头昏耳鸣，颈项酸胀僵痛，伴上肢麻木，口苦便秘，舌暗苔微黄腻，脉弦。颈椎磁共振：颈椎生理弧度变直，C3 ～ C4、C4 ～ C5、C5 ～ C6、C6 ～ C7 椎间盘中央后型突出，椎管狭窄，颈椎骨质增生。

诊断：颈痹（颈椎病神经根型）。

辨证：瘀血阻络，经输不利。

治法：祛风通络，舒筋活血。

处方：葛根汤合升降散、止痉散加减。

葛根 45g	麻黄 12g	桂枝 12g	白芍 30g
姜黄 12g	酒大黄 6g	白僵蚕 12g	全蝎（研末冲服）3g
羌活 10g	川芎 12g	土鳖虫 10g	蜈蚣（研末冲服）1 条
蝉蜕 6g	甘草 6g		

3 剂，水煎服。

2017 年 1 月 12 日二诊：头昏项痛有所减轻，大便通畅，自觉浑身轻松。上方继进 3 剂，水煎服。

2017 年 1 月 16 日三诊：诸症悉减，改用丸剂缓调。上方予以加减：

葛根 20g	麻黄 6g	桂枝 9g	白芍 20g
姜黄 12g	酒大黄 5g	羌活 10g	白僵蚕 12g
青风藤 15g	蝉蜕 6g	川芎 12g	全蝎 5g
蜈蚣 1 条	地龙 10g	土鳖虫 12g	甘草 6g

6 剂，制水丸。每次 10g，每日 3 次。

2017 年 3 月 20 日四诊：患者服用丸剂 1 月余，颈椎病症状基本消除，停药 2 周又略感不适，要求继续制作丸药长期服用。上方去麻黄、桂枝、全蝎、蜈蚣，加威灵仙 15g，鸡血藤 20g，王不留行 20g。6 剂，制水丸，每次 10g，每日 3 次。

（王明杰案）

案 3　王某，女，59 岁。2015 年 12 月 3 日初诊。

2 个月前体位改变时出现眩晕。休息后停止，伴颈项部转侧不利，经某医院 MRI 检查，C4 ～ C5、C5 ～ C6 椎间盘膨出变性，钩突关节增生，诊断为椎动脉型颈椎病，针灸、理疗后有所缓解。1 周前眩晕症状加重，站立不稳，特来中医门诊求治。自述眩晕发作时有天旋地转感，头重如裹，恶心，伴纳呆，舌淡苔白腻，脉弦滑。

诊断：颈痹。

辨证：痰瘀阻络。

治法：涤痰活血，祛风通络。

处方：自拟天虫定眩饮加减。

黄芪 30g　葛根 30g　白芍 30g　羌活 10g
天麻 12g　防风 10g　川芎 15g　土鳖虫 9g
僵蚕 12g　地龙 9g　法半夏 12g　白术 12g
甘草 6g

3 剂，水煎服。

2015 年 12 月 7 日二诊：眩晕项痛、头重恶心等症状减轻，食欲尚差，上方加白豆蔻 10g（后下），3 剂，水煎服。

2015 年 12 月 12 日三诊：诸症基本缓解，颈部活动正常，苔白微腻，改用丸药调理巩固。

黄芪 20g　当归 12g　川芎 12g　葛根 20g
白芍 20g　羌活 10g　防风 10g　天麻 12g
川芎 15g　鸡血藤 20g　土鳖虫 12g　僵蚕 12g
地龙 9g　半夏曲 12g　白术 12g　甘草 6g

5 剂，制水丸，每次 10g，每日 3 次。

1 个月后患者电话告知，服用丸药后眩晕完全消除。嘱以上方制水丸继续服用，以调理巩固，服药次数可减为 1 日 2 次。

（王明杰案）

按语：本病多见于中老年人，病机特点为本虚标实。一般以脾肾亏虚、气血失和为本，风寒痰瘀停聚为标，病邪阻滞肌肤、肌肉、筋骨、经络玄府，继而引起髓海失养，神机不遂，出现头痛、头晕等症。王老认为治疗宜标本兼顾，而以通为要。常以祛风药、虫类药、活血药、化痰药并用组方，或加入黄芪、当归等补益气血之品。方中两味药值得一提：一是葛根，疏风升阳，活血解痉，善于缓解项背肌肉痉挛。药理学研究表明，该药能使脑血流量增加，血管阻力相应降低，对大脑血供不足所致的头晕、耳鸣、肢麻等症状有一定改善作用，为治疗本病主药，各型均宜，但需重用。二是虫药土鳖虫，味咸性寒，破血逐瘀，续筋接骨，价廉而作用温和，王老常将其作为开玄通络之主将，每剂可用至9～15g。经多年使用，安全可靠。

8. 腰痛（腰椎间盘突出症）

杨某，男，68岁。2015年11月12日初诊。

反复左侧腰腿痛2年。患者腰痛2年来，服用舒筋活血中成药有所缓解，遇劳累加重，休息后减轻。半个月前腰部疼痛加剧伴左下肢放射性疼痛、麻木。经MIR检查显示L3～L4、L4～L5椎间盘左后突出，硬脊膜明显受压，诊断为腰椎间盘突出症。因不愿手术，故请中医诊治。见患者精神疲乏，睡眠不佳（与疼痛有关），饮食、二便尚可，舌淡苔白，脉沉细。

诊断：腰痛。

辨证：肾虚骨弱，瘀血阻络。

治法：补肾壮骨，活血通络。

处方：独活寄生汤加减。

独活12g　　桑寄生20g　　杜仲15g　　牛膝15g
细辛9g　　秦艽12g　　桂枝12g　　防风12g
川芎12g　　甘草6g　　当归12g　　白芍30g
鸡血藤30g　　土鳖虫10g　　延胡索15g

3剂，水煎服，同时配合理疗及功能锻炼。

2015年11月16日二诊：症状略有缓解，仍感腰腿痛麻不适。

考虑上方药力不足，需加用虫类搜剔之品，制丸剂服用。

全蝎6g　　蜈蚣1条　　地龙10g　　三七5g
土鳖虫15g　　骨碎补20g　　续断20g　　当归15g

鸡血藤 20g	独活 12g	细辛 6g	桂枝 12g
川芎 15g	白芍 20g	川牛膝 15g	血竭 5g
制马钱子 3g	甘草 6g		

5 剂，制水丸，每次 10g，每日 3 次。

2016 年 12 月 17 日三诊：患者服完一料丸药（理疗 7 天后停止），腰腿痛减轻大半，精神转佳。上方去马钱子，继用 5 剂水丸。

2017 年 1 月 21 日四诊：腰腿痛基本控制，近日因感冒咳嗽来诊。暂停制作丸药，嘱避免过度劳累，坚持功能锻炼，防止腰痛复发。

（王明杰案）

按语：肾主腰膝，腰椎间盘突出症者多系年高肾虚。其所突出之处，必然压迫神经组织而气血津液精神皆不通，故以马钱子、细辛之峻猛透关利节而畅达筋骨之玄府，并兼血竭、三七，使水毒、瘀血可流通而祛除。本案取效在于补肾而兼虫药有情之品直入肝肾通络活血，白芍、当归养血柔筋，共成壮骨之功。故骨病非但治骨，筋骨并重方是正宗。

9. 脱发

案 1　颜某，男，22 岁。2015 年 1 月 13 日初诊。

脱发近 1 年，伴耳鸣，形体消瘦，神疲乏力，苔微黄腻，脉细。

诊断：脱发。

辨证：精血亏虚，玄府萎闭，毛发失养。

治法：补养精血，开玄固发。

处方：益气聪明汤合五子衍宗丸加减。

黄芪 20g	炙甘草 6g	当归 12g	葛根 30g
酒女贞子 20g	柴胡 12g	蔓荆子 12g	升麻 15g
鸡血藤 30g	白芍 15g	酒川芎 12g	防风 10g
墨旱莲 30g	枸杞子 15g	制何首乌 15g	盐菟丝子 20g
五味子 12g	刺蒺藜 12g	红花 9g	生侧柏叶 15g
山药 25g			

2 剂，水煎服。

另用上方 4 剂，制水丸服用（每次 10g，每日 3 次）。

2015 年 2 月 1 日二诊：脱发有所减轻，上方加山萸肉 20g，生地黄 20g，炒茺蔚子 15g，丹参 15g，三七粉（冲服）4g，土鳖虫 15g。4 剂，制水丸，服法同前。

2015 年 3 月 31 日三诊：脱发停止，精神好转，上方继服 4 剂。

2015 年 5 月 28 日四诊：患者自述服药后脱发控制，要求再服一料丸药巩固疗效。上方适当减少用量，加僵蚕 8g，九香虫 5g，4 剂，制水丸。

（王明杰案）

按语：中医治疗脱发常以补益肝肾精血为主。王老认为，仅仅补益精血还不够，还应考虑头皮玄府闭塞，毛发失养而脱落，适当配伍祛风升阳活血之品以开玄固发。本案患者因肝肾亏虚，精血不足导致脱发，王老选用益气聪明汤合五子衍宗丸加减治疗，一方面补益精血，另一方面开通玄府，取得了满意的疗效。方中黄芪、当归、白芍等补益气血，菟丝子、女贞子、枸杞子、生地黄、何首乌、山萸肉等滋补肝肾，葛根、柴胡、防风、僵蚕等风药味辛质薄，药性升浮，以引方中补益精血之品上达头面，濡养脑之玄府，川芎、红花、丹参、三七、鸡血藤、土鳖虫、九香虫等活血化瘀，开通玄府瘀滞。补益精血与开玄固发的结合，既能止脱，又助生新，为临床诊治脱发提供了新的思路。

案 2 林某，男，37 岁。2013 年 5 月 6 日初诊。

脱发 1 年余，加重 3 个月。患者形体较肥胖，头顶数处光秃无发，头发油腻，头屑较多，不时瘙痒，头胀痛，心烦，口干苦，小便短黄，大便秘结，舌红苔黄腻，脉弦数。

诊断：脱发。

辨证：肝胆湿热，玄府闭塞。

治法：清热利湿，开玄固发。

处方：龙胆泻肝汤合泻青丸加减。

柴胡 9g	龙胆草 5g	黄芩 12g	栀子 12g
酒大黄 12g	防风 9g	羌活 6g	川芎 9g
牡丹皮 15g	当归 9g	薏苡仁 30g	蝉蜕 6g

僵蚕 9g　　　　生侧柏叶 15g　　　甘草 6g

6 剂，水煎服，每日 1 剂。

二诊：头胀痛，口干苦有所减轻，大便通畅，上方酒大黄减为 8g，6 剂，水煎服。

三诊：头屑及头发脱落较前减少，瘙痒缓解，头胀痛亦消除，但脱落处无新发生长。上方加全蝎 3g，蜈蚣 1 条。6 剂，制水丸服，每次 10g，每日 3 次。另用生姜切片外搽头皮脱发处，每日 2 次。

四诊：脱发停止，脱落处长出稀疏毛发。继用上方 6 剂，制水丸服。

2 个月后电话告知，毛发基本长齐。

（王明杰案）

按语：本例属于斑秃。患者平素嗜食肥甘厚味，体内蕴湿生热，上蒸颠顶，闭塞头皮玄府，精血失于濡养，以致毛囊萎缩而导致脱发。王老用龙胆草、黄芩、栀子、酒大黄、薏苡仁清泄肝胆湿热，当归、牡丹皮、侧柏叶养血凉血，妙在小剂量柴胡、防风、羌活、川芎等风药及蝉蜕、僵蚕、全蝎、蜈蚣等虫药开通玄府，引领诸药共奏清热利湿、固发生发之功。王老认为，虫药水煎有效成分难以充分溶解，以研末冲服为宜。脱发治疗周期较长，故常由制剂室代为加工制作水丸，以便患者常服久服，巩固疗效。

10. 脑外伤

谢某，男，44 岁。1995 年 4 月 22 日初诊。

患者因车祸伤及头部及肢体多处，有短暂昏迷，被送医院急救。诊断为脑挫伤、颅内血肿，行硬膜外血肿清除术等，术后剧烈头痛持续多日，依赖哌替啶镇痛，眼部肿胀消退后发现视物重影，诊断为眼肌麻痹，使用神经营养剂未效，故请中医诊治。患者头缠纱布，双目红赤，向右侧斜视，眼球运动障碍、睑裂变窄，头痛耳鸣，入睡困难，四肢乏力，精神萎靡，舌紫暗，脉弦数。

诊断：脑外伤。

辨证：瘀血阻络。

治法：活血化瘀，祛风通络。

处方：通窍活血汤加减。

桃仁 12g　红花 10g　赤芍 30g　川芎 20g
当归 12g　羌活 12g　白芷 12g　细辛 12g
地龙 10g　土鳖虫 10g　全蝎（研末冲服）6g
蜈蚣（研末冲服）1 条　三七粉（研末冲服）3g

3 剂，水煎服，每日 3 次。

1995 年 4 月 25 日二诊：患者服药后头痛明显减轻，当晚即停用哌替啶，改用奈福泮已能缓解头痛。继用上方 3 剂。

1995 年 4 月 29 日三诊：头痛缓解，已停用奈福泮，眼部充血消除，眼位趋正，眼球恢复活动，复视减轻，精神好转。上方去羌活、细辛，加生地黄 20g，赤芍、川芎减为 12g，5 剂。

1995 年 5 月 8 日四诊：头痛完全解除，眼球可自如转动，复视消除，改用归脾丸调理善后。

（王明杰案）

按语：脑外伤患者虽经硬膜外血肿清除术，然离经之血谓之瘀，肉眼或仪器可见之瘀血、血肿虽可清除，但脑及耳目诸清窍玄府之损伤以及络脉残存之瘀血却非手术可解，故双目红赤、斜视、耳鸣、头痛剧烈。此时仅仅凭活血化瘀难以为功，非风药之轻扬而莫能引之上，非虫药之钻透而莫能入其里，故血药、风药、虫药并用而瘀化血行，窍通神宁。

通窍活血汤中麝香一味，为通窍开玄、畅达神机之要药，然市面上极难购得真品，影响疗效。王老继承先师陈达夫教授用药经验，临证常以虫药全蝎、蜈蚣和/或风药细辛、白芷等代替，经多年实践观察，效果甚佳。

11. 术后顽痛

案 1　杨某，男，67 岁。2014 年 10 月 19 日初诊。

会阴疼痛 20 年，加重 5 年。患者双侧输精管结扎术后 20 余年，会阴部一直疼痛不适，近 5 年来日益加重，用过多种中西药物乏效，只能靠服止痛药暂时止痛。面色晦暗，口苦口腻，小便微黄，苔薄黄腻，脉弦细。

诊断：痛证（双侧输精管结扎术后顽痛）。

辨证：瘀血阻络。

治法：行气活血，通络止痛。

处方：四逆散合活络效灵丹加减。

白芍 50g　醋延胡索 15g　柴胡 12g　当归 10g
白芷 12g　酒川芎 15g　郁金 15g　炒王不留行 15g
细辛 10g　牡丹皮 10g　炒栀子 10g　麸炒苍术 12g
姜厚朴 12g　炒乳香 9g　鸡血藤 30g　炙甘草 6g
土鳖虫 12g　乌药 10g　麸炒枳壳 12g

3 剂，每天 1 剂，水煎（自煎）取汁 500mL，分 3 次服。

2014 年 10 月 24 日二诊：服药后症状略有缓解。

处方 1：10 月 19 日方 2 剂水煎服。

处方 2：

白芍 30g　醋延胡索 20g　羌活 10g　当归 10g
白芷 12g　酒川芎 15g　郁金 15g　炒王不留行 15g
细辛 10g　牡丹皮 10g　烫水蛭 5g　生蒲黄（包煎）15g
地龙 6g　炒乳香 15g　炒没药 15g　炙甘草 6g
土鳖虫 12g　乌药 10g　麸炒枳壳 12g　全蝎 3g

3 剂，制水丸，取 10g 温水冲服，每日 3 次。

2014 年 11 月 4 日三诊：自述服药后症状大为缓解，丸药单用有效，加汤剂疗效更佳。

处方：

白芍 50g　醋延胡索 15g　生蒲黄（包煎）10g　当归 10g
白芷 12g　酒川芎 15g　郁金 15g　王不留行 15g
细辛 10g　牡丹皮 10g　炒栀子 10g　麸炒苍术 12g
鸡血藤 30g　炙甘草 6g　土鳖虫 12g　乌药 10g
麸炒枳壳 12g　威灵仙 15g

4 剂，水煎服（丸药继续服用）。

2014 年 11 月 9 日四诊：诸症基本消除，嘱继续服用丸药巩固善后。此后追踪观察 1 年，疼痛未再发作。

（王明杰案）

按语：患者为术后痛证。由于双侧输精管结扎术后导致气血运行不畅，瘀血阻滞，故患者多年来一直感觉会阴部疼痛不适。据诊见“面色晦暗，小便微黄，苔薄黄腻，脉弦细”考虑气滞血瘀证。王老由此处方四逆散行气止痛，合活络效灵丹行气活血，加王不留行、延胡索、郁金、鸡血藤、土鳖虫、乌药、枳壳增强行气止痛之功；患者有热象，故加牡丹皮、栀子清热，苍术、厚朴燥湿；再加风药细辛、白芷开玄止痛。服5剂后，加水蛭、地龙、全蝎等虫药通络增效。多年顽痛，得以解除。

案2　付某，男，64岁。2014年8月15日初诊。

前列腺手术后出现阴茎疼痛8年。患者8年前做前列腺手术后出现阴茎疼痛，中西药物内外治疗无效，一直依靠镇痛药减轻疼痛，近年来病情加重，镇痛药效不佳，常常痛不欲生，已做了轻生打算，留下遗嘱。经人力荐，抱着最后一试的想法来院就诊。患者痛苦面容，神情萎靡，纳差少寐，伴尿频、尿急、尿痛，肛门会阴坠胀不适，舌淡苔黄腻，脉弦数。

诊断：术后顽痛。

辨证：瘀血阻络，湿热内蕴。

治法：清热化湿，化瘀通络。

处方：二妙散合止痉散加味。

黄柏12g　麸炒苍术12g　蜈蚣4条　全蝎5g
川牛膝15g　炒栀子12g　炒乳香10g　土鳖虫12g
炒没药10g　牡丹皮12g　白芍30g　醋延胡索15g
乌药12g　琥珀6g　白芷12g　生蒲黄（包煎）15g
细辛5g　龙血竭5g　炒王不留行20g

3剂，共研细末，每服10g，温开水冲服。

2014年8月29日二诊：自述服药后疼痛有所减轻，近日因饮食不慎出现腹泻，脘腹痞满，纳差，头晕，动则汗出，舌红苔黄腻，脉弦滑。

辨证：脾胃湿热阻滞。

处方：葛根芩连汤合平胃散加减。

葛根30g　酒黄芩9g　酒黄连8g　法半夏12g

茯苓 15g　广藿香 12g　石菖蒲 10g　薏苡仁 30g
陈皮 10g　紫苏梗 12g　麸炒苍术 12g　姜厚朴 12g
防风 12g　砂仁（后下）6g

2 剂，水煎服，每天 1 剂；同时继续服用初诊散剂。

2014 年 9 月 26 日三诊：患者服完散剂后又以原方在院外自制 2 剂，现亦服完。目前阴茎疼痛及尿频、尿急、尿痛均有所减轻，肛门略有坠胀，舌淡苔黄腻，脉弦数。

土鳖虫 12g　生蒲黄 12g　白芍 30g　丹皮 15g
水蛭 4g　全蝎 4g　蜈蚣 2 条　地龙 10g
延胡索 15g　乳香 12g　没药 12g　血竭 5g
三棱 15g　莪术 20g　白芷 12g　乌药 12g
甘草 5g　肉桂 9g　黄柏 12g

3 剂，研细末，温水冲服，每次 10g，每日 3 次。

2014 年 10 月 31 日四诊：阴茎疼痛及尿频、尿急、尿痛基本控制，肛门坠胀减轻，苔黄腻，脉弦。

麸炒苍术 12g　黄柏 12g　全蝎 5g　蜈蚣 2 条
川牛膝 15g　炒栀子 12g　炒乳香 10g　炒没药 10g
土鳖虫 12g　牡丹皮 12g　白芍 30g　醋延胡索 15g
生蒲黄 15g　乌药 12g　白芷 12g　炒王不留行 20g
细辛 5g　琥珀 6g　龙血竭 5g　炒莱菔子 20g

3 剂，研细末，服法同前。

1 个月后来诊室致谢，神清气爽，称疼痛已完全消除，饮食、二便正常。嘱少食辛辣之品，多运动。追踪观察迄今已 3 年，疼痛未再发作。

（王明杰案）

按：患者为术后痛证。由于前列腺术后导致气血运行不畅，瘀血阻滞，故患者多年来一直阴茎疼痛。据诊见“尿频、尿急、尿痛，肛门会阴坠胀不适，舌淡苔黄腻，脉弦数”，考虑兼有湿热内蕴。处方二妙散清热除湿，合止痉散通络止痛。症状略有缓解，三诊以滋肾通关丸与止痉散合用加减，尤其是加用水蛭、地龙、全蝎、蜈蚣、土鳖虫等虫药，增强活血通络止痛之功。此案体现虫药、风药、血药并用在痛证治疗中的卓越效果。

（四）其他医案

1. 小儿暑厥（乙脑呼吸衰竭）

李某，男，1岁4个月。1977年8月21日会诊。

患儿发热、头痛、项强3日，经某区医院西医诊断为“乙脑”，收入院治疗。今日下午突然发生呼吸困难，情势甚急，因该院缺乏抢救条件，拟转送上级医院，但患儿家长不同意，遂请中医会诊。见患儿昏睡不醒，呼吸极度困难，呈抽泣状，抬肩撷肚，喉中高亢水鸡声响彻数十米外，唇口青紫，手足时作抽搐，身热反不甚（体温38.5℃），舌暗红，苔白腻，脉滑数。证属暑湿内郁，痰浊闭阻，急需豁痰开闭。乃予六神丸半支，嘱其母以稻草秆为之频频吹入喉中。约一刻钟后，患儿连连喷嚏数十声，喉中痰鸣消失，呼吸渐趋平稳，虽嗜睡而呼之能应，手足抽搐亦止，继以菖蒲郁金汤加减。

石菖蒲5g　郁金5g　山栀子5g　白芥子5g
连翘5g　竹叶5g　滑石12g　石膏25g
细辛2g

另用六神丸12粒，分3次冲服。

次日晨起往视，患儿神志清醒，呼吸如常，已能吮乳，体温37.5℃。后以清热通络、健脾化湿之法调理旬余而痊愈出院。（《新中医》1984，10：12）

（王明杰、黄淑芬合诊案）

按语：本案为王老与黄老20世纪70年代在泸县福集区卫生院共同诊治。患儿年幼体弱，乙脑合并呼吸衰竭，病情危笃，值班医生深夜请往会诊。本当使用至宝丹豁痰开窍，但当时缺药，情急之中权且以六神丸一试。数粒丸药吹喉，患儿喷嚏大作，顷刻之间转危为安，诸症迅速缓解，医护人员与患者家属及同室患者无不称奇。此中机理何在？令人难解。从开通玄府认识，正是涌吐开玄之法。吹喉取嚏，张子和归入吐法，所谓“吐之令其条达也”，对于上部的玄府闭塞，用之得当，可有救急回苏之功，真是“一吐之中，变态无穷”。

中医亦能治疗急症，此案即是明证。六神丸救治急症，简便易行，用广效速。方中蟾酥、麝香、牛黄、冰片均为开通玄府要药，用六神丸治邪气郁闭之急症，正是取其峻烈开发作用。现代药理学研究表明，六神丸中麝香、蟾酥等药可有兴奋呼吸中枢和血管运动中枢，并对支气管痉挛有松弛作用，应是其取效原因之一。

2. 小儿高热（病毒性感染）

刘某，女，1岁9个月。1982年3月10日初诊。

患儿已高热不退6天。6天前突发高热，T39℃，在当地用中西药治疗数日不效，曾用抗生素、激素使体温降下一天，第2天又高热，用氨基比林之类也不发汗。3月8日来泸州医学院附属医院，西医诊断为病毒性感染，要求住院治疗，因无床位，故在门诊治疗。

但2天来患儿仍持续高热不退，T39～40℃，甚则高达40.3℃，时有手足蠕动之症，高热6天一直未曾出过汗，胸部透视无异常。患儿除高热外无其他症状，精神尚可，食少，两目红肿充血，口干欲饮水，舌红苔少。

辨证：肺胃壅热，卫气闭郁（外寒内热，以热为主）。

治法：泄卫清气，泻火解毒。

处方：银翘白虎汤加减。

金银花10g　连翘6g　石膏25g　知母6g
柴胡10g　牛蒡子6g　羌活6g　地龙6g
甘草3g

1剂，水煎服。

1982年3月11日二诊：患儿服用3次中药后，当天下午全身出微汗，腹泻不消化食物3次，体温降到37℃左右，当天晚上一直未发热，今晨来诊T36℃，现只是高热后精神欠佳，不思食，两目尚红，流泪，唇口干燥，舌红苔少。属气阴两虚，余热未尽，改用益气养阴、疏风清热之法。

沙参12g　生地黄12g　金银花10g　连翘6g
牡丹皮6g　赤芍6g　柴胡6g　黄芩6g
淡竹叶6g　茯苓6g　甘草3g

1982年3月13日三诊：患儿2日来未发热，两目红肿流泪明显减退，精神好转，已能下地活动，食少，舌红，苔薄白。以调理脾胃治疗善后。

（黄淑芬案）

按语：本病初期高热6日不退，是由于内有肺胃壅热，而表有寒邪闭郁，卫气不宣，汗不出，而热邪无以外泄，无去路。故在银翘白虎汤中加入少许羌活，以助解表发汗，为热邪寻找出路；同时用小柴胡汤以和解表里，协助退热。故一剂药服3次后，身有微汗则体温随之下降。这种寒温并用之法为黄老临床所常用。

3. 精浊（慢性前列腺炎）

案1 杨某，男，19岁。2015年3月29日初诊。

小便灼热、分叉、尿不尽10余天，小腹坠胀。

诊断：白浊（慢性前列腺炎）。

辨证：湿热下注，气滞血瘀。

治法：清热利湿，瘀血阻络。

处方：四妙散加味。

川牛膝12g	黄柏12g	薏苡仁15g	麸炒苍术10g
牡丹皮12g	白芍25g	当归12g	王不留行20g
生蒲黄10g	车前子15g	乌药12g	麸炒枳壳12g
烫水蛭3g	全蝎4g	土鳖虫12g	苦参12g
蒲公英15g	败酱草15g	炒栀子12g	甘草5g

3剂，制水丸服。

2015年4月26日二诊：服药后症状缓解，偶见尿灼热感，小腹坠胀。效不更方，继用上方3剂，制水丸服。

2015年6月9日三诊：服药后病情进一步好转，临床症状消除，再以上丸药方3剂调理巩固，改每日3次为每日2次。

（王明杰案）

按语：本案据证分析，由于湿热内盛，流注下焦，气血郁滞所致。故方选四妙散以清热利湿。配伍虫药增强通络之功，加蒲公英、败酱草等清热解毒，诸药合用，共臻其功。

案 2　刘某，男，31 岁。2014 年 9 月 21 日初诊。

患者有慢性前列腺炎病史 6 年，小便短少、等待，淋漓不尽，阴囊潮湿，腰膝酸软，眠差，疲倦，胃脘胀满，大便先干后稀，舌苔薄黄，脉弦细。

诊断：癃闭（慢性前列腺炎）。

辨证：脾肾两虚，湿热瘀滞。

治法：温补脾肾，清利湿热，理气消瘀。

处方：四妙散合通关丸、交泰丸加味。

苍术 12g	薏苡仁 30g	川牛膝 15g	黄柏 12g
黄连 5g	肉桂 9g	附片（先煎）15g	乌药 12g
白芍 25g	盐沙苑子 20g	山药 25g	炒王不留行 25g
茯苓 15g	川木通 12g	黄芪 15g	姜厚朴 12g

4 剂，水煎服。

2014 年 9 月 28 日二诊：服药后小便症状缓解，胃胀减轻，眠差，疲倦，腰胀，舌苔薄黄，脉弦细。上方附片、黄芪加至 20g，去王不留行，加羌活 10g，土鳖虫 10g，川芎 12g，鸡血藤 25g，4 剂。

2014 年 10 月 7 日三诊：诸症缓解，尚感轻微腰酸胀。上方去沙苑子，加续断 15g，4 剂。

2014 年 10 月 17 日四诊：病情基本控制，胃纳稍差，上方去木通，以白术 30g 易苍术，黄芪加至 25g，4 剂。

（王明杰案）

按语：慢性前列腺炎是一种病因病机复杂的顽固性疾患。从中医的角度分析，多为本虚标实，寒热错杂。本虚以脾肾亏虚为主，标实多为邪气阻滞，湿、热、瘀、毒兼夹为患。本案患者病程较长，由于急性前列腺炎治疗不及时，转化为慢性，湿、热、瘀阻滞窍道，致使小便短少，点滴而出，阴囊潮湿，肾虚则腰膝酸软，肾虚不能上济心火，心火偏亢，出现眠差、疲倦等症，胃脘胀满、纳差为脾虚失运，治疗当补泻兼施。方选四妙散加木通、茯苓以清热除湿，乌药、厚朴、木香行气除满，王不留行、路路通、土鳖虫活血化瘀。通关、交泰丸中黄柏、黄连之清泄，配合肉桂及附子之温补，12 剂后病情基本得到控制。

王老对于此类顽症，多采用上述复法大方治疗，多管齐下，协同增效，结果尚佳。

4. 阳痿

案 1 杜某，男，37 岁。2009 年 9 月 18 日初诊。

阳痿 1 年。患者近 1 年来因工作紧张出现阴茎勃起不坚，曾服用多种温肾壮阳之品乏效。抑郁焦虑，胸胁满闷，舌质红，苔薄白微腻，脉弦。

诊断：阳痿。

辨证：肝郁不舒，宗筋失养。

治法：疏肝解郁，调达气血。

处方：九味羌活汤、柴葛解肌汤合升降散加减。

羌活 10g　防风 10g　细辛 6g　川芎 12g
白僵蚕 12g　蝉蜕 6g　刺蒺藜 12g　柴胡 12g
葛根 30g　麻黄 9g　甘草 6g

4 剂，水煎服。

2009 年 9 月 25 日二诊：症状略有改善，仍宗前法。上方 4 剂。

2009 年 10 月 7 日三诊：阳痿大有好转，去麻黄、细辛，4 剂。

3 个月后因感冒来诊，言阳痿已愈。

（王明杰案）

按语：本案不落温肾壮阳之窠臼，而改以风药为主，既能疏肝解郁，又能通络输精，且可散郁火而清利精窍，使宗筋不为相火所灼，方简而效验。

案 2 周某，男，25 岁。2016 年 2 月 28 日初诊。

阴茎勃起功能障碍 1 年。患者结婚不到 2 年，自述婚前曾有频繁手淫史，近半年来阳痿逐渐明显，工作劳累后尤甚，腰膝酸软，同房后小腹刺痛，纳可，二便调，舌边尖红，苔薄白，脉细缓。

诊断：阳痿。

辨证：肾虚肝郁。

治法：补肾疏肝。

处方：柴芍地黄丸加减。

熟地黄 20g　山药 20g　牡丹皮 12g　山萸肉 20g
五味子 15g　枸杞子 15g　酒女贞子 20g　炙甘草 5g

盐沙苑子 20g	盐菟丝子 12g	当归 12g	白芍 20g
柴胡 12g	蜈蚣 2 条	烫水蛭 4g	地龙 10g
炒僵蚕 12g	鸡血藤 20g	醋龟甲（先煎）12g	

4 剂，制水丸服。

2016 年 4 月 10 日二诊：服药后阳痿症状有所减轻，口干，口苦，盗汗。上方熟地黄改为生地黄，去山药，加桑叶 12g，醋鳖甲（先煎，砂炒醋淬）12g，黄柏 9g，黑蚂蚁 10g。4 剂，制水丸，服法同前。

2016 年 5 月 22 日三诊：阳痿症状明显好转，再以 4 月 10 日方 4 剂制水丸继续服用。

（王明杰案）

按语：阳痿一疾，本为肾之作强失职，补肾之虚，为常法。然病久而郁，肝失疏泄，调节生殖的功能障碍，亦当考虑。故本案中除用六味丸之“三补”，以及诸子助肾之外，更以柴胡、白芍、当归梳理、柔缓肝气，妙在不吝虫药通络（蜈蚣 2 条，烫水蛭 4g，地龙 10g，炒僵蚕 12g），以使肝肾之气畅达无碍，以生地黄，去山药，加桑叶 12g，醋鳖甲 12g，黄柏 9g，滋阴降火并收敛神气，使相火能听君火之命，故不违情性之欢而疾愈。

5. 男子艰嗣（男性不育症）

王某，男，32 岁。2011 年 10 月 12 日初诊。

结婚 3 年未育。女方经检查生育功能正常。精液常规：精子计数 9×10^6/mL，活力：A10%，B22%，C24%，D46%，活动 40%。成都某三甲医院诊断：不育症，弱精子症。已服用各种补肾中药汤剂及中成药近 1 年未效，形体微胖，易疲劳，饮食、二便、睡眠均正常，口淡不渴，舌质暗，边有瘀点，苔薄白，脉缓。

诊断：不育症。

辨证：肾虚血瘀。

治法：补肾生精，活血通络。

处方：五子衍宗丸合桃红四物汤加减。

枸杞子 30g	菟丝子 30g	沙苑子 30g	五味子 30g

女贞子 30g	山茱萸 30g	鸡血藤 30g	黄芪 20g
当归 15g	川芎 15g	赤芍 15g	桃仁 15g
土鳖虫 15g	鹿角胶 10g	龟甲胶 10g	地龙 10g
红花 10g	黑蚂蚁 10g	红景天 10g	水蛭 5g
肉桂 5g			

上方 5 剂，制水丸，每服 10g，每日 3 次。

2011 年 12 月 4 日二诊：丸药服完，自觉精力有所增强，复查精液常规：精子计数 17×10^6/mL，活力：A20%，B28%，C24%，D28%，活动率 50%。继以上方 5 剂治疗。

2 个月后电话告知女方已怀孕，停药。当年秋顺产一健康女婴。

（王明杰案）

按语：肾主生殖，补肾填精当在情理之中。此前服药无效原因恐在于缺乏活血通络。王老认为，方中水蛭、地龙、土鳖虫等走窜之品当有助于增强精子活力；而黑蚂蚁一味，既能补益，又能开通，故为临床所常用。

6. 妊娠胸痛

邵某，女，31 岁。2017 年 11 月 5 日初诊。

妊娠 2 月余，昨日午后突现胸胁胀满灼痛，牵引后背掣痛，深呼吸后加重，晚间疼痛加剧，不能平卧，难以安寐。今日一早来院诊治，疼痛时作，呼吸短促，舌淡红，苔薄白，脉弦滑。询之平素体健，无心肺病变及胸胁痛史，因其怀孕不便行相关检查，嘱先服中药，密切观察。

诊断：妊娠胸痛。

辨证：气滞血瘀。

治法：理气活血。

处方：四逆散加减。

柴胡 12g	白芍 25g	酒川芎 12g	郁金 12g
白芷 10g	延胡索 15g	炒乳香 10g	炒没药 10g
桔梗 12g	鸡血藤 15g	甘草 5g	

中药免煎颗粒 2 剂，调水服，每日 3 次，每日 1 剂。

2017年11月7日二诊：患者来诉服药后胸痛症状逐渐缓解，现仅时有轻微疼痛，上方去乳香，继用2剂。

次日来电告知，胸痛已愈，余无异常。追踪观察半个月，未见复发。

（王明杰案）

按语：本案患者正值妊娠，胞胎初结，气血聚于下以养胞胎，故起居、情绪大异于平日，易出现气机失调。痛在胸胁，肝气不疏，用四逆散理气活血止痛当属正治。药证相应，故效如桴鼓。

7. 产后癃闭（产后尿潴留）

刘某，女，25岁，福集卫生院住院患者。1981年4月12日初诊。

患者产后膀胱充盈胀满，小便不能自行解出，一直采用导尿方法排尿，多次停止导尿则症状如前，已半个月，患者十分苦恼。在此期间，西医采用青霉素、庆大霉素等抗生素以及尿路消毒剂治疗无效，后来配合针灸治疗，开始略有改善，后又如故，曾服用别的中医开的八正散治疗无效。遂请会诊。患者因产后失血，面色苍白，但饮食睡眠尚可，舌淡红，苔薄白，脉细弦滑。

诊断：产癃闭。

辨证：气血亏虚，水饮内停。

治法：补益气血，泄水逐饮。

处方：大黄甘遂汤加减。

茯苓15g　党参30g　黄芪30g　大枣20g

当归12g　泽泻12g　香附12g　黑丑10g

甘遂（研末分3次吞服）1.5g

患者下午4时开始服药，服药2次后，于当晚自行小便2次，量多，腹部充盈胀满明显减轻。次日早晨仍能自己解小便，患者认为已经痊愈，要求出院。遂以补气养血、理气利水之品2剂带药出院调理。1个月后因他病来院，告知出院后癃闭一直未再发作。

（黄淑芬、王明杰会诊）

按语：老师会诊时考虑患者膀胱麻痹而失去收缩功能，对导尿已产生依赖性，普通利尿药作用太轻，须用峻猛逐水之品。于是仿《金匮要略》大黄甘遂汤治

“妇人少腹满如敦状，小便微难而不渴，生后者，此水与血俱结在血室也”之意，以甘遂及黑丑泄水逐饮，因患者产后气血亏虚，故辅以党参、黄芪、当归等补气养血之品，通补兼施，重在开通，收效显著。

8. 产后虚弱

黄某，女，28岁。2015年5月18日初诊。

素体较虚弱，今产后2月余，神疲乏力，易出汗，自觉腹部凉，夜间四肢冷痛，下肢微肿，食欲不振，大便不成形，苔白腻，脉缓弱。

诊断：产后虚弱。

辨证：脾肾阳虚，寒湿阻滞。

治法：温补脾肾，散寒除湿。

处方：保元汤合附子汤加减。

黄芪 40g	红参 9g	白术 15g	当归 12g
附片（先煎）15g	茯苓 15g	白芍 30g	桂枝 12g
川芎 12g	薏苡仁 30g	五味子 12g	山萸肉 30g
防风 10g	鸡血藤 30g	威灵仙 20g	生牡蛎 25g
炙甘草 5g			

4剂，水煎服。

2015年5月28日二诊：服药后精神好转，汗出减少，仍感四肢冷痛，苔薄白腻，脉缓。上方附片加至25g，去五味子、山萸肉，加细辛10g，干姜12g，徐长卿20g。4剂，水煎服。

2015年8月11日七诊：患者此前3～6诊连续服用上方加减共24剂，其中附片逐渐增加用量至50g，虽盛夏未见发热。现诸症消除，体力恢复，且自觉较产前有所增强。因产假结束，将回北京工作，希望继续用药调理巩固，遂拟丸药方：

白术 15g	薏苡仁 15g	黄芪 20g	白芍 15g
草豆蔻 12g	酒川芎 12g	炒山楂 12g	烫骨碎补 15g
茯苓 15g	防风 10g	当归 15g	鸡血藤 15g
乌药 10g	党参 20g	葛根 45g	甘草 5g

桂枝 12g　干姜 15g　续断 15g　红参 10g

土鳖虫 10g　鹿茸片 10g　九香虫 10g

3 剂，制水丸服。

（王明杰案）

按语：患者素禀较弱，又值产育大虚其气血阴阳。阳虚不足则阴寒邪气必凑之。故以温养精血阳气为主线，散寒除湿止痛为辅线，自然体质可以逐渐改善。此案特点，一是通补并用，始终坚持参、芪、归、术与芎、桂、防风、灵仙等风药相伍，体现王老“补必兼通”的治疗思想；二是附子的运用，采用小剂量递增的方法，王老称为“摸着石头过河”，让患者逐渐适应药力，甚为稳妥。王老临证运用各种峻猛有毒药品，均用此法，数十年来从未偾事，值得师法。

9. 崩漏（功能失调性子宫出血）

案 1　文某，女，43 岁。2011 年 4 月 16 日初诊。

近半年来月经周期紊乱，忽前忽后，经期延长，淋漓不尽，常持续半个月以上。妇科诊断为功能失调性子宫出血，服药未见改善。此次月经持续 2 周未净，量不多，色淡红。自觉心悸气短，神疲乏力，食欲不振，睡卧不宁，舌淡苔薄白，脉沉细。

诊断：崩漏。

辨证：气虚不摄。

治法：补气摄血。

处方：炙甘草汤加减。

党参 30g　生地黄 20g　桂枝 12g　炮姜 9g

炙甘草 9g　黄芪 30g　益母草 30g　仙鹤草 30g

阿胶（烊化）6g　三七粉（冲服）3g

3 剂，水煎服。

2011 年 4 月 20 日二诊：服药后出血量逐渐减少，3 天后血止，唯神疲乏力，不思饮食，睡眠不佳，改从心脾两虚调理，归脾汤加减：

炙黄芪 30g　党参 25g　白术 12g　黄精 30g

茯苓 20g　当归 12g　木香 9g　陈皮 9g

红景天 9g　　砂仁（后下）6g　　炙甘草 6g

3 剂，水煎服。

2011 年 4 月 24 日三诊：精神、食欲有所好转，要求制作丸药长期服用，调理巩固。上方加九香虫 6g，制水丸，每次 9g，1 日 3 次。

2011 年 5 月 22 日四诊：因感冒咳嗽来诊，言此次月经已经正常。随访 2 个月，未再复发。

（王明杰案）

按语：本案属脾气失于统摄之出血、汗出，血虚失养则心悸，脉沉细，用炙甘草汤养血复脉、归脾汤善后以奏心脾共调之功，此为正法正治，妙在加入九香虫一味虫药味咸性温，而达行气止痛，温肾壮阳，补火暖土，缓生少火之效，以推动中焦脾胃生化升降之枢纽而自能统摄气血。

案 2　王某，女，16 岁。2016 年 7 月 6 日初诊。

月经周期紊乱数月，经量多，经期延长，淋漓不净，持续 10~15 天，妇科诊断为青春期功血（无排卵型），服用中成药无明显改善。今月经来潮 10 天未净，量中等，色鲜红、有血块，神疲乏力，口唇干燥，大便干结，睡眠不安，舌质红苔薄黄，脉细数。

诊断：崩漏。

辨证：气阴两虚，血热妄行。

治法：益气养阴，凉血止血。

方剂：生脉散合二至丸加减。

西洋参 9g　　麦冬 18g　　五味子 12g　　女贞子 30g

旱莲草 30g　　益母草 30g　　生地黄 25g　　山茱萸 25g

茜草 12g　　牡丹皮 12g　　侧柏炭 12g　　大黄炭 9g

甘草 6g

3 剂，水煎服。

2016 年 7 月 9 日二诊：经血止，大便通，睡眠尚差。上方去益母草、大黄炭、侧柏炭、牡丹皮，加百合 30g，沙苑子 25g，酸枣仁 20g，合欢花 10g，4 剂，制水丸，每次 9g，1 日 3 次。

3 周后其母来电话告知，服药后睡眠改善，精神转佳，此次月经来潮，经量、周期恢复正常。追踪观察 3 个月，一直稳定。

（王明杰案）

按语： 女子“二七而天癸至，任脉通，太冲脉盛，月事以时下”。本案中患者月事不以时下，周期紊乱，乃因冲脉丽于阳明，起于胞中，且与足少阴肾经并行，阳明多气多血之经，一经发动，冲决为患，故调经亦须调理冲脉之逆，捋顺阳明气血。本案中大便干结，口唇干燥，舌红苔薄黄，皆为阳明有热之象。故用牡丹皮、侧柏炭、大黄炭，意在清顺阳明气血，而另以生脉散、二至丸平调水火，旨在壮水之主以制阳光。

10. 经断前后诸证（更年期综合征）

陶某，女，49 岁。2014 年 6 月 1 日初诊。

症见失眠，潮热汗出，心悸，头晕目眩，心烦，口干，舌质红，脉细数。

诊断：经断前后诸证。

辨证：肝肾阴虚，虚热内生。

治法：滋阴清热，养血安神。

处方：酸枣仁汤合百合知母汤加减。

炒酸枣仁 25g	炙甘草 6g	知母 12g	茯苓 20g
牡丹皮 12g	百合 30g	五味子 12g	酒黄连 6g
葛根 30g	灵芝 10g	白芍 20g	制何首乌 20g
青蒿（后下）20g	生牡蛎（先煎）25g	煅龙骨（先煎）20g	

3 剂，水煎服。

百乐眠胶囊，0.27g×24 粒，共 2 瓶，每次 4 粒，睡前服。

2014 年 7 月 8 日二诊：失眠、潮热汗出、心烦等症状有所减轻，胸闷，心悸，偶尔寒热往来，自述检查发现颈椎病，颈部不适，头昏头痛，舌质红苔微黄腻，脉细数。

柴胡 15g	白芍 15g	酒黄连 10g	酒黄芩 12g
百合 30g	炒栀子 12g	甘草 5g	牡丹皮 12g
当归 10g	酒川芎 12g	煅龙骨（先煎）20g	五味子 12g

炒酸枣仁 15g　鸡血藤 25g　生牡蛎（先煎）25g　青蒿（后下）20g

3 剂，水煎服。

2014 年 8 月 3 日三诊：服药后症状明显减轻，夜间睡眠时间增加，头昏头痛有所缓解，舌质红苔微腻，脉细滑。

柴胡 15g　白芍 25g　酒黄连 10g　酒黄芩 12g
土鳖虫 10g　炒栀子 12g　甘草 5g　牡丹皮 12g
当归 10g　丹参 15g　炒蔓荆子 12g　生牡蛎（先煎）25g
炒酸枣仁 12g　五味子 12g　鸡血藤 30g　青蒿（后下）20g
酒川芎 12g　醋延胡索 12g

中药 2 剂，每天 1 剂，水煎取汁 500mL，分 3 次服。

（王明杰案）

按语：本案患者处于更年期，天癸渐竭，精亏血少，真阴不足，虚热内生，阳失潜藏，肝阳上亢则头晕目眩。肾水不足，不能上济心火，心肾不交，则失眠心悸，《景岳全书》曰："真阴精血不足，阴阳不交，而神有不安其室耳。"虚热上扰心神则心烦，潮热汗出，口干，舌质红，脉细数皆是阴虚内热之象。治疗当滋阴清热，养血安神。方选张仲景的酸枣仁汤合百合知母汤加减。方中酸枣仁、茯苓、五味子、牡蛎、龙骨、灵芝、制首乌等养血补肝、宁心安神，知母、牡丹皮、百合、青蒿滋阴清热，以除潮热汗出、口咽干燥，黄连清解心热以消心烦躁扰，同时配以滋阴清热、养心安神的中成药百乐眠，加强疗效。3 剂之后患者症状有所减轻，减知母、茯苓、灵芝、制首乌等药物，因自述有颈椎病史，偶发寒热往来，舌苔黄腻，在滋阴清热基础上，加黄连、栀子清解湿热，柴胡、黄芩和解少阳，当归、鸡血藤、牡丹皮、川芎活血化瘀以除颈部瘀滞。3 剂之后症状明显减轻，但颈椎病引起的头昏头痛仍未消失，故加延胡索、土鳖虫、蔓荆子清利头目、化瘀止痛。

11. 鼻渊（鼻窦炎）

吴某，男，24 岁。2004 年 3 月 16 日初诊。

半个月前感冒后，一直头痛鼻塞，近 1 周来加重，前额胀痛尤甚，流涕黄稠腥臭，嗅觉失灵，舌质红，苔黄腻，脉滑数。曾服抗生素及清热解毒中药未效。

诊断：鼻渊。

辨证：痰热壅肺，清窍不利。

治法：清热化痰，宣通肺窍。

处方：麻杏石甘汤合千金苇茎汤加减。

麻黄 9g　　细辛 9g　　苍耳子 12g　　白芷 12g
川芎 12g　　桃仁 12g　　薏苡仁 25g　　芦根 25g
冬瓜仁 25g　　石膏 30g　　蒲公英 30g　　鱼腥草 30g
甘草 6g

3 剂，水煎服。

服用 3 剂后头痛鼻塞明显减轻，流浊涕减少。上方去麻黄、川芎，加升麻 10g，黄芩 12g。继服 6 剂后诸症基本消除，嘱常服藿胆丸巩固治疗。

（王明杰案）

按语：鼻渊多为痰热壅肺，清窍不利，患者无表证，方中使用麻黄、细辛等风药，其意不在于解表。一则增强石膏、蒲公英等清热力量，二则宣肺通窍以解除鼻塞流涕、嗅觉失灵等症状，故服药后效果甚著。据王老经验，麻黄、细辛宣通鼻窍之功，优于辛夷、苍耳子。

12. 舌痛症

案 1　梁某，女，44 岁。2014 年 9 月 15 日初诊。

口腔灼痛 5 个月。患者近 5 个月来无明显诱因，自觉口腔灼痛影响进食，夜间疼痛较重。华西口腔医院诊断为灼口综合征，口服维生素等药物未见明显效果。现症：口腔灼热、黏腻，自觉有异味，舌尖刺痛、麻木，心烦易怒，手足心热，不思饮食，大便微溏，舌红苔微黄腻，脉弦细。

诊断：舌痛症。

辨证：阴虚火旺。

治法：滋阴降火。

处方：增液汤合清胃散加减。

生地黄 20g　　麦冬 15g　　玄参 20g　　牡丹皮 12g
升麻 15g　　酒黄连 10g　　栀子 12g　　赤芍 15g

甘草 5g

3 剂，水煎服。

2014 年 9 月 18 日二诊：舌尖痛略有减轻，仍觉口腔灼热、黏腻不适。考虑患者不仅有阴虚内热，且夹有湿浊内蕴，上方缺少利湿化浊之品，故收效不佳，改用甘露饮合泻黄散加减。

生地黄 20g	麦冬 20g	石斛 15g	黄芩 12g
茵陈 15g	栀子 12g	藿香 12g	防风 12g
薏苡仁 30g	滑石 20g	甘草 5g	

3 剂，水煎服。

2014 年 9 月 22 日三诊：口腻、灼热缓解，舌痛减轻。上方继进 3 剂。

2014 年 9 月 25 日四诊：诸症均减，唯食欲尚差，大便微溏不爽，予藿朴夏苓汤调理善后。

藿香 12g	厚朴 12g	法半夏 12g	茯苓 18g
木香 9g	黄连 6g	薏苡仁 30g	白豆蔻（后下）9g
甘草 5g			

（王明杰案）

按语：舌为心之苗窍，舌尖刺痛、麻木，心烦易怒，皆是心火作祟。本案初战未能告捷，乃因重清心之火，而忽略其湿浊，故而二诊方更弦易张，以甘露饮合泻黄散湿热并除，而后取得显效，路途方明，医道之难在于此矣！

案 2 林某，男，37 岁。2015 年 4 月 9 日初诊。

口腔灼热、疼痛 2 年余。患者 2 年来因自觉口腔灼热而痛，服用多种西药及清热泻火中药，均只能暂时缓解，反复发作不愈，影响进食与睡眠。此次发作已 7 天，服口炎冲剂等无效。现口舌灼热、木痛，伴有溃疡及白斑多处，神疲乏力，食少便溏，舌暗红，边有齿痕，苔微黄腻，脉细缓。

诊断：舌痛症。

辨证：脾胃虚损，阴火上冲。

治法：健脾化湿，升阳散火。

处方：升阳益胃汤加减。

黄芪 30g	党参 25g	白术 12g	白芍 30g
法半夏 9g	陈皮 6g	茯苓 15g	柴胡 9g
防风 9g	羌活 9g	葛根 30g	黄连 5g
炙甘草 6g			

3 剂，水煎服，每日 1 剂。

2015 年 4 月 16 日二诊：口腔灼热、疼痛减轻，溃疡尚未愈合。上方加砂仁 8g，黄柏 12g。

2015 年 4 月 16 日三诊：诸症悉减，改用丸药调理巩固。上方去半夏、陈皮，以红参 10g 易党参，加黄精 30g，莲子 15g，怀山药 30g。4 剂，制水丸，每次 9g，每日 3 次。

1 个月后来电告知，服丸药后精神、饮食转佳，口腔灼热及溃疡未再发作。追踪观察 1 年，病情稳定（其间曾以丸剂处方 4 剂自行制作服用）。

（王明杰案）

按语：此番病状非“水与火”之关系失调，而是“气与火”之关系失调，脾胃元气虚损，其神疲乏力，食少便溏，舌暗红，边有齿痕即是明证。“火之与气不两立，一胜则一负”，东垣老人明训当补足元气，脾胃枢纽复常，清浊升降自可分明，虚火当补，不可苦寒直折，当升阳散火，元气足而得升，阴火自然受制不得上冲而潜降，此为不治之功也。

13. 舌痹

罗某，女，46 岁。2013 年 11 月 24 日初诊。

舌木 2 月余，伴咽中不适，疲倦，汗出，大便秘结，舌苔薄白腻，边有齿痕，脉细软。西医诊断为咽神经官能症，服药未效。

诊断：舌痹。

辨证：气血亏虚，痰瘀阻滞。

治法：益气养血，化痰活血。

处方：归脾汤加减。

黄芪 30g	红参 10g	茯苓 15g	炙甘草 6g
当归 15g	生地黄 20g	白芍 20g	枸杞子 15g

鸡血藤 30g　麦冬 20g　丹参 20g　石菖蒲 12g
火麻仁 25g　桃仁 12g

4 剂，水煎服。

2013 年 12 月 8 日二诊：舌木缓解，咽中不适，咯痰清稀，头晕，嗳气，精神不佳，舌苔薄，脉细。改用半夏厚朴汤加减：

黄芪 30g　炙甘草 6g　当归 15g　麻黄 10g
法半夏 12g　厚朴 12g　陈皮 10g　茯苓 15g
豆蔻（后下）10g　桔梗 12g　石菖蒲 12g　紫苏梗 12g
威灵仙 15g

4 剂，水煎服。

2014 年 1 月 12 日因头晕来诊，言舌木已消除，咽中不适缓解。

（王明杰案）

按语：舌痹指舌体有麻木不仁的感觉。多因痰气阻滞脉络，或血虚失荣所致。《医钞类编》卷十二："舌无故常自痹者，名舌痹。由心血不足，不可作风治，理中汤加当归，或归脾汤加炮姜服之。"《赤水玄珠·舌门》曰："舌痹或麻，此因痰气滞于心包络。"又曰："血虚舌麻者，四物汤加黄连。"本例气血亏虚与痰瘀阻滞并存，故舌麻木而咽中不适，王老以归脾汤与半夏厚朴汤迭进而愈。

二、治法与方药运用经验

在 50 年的临床生涯中，王明杰、黄淑芬二位教授积累了丰富的方药运用经验，尤其是在玄府理论指导下，对风药、虫药及其代表方剂的发挥应用，见解独特，经验丰富，成效显著。

王老提出"开通玄府为治病之纲"，作为临床施治的指南。下面介绍他在《玄府学说》中总结的主要开玄治法及其发挥、应用。

（一）常用开玄治法

1. 发散开玄法

发散开玄法是运用辛散之品，利用其发散宣透之力开通玄府郁闭的一种治法。本法因其善开皮肤之玄府可致汗出，可归于八法中汗法一类。汗法有广义、狭义之分，狭义限于发汗解表，广义则不以汗出为目的，是通过发散以开腠理、通表里，使气血流畅，营卫调和，而达到恢复人体正常生理功能的目的。发散开玄法属于广义汗法，不仅可以开皮肤之玄府，亦可以开五脏六腑之玄府，透达表里，疏通内外，使全身气液流通。张子和称“汗之令其疏散也”“使一毛一窍，无不启发”（《儒门事亲·凡在表者皆可汗式十五》）。戴天章亦谓：“汗法不专在乎升表，而在乎通其郁闭，和其阴阳。”（《广瘟疫论卷四·汗法》）可见汗法之目的非为出汗，而是通过发散使窍道开启，畅达气机出入如常，汗出是体内病邪外达、郁闭开通、气血调和的一种表现。

发散开玄法在临床上常选用麻黄、羌活、细辛等辛散之风药，尤其是辛温之品。取其辛散开发之力，透达表里之邪气，开通玄府之郁闭。因其强力发散宣通作用，是王老开通玄府郁结最常用之品。不仅外邪侵袭初期，肌表玄府闭塞，可通过汗出而解，即使内伤杂病日久不解，沉寒痼冷闭郁于里，气血津液凝滞者，亦可运用风药透泄，使之汗出（或无明显汗出）而解。此时汗出是体内病邪外达，气血调和的一种表现。如小青龙汤之治疗寒饮、荆防败毒散之治疗下利、麻黄附子细辛汤之治疗癃闭等，不论有无表证，通过发散透达均可收到良好效果。所谓“腠理一开，寒凝一解，气血乃行，毒亦随之消矣”（《外科证治全生集·阴症门》）。

2. 搜剔开玄法

搜剔开玄法是运用长于走窜的虫类药，利用其钻透搜剔之力开通玄府郁闭的一种治法。刘完素在论耳聋时曾提出“干蝎……开发玄府，而令耳中郁滞通泄”。后世叶天士在络病用药中，十分重视虫类药物的通络作用，认为“虫蚁迅速飞走诸灵，俾飞者升，走者降，血无凝著，气可宣通”。近现代不少名家均十分重视虫类药的开通作用。如张锡纯论蜈蚣“走窜之力最速，内而脏腑，外而经络，凡气血凝聚之处皆能开之”（《医学衷中参西录·药物》）。眼科名家陈达夫临床治疗视神经萎缩常用僵蚕、全蝎、蜈蚣等虫类药开通玄府窍道以发越精气、畅达神光，收效甚捷，证明此类药物既长于通络，又善于开通玄府。如与风药同用，开玄之力更强。

虫类药因其走窜通达、破血行气、化痰散结、疏逐搜剔之特性，深受广大医者重视，已成为治疗临床各类疾患，特别是各种顽症痼疾的常用药，往往有出人意料之效。然而，对虫类药作用原理的认识，一般多视为“以毒攻毒”，这是较为肤浅的。王老指出，这类药物在虫体干燥或炮制过程中，其所含毒性蛋白多已分解变性，发挥治疗作用的不是毒性，而是开通郁闭的性能。王老认为，邪毒的产生，多根于玄府的郁闭。欲解邪毒，须开玄府。虫类药治疗各种疑难杂症的机制，主要在于“通行十二经络、脏腑、膜原、溪谷、关节诸处”“化解一切瘀郁壅滞诸疾”，故“有攻毒拔毒之功”（《本草汇言·蟾酥》）。因此，从玄府学说的角度认识虫药，其适用范围尚可大为拓展。

3. 香窜开玄法

香窜开玄法是运用芳香开窍之品，利用其香窜透达之力开通玄府郁闭的一种治法。刘完素十分推崇芳香走窜之品，用作开通玄府之要药，尝赞曰:“诸方之中，至宝、灵宝丹最为妙药。”二方中芳香开窍之品均占有相当大的比重。又如治热入血室，发狂不识人之牛黄膏（《素问病机气宜保命集·卷中》，组成牛黄、朱砂、郁金、冰片、牡丹皮、甘草），即以芳香开窍与寒凉清热配伍，开通心经“玄府”之热闭，开窍醒神。治肝胆火热之当归龙荟丸（《宣明论方·热门》组成当归、龙胆草、栀子、黄连、黄柏、黄芩、大黄、芦荟、青黛、木香、麝香），于大队清热泻火药中佐以走窜开通之麝香，变寒凉凝滞为醒豁灵透，在清热剂中亦别具一格。清·汪昂分析此方，指出苦寒泻火药中“少加木香、麝香者，取其行气通窍也”（《医方集解·泻火之剂第十四》）。

香窜开玄法常用麝香、石菖蒲、苏合香、冰片等香药，牛黄、蟾酥等虫类药，以及细辛、白芷等风药，临床运用较广。如眼科常用于开通目中玄府以畅达神光，增视明目。温病三宝（安宫牛黄丸、至宝丹、紫雪丹）用于开通脑玄府以运转神机，醒脑回苏，如速效救心丸、麝香保心丸等用于开通心玄府以防治心绞痛等。

4. 温通开玄法

温通开玄法是运用温热药物，特别是大辛大热药物，利用其振奋阳气之力开通玄府郁闭的一种治法。常用药物有附子、肉桂、硫黄等，多用于脾胃虚寒、肾阳衰微、寒凝经脉等所致玄府郁闭之证，经适当配伍亦可用于其他原因所致玄府郁闭，包括火热郁闭。上述温热药物不仅长于温补，而且善于温通。如《本草征要·通治部分》引虞抟称附子“禀雄壮之质，有斩关夺将之气，能引补气药行十二经，以追复散失之元阳；引补血药入血分，以滋养不足之真阴；引发散药开腠理，以祛除在表之风寒；引温里药达下焦，以除在里之冷湿”。《本草备要·草部》总结为“其用走而不守，通行十二经，无所不至”。

刘完素虽以“寒凉派”著称，却对温热药物情有独钟，多次指出：“辛甘热药，皆能发散者，以力强开冲也。”认为“温药亦能开发，阳气宣通而愈，别无加害”（《宣明论方·补养门》）。借用其鼓舞阳气的强力开冲作用开通玄府郁闭，不仅用于寒证，而且用于热证。王老临床常用小剂量桂，附于多种病证，包括某些火热病证中，并非取其温补元气，而是着眼于温通开玄。寒温并用成为王老用药的一大特色。

5. 通下开玄法

通下开玄法是运用泻下之品，利用其泻下通腑之力开通玄府郁闭的一种治法。《素问玄机原病式·六气为病》云：“或势甚郁结不能开通者，法当辛苦寒药下之，热退结散而无郁结也。”认为通腑泻下，可使热退结散，郁结的玄府得以开通，且较他法之开通力量为强。书中还特别指出：“所谓结者，怫郁而气液不能宣通也，非谓大便之结硬耳。”明确提示通下的目的不在于泻下燥屎，而在于开通郁结。《伤寒直格·伤寒总评》云：“若论善开郁结，怫热峻疾得利，而效至大……大承气也。”刘氏尤其推崇三一承气汤（大黄、芒硝、厚朴、枳实、甘草、生姜），认为本方善能开发峻效，广泛用于伤寒、杂病、内外一切所伤的治疗。正是着眼于开通玄府，使下法的运用范围得以明显扩大，发展了《伤寒论》下法的运用。张子和深得刘完素下法之精髓，临证擅用下法，指出“下者是推陈致新也”“凡麻痹郁滞，经隧不流”，皆可用通利之法，使“上下无碍，气血宣通”（《儒门事亲·凡在下者皆可下式十六》）。

通下开玄法常用药物有大黄、芒硝、番泻叶、巴豆等，此类药物能通过泻下祛除胃肠郁热、积滞、燥屎及有害物质，如毒、虫等邪气，不仅能使肠胃之玄府开通，气机和调，气液渗灌自如，而且有助于身体其他部位的玄府随之开通。

6. 涌吐开玄法

涌吐开玄法是运用涌吐之品，利用其催吐通关之力开通玄府郁闭的一种治法。刘完素在《伤寒直格·诸证药石分剂》中论述栀子豉汤云：“凡诸栀子汤，皆非吐人之药，以其燥热郁结之甚，而药顿攻之，不能开通，则郁发而吐。因其呕吐，发开郁结，则气通津液宽行而已。”认为涌吐能开发郁结，畅行气机，流通津液，有开通玄府之功。张子和进一步拓展了吐法的作用，指出“吐之令其条达也”，可“因其一涌，腠理开发，汗出周身”（《儒门事亲·凡在上者皆可吐式十四》），认为一吐之后，可使气机宣畅，腠理开发，达到与汗法同样的通畅表里气机的作用，并扩大其运用，将引涎、漉涎、嚏气、追泪等法均归入吐法范畴。《儒门事亲》所载139个医案中，单用吐法者占30%，吐下并用占40%，其中多数疾病并无上焦可吐之实证，但“投以涌剂，少少用之，颇获证验”。其中机制不外乎吐能调畅气机，开发腠理，开通玄府郁结。故曰：“一吐之中，变态无穷。”

涌吐开玄法在临床上常选用瓜蒂、皂荚、藜芦、常山、胆矾等涌吐药，以涌吐痰涎，开胸散结，取其吐令条达，畅行气津的作用。如风痰郁火壅塞咽喉，胀闭难忍，当吐而勿缓。然而吐法不仅可治病邪在上焦胸膈之间，或咽喉之处，或痰、食、痈脓，对闭郁于里之停痰蓄饮，阻塞清道，转输失灵之中风不语、手足麻痹、变证莫测者，亦可用涌吐药，使气津凝滞得散，玄府得通，气津调和。

7. 理气开玄法

理气开玄法是针对气郁玄府，运用辛香理气之品行气解郁以开通玄府郁闭的一种治法。玄府是气机运行的通路，若邪气侵入玄府，首先会导致玄府气机郁滞，引起疾病的发生。正如《丹溪心法·六郁》所说：“一有怫郁，诸病生焉，故人身诸病，多生于郁。”气机郁滞一旦出现，若不能及时治疗，则郁滞由轻转重，引起郁久蕴热、化火、酿毒等，而出现热郁玄府、火灼玄府及毒滞玄府等一系列变化，导致多种病证。故治疗首当理气开郁。

理气开玄法常用药如香附、佛手、柴胡、陈皮、木香等。从中医学病机演变的角度讲，百病生于气，先有气郁，进一步发展可造成火热、瘀血、痰湿等其他诸郁。但总以气郁为主，在治疗时，以理气开玄为基础，并适当照顾兼夹病机配伍相应的药物，如朱丹溪所创越鞠丸治疗六郁，以香附为君，理气郁为先，配伍川芎、栀子、苍术、神曲以治血、热、湿、食诸郁，为后世医家树立了典范。

8. 利水开玄法

利水开玄法是针对水淫玄府，运用利水渗湿药物渗利水湿以开通玄府郁闭的治法。玄府作为津液流行的通路，一旦某种原因造成津液运行障碍，津停为水，必然影响玄府畅通，而形成水淫玄府，随贻害部位不同而产生种种病变。为此，在治疗时，应从速利水泄浊，恢复玄府开通。

本法常用利水渗湿药，如茯苓、猪苓、薏苡仁、通草、滑石等，多性平味淡，能使停聚的水湿从小便排出，以解除玄府的郁闭。刘氏认为："五味之本，淡也。以配胃土，淡能渗泄利窍。夫燥能急结，而淡能缓之，淡为刚土，极能润燥，缓其急结，令气通行，而致津液渗泄也。"（《三消论》）淡渗利湿药中，刘氏尤为赏识滑石，代表方为益元散（滑石、甘草），不仅适用于呕吐、泄泻、肠澼、淋闭、腹胀痛闷等水湿不化病症，还可广泛用于阴痿、惊悸、健忘、短气、五劳七伤、一切虚损及妇人下乳、催生等，取其淡渗滑利，以"通九窍、六腑津液，去留结，消蓄水"，令"遍身结滞宣通"（《伤寒直格·伤寒总评》），可见其还有直接开玄之功。后世叶天士提出"通阳不在温，而在利小便"之说，通过淡渗利水使机体阳气通达，亦是渗利开玄治法的体现。

9. 豁痰开玄法

豁痰开玄法是针对痰滞玄府，运用祛痰之品荡涤痰浊以开通玄府郁闭的一种治法。玄府是津液运行的通路，若津液不布形成痰饮，必然导致玄府闭塞，治当豁痰化饮以重建玄府流通气液之功。中医历来有豁痰开窍之法，指通过祛痰来开窍醒神，治疗痰迷心窍之证。此处心窍，实即心之玄府。但豁痰开玄法所开玄府，不限于心或脑。中医认为，痰浊一旦产生，会随气周流，走窜全身，引起不同部位的玄府郁闭而出现各种不同的症状，均可用豁痰开玄之法。

豁痰开玄法具体运用时，应依据痰浊属性的不同，选用不同的祛痰药物。如寒痰用半夏、天南星、白芥子等，热痰用浙贝母、浮海石、鲜竹沥等，而石菖蒲、远志等兼有通窍作用的祛痰药尤为常用，同时适当配伍理气、温通或清泄之品。如刘完素以桂苓白术丸（楝桂、干姜、茯苓、半夏、白术、红皮、泽泻）"消痰逆，止咳嗽，散痞满壅塞，开坚积痛闷，推进饮食，调和脏腑，无问寒湿湿热，呕吐泄痢"，认为"皆能开发，以令遍身流湿润燥，气液宣平而愈"（《宣明论方·痰饮门》）。《眼科集成》治痰涎所致内障不明的加味二陈四物汤（生地黄、当归、白芍、川芎、前胡、陈皮、半夏、茯苓、甘草、浙贝、白豆蔻、菊花），亦属此类。

10. 活血开玄法

活血开玄法是针对血瘀玄府，运用活血化瘀方法消除瘀血以开通玄府郁闭的一种治法。流通渗灌血气是玄府的重要功能，若因种种原因引起血行瘀阻，势必影响玄府的开阖通利；而一旦玄府郁闭，又必然造成血流不畅而加重瘀阻。故针对病因病机，消除血瘀状态，对恢复玄府通利功能具有重要意义。后世王清任认为气血为人体生命的源泉，提出："治病之要诀，在明白气血，无论外感内伤……所伤者无非气血。"（《医林改错·气血合脉说》）并指出了导致瘀血的病因，如血寒瘀血、血热瘀血、气虚瘀血、瘟毒瘀血等，总结出了五十余种瘀血之证，创立了通窍活血、补气活血、祛风逐瘀、化痰逐瘀等多种治法及其代表方剂，为开通玄府提供了极为有用的借鉴。

血瘀证由于病因多样，病机复杂，常寒热虚实相兼，痰浊瘀血并见，单用活血药作用有限，故活血开玄法用药，除川芎、当归、红花、赤芍等常规活血药外，理气、补气、温阳、祛风之品也常属必需之列，尤其是风药，如白芷、桂枝、细辛、羌活、葛根等，其所具有的升、散、行、窜、动等多种特性，不仅善于宣畅气机，活跃血行，并且善于疏通血络，消除瘀滞，发挥活血化瘀的作用，故有"治血先治风，风去血自通"之说。

王老指出，以上仅是一种相对的划分，实际上各种开玄之法相辅相成，经常数法配合运用。

（二）开玄治法运用发挥

在玄府理论指导下，王老通过多年来的研究与实践，形成了"临证首重开通"的学术思想，认为无论是未病还是已病，无论是防病还是治病，均离不开"开通玄府"的问题。基于玄府分布的广泛性和玄病存在的普遍性，原则上开通玄府之法可用于临床各科的各种病症以及养生保健之用。下面就王老总结的主要发挥应用做一简介。

1. 开玄防病

将玄府理论运用于治未病，通过开通玄府畅达气血津液精神以预防疾病的发生，谓之开玄防病。

王老指出，养生保健一般多注重于"补"，却不知"通"更为重要。人体健康以通为贵的思想源远流长。如《吕氏春秋·达郁篇》曰:“凡人三百六十节，九窍、五脏、六腑。肌肤欲其比也，血脉欲其通也，筋骨欲其固也，心志欲其和也，精气欲其行也。若此则病无所居，而恶无由生矣。病之留、恶之生也，精气郁也。”《素问·调经论》亦曰:“五脏之道，皆出于经隧，以行气血。血气不和，百病乃变化而生。”认为精气郁结，血气不和乃百病根源。《素问·至真要大论》提出:“疏其血气，令其条达，而致和平。”《灵枢·平人绝谷》云:“气得上下，五脏安定，血脉和利，精神乃居。”均认为疏通人体气血，使之运行流畅，通顺条达，无所不至，即可消除诸疾，促使机体阴阳气血平衡。东汉张仲景在《金匮要略·脏腑经络先后病脉证第一》中提出“若五脏元真通畅，人即安和”，强调元真之气通畅是人体保持健康状态的基本条件，也是治愈疾病要达到的最终目的。

从玄府理论分析，上述经典著作中所说的“通”，不仅是指人体经络、血脉的畅通，更是指密布人体上下内外的玄府窍道畅通。作为气血津液精神运行终末端的玄府，其开放通畅程度直接关系到气血津液精神的渗灌及神机的运转，与人体的健康息息相关。可以认为，玄府畅通为健康之本，开通玄府郁闭、维护气血津液精神的畅通，在治未病中具有十分重要的意义。开通玄府不仅是治病之纲领，而且是防病之要法。丰富多彩的开通玄府方法，为预防疾病提供了众多的选项。

刘完素曾以防风通圣散作为防病的良药，流传至今。北方一些地方称之为“春药”(春天的药)，用于春天防病。每到立春时节，不少人家都要备几剂防风通圣散，作为全家春季“防疫”之药服用。故谚云:“有病无病，防风通圣。”

分析防风通圣散组成，发表清热、泻下利湿、和血健脾，似显杂乱。不加化裁，老少同服，更与辨证论治原则不符，故历来质疑之声不断。从玄府学说认识，防风通圣散发散开玄、通下开玄、渗利开玄、清泄开玄并用，刘完素的本意无非是使“周身中外气血宣通”，维持人体气血津液精神正常的升降出入状态，从而达到预防百病的目的，正是“五脏元真通畅，人即安和”之意。

刘完素通过“防风通圣防百病”的成功范例将《内经》《金匮要略》“以通防病”的思想变成了现实，为后世指出了一条开通玄府、通畅元真以却病延年的有效途径。其独特学术经验值得深入发掘研究。

2. 开玄泻火

将玄府理论运用于火热病证的治疗，注重通过开郁通阳以清泄火热，谓之开玄泻火。

王老认为，火热证候的形成，一般注重于阳盛则热，治以热者寒之。这是不全面的。从玄府学说认识，玄府闭塞，阳气郁遏而产生火热，是一个重要的环节。正如吴又可所说："阳气通行，温养百骸；阳气壅闭，郁而为热……不论脏腑经络、表里上下、血分气分，一有所阻，即便发热，是知百病发热，皆由于壅郁，而火郁又根于气。"（《温疫论·服寒剂反热》）这正是刘完素阳气怫郁产生火热的观点。《医碥》中曾将这类火热归纳为七种，即风寒郁热、饮食郁热、痰饮郁热、瘀血郁热、水湿郁热、肝气郁热、脾气郁热。它们的病因虽然各异，但在郁阻气机这个病理环节上是一致的。由于阳气运行障碍而蓄积蕴聚，它们均存在某些局部的阳气壅盛状况；但从总体上来讲，阳气并未过盛有余。这是与阳盛所致火热的根本区别。

气郁与火热的关系，不仅在于郁能生火，而且在于火能致郁。刘完素《素问玄机原病式》中多次指出"阳热发则郁""阳热易为郁结"。火性动而升散炎上，何以反致郁结？这就是影响到"玄府"的缘故。"所谓热甚则腠理闭密而郁结也。如火炼物，热极相合，而不能相离，故热郁则闭塞而不通畅也"。热甚则"玄府"闭密而气机郁遏，气机郁遏又反过来促使火热更盛，从而形成火愈炽则郁愈甚、郁愈甚则火愈炽的恶性循环，可见火热与气郁关系十分密切。故何梦瑶为之总结说："盖郁未有不为火者也，火未有不由郁者也。"（《医碥·杂症》）

基于阳气郁遏在火热病机中的重要地位，临床上如何使郁遏的阳气开通，便成为火热论治不容忽视的一个问题。一般说来，如阳热亢盛而郁结尚轻，运用寒凉清泄火热，郁结多能随之而解；但在郁结较甚的情况下，如玄府未得开通，则火热终难清除，便非单凭寒凉所能取效。此时开通玄府郁闭在所必须。下面略举数则。

（1）发越郁火

郁火，为因郁而生火，或火为邪所郁，总以郁为主要矛盾。其要害在于玄府郁闭，火热内壅而不得张扬。因其气机郁阻，泄越无门，若径投寒凉，势必冰遏难解；必须以宣散发越为首务，主用辛温，俾郁开气达，则火热多能自散，或待郁解而热势显露，再改用寒凉清泄。代表方如升阳散火汤、八味大发散。

（2）开泄实火

实火为阳气有余，固以寒凉清泄为正治，但因火多兼郁，故开玄之品亦常不可少。如清肺热的麻杏石甘汤（麻黄）、清肝热的泻青丸（羌活、防风、川芎）、清胃热的泻黄散（防风）、清心热的导赤散（木通）等。这些如果不从开泄郁闭认识是难以理解的，如近代张山雷评泻青丸云："芎归羌防温升太过，宁非煽其焰而助其威？"评泻黄散云："防风实不可解……须知病是火热，安有升散以煽其焰之理？"（《小儿药证直诀笺正·诸方》）此说仅看到辛温升散之弊，而忽略其开通疏泄之功，未免千虑一失。大量临床实践资料表明，在实火施治中，于苦寒、甘寒之中，酌情伍以发散开玄、通利开玄，甚至温通开玄，确能增强泻火之效，而未见助热之弊。

（3）升散阴火

"阴火"也是一种郁火，唯其郁遏源于脾胃虚弱而气虚不运，证属本虚标实，临床表现为中虚气弱与火热内燔并见的矛盾状况。治疗既须辛温升散，又当甘温补中，火盛者亦可权宜用寒凉泻火治标，但总以温药补中升阳为主，故常称甘温除热或升阳泻火，实为发散开玄、补虚开玄与清泄开玄并用之法。代表方为补脾胃泻阴火升阳汤（柴胡、炙甘草、黄芪、苍术、羌活、升麻、人参、黄芩、黄连、石膏），《伤寒论》麻黄升麻汤亦可作如是观。

（4）引归龙火

龙火系肾虚浮火，有阳虚阴虚之别。前者属阴盛阳浮之假火，以辛热救阳为正治；后者为阴虚阳浮之虚火，前人经验可于大队壮水药中加入少许辛热之品，"招之诱之，则相求同气，而虚阳无不归原矣"，即所谓导龙入海、引火归原。目前对此认识颇不一致，主要对阴虚火炎者能否用辛热存在怀疑。王老认为，辛热引火的机理，不仅在于温元救阳，而且在于开郁通阳，故阳虚浮火可用，阴虚浮火亦可用。

关于阴虚火郁的问题，《医碥》曾指出："浓酒厚味，房劳损阴，以致火炎，似无关于郁，然亦必由不能运散乃然耳。"滋水降火之品，大多柔腻凝滞，不利于郁结开散，凡郁较甚者，略佐辛热，确实在所必须。王老临床对虚火喉痹，久服知柏地黄汤或八仙长寿汤乏效者，于方中酌加肉桂或制附片 3 ～ 5g 温通开玄，常获良效。推而广之，对于阴血不足，虚火上炎之心烦、失眠，亦可在黄连阿胶汤或天王补心丹中加入肉桂少许，取其辛热开玄以助心肾交通，亦为引火归原之意。

3. 开玄润燥

将玄府理论运用于燥证的治疗，通过开通玄府、布散津液以润燥，谓之开玄润燥。

燥分外燥与内燥，成因不同，性质则一，皆为津液失于濡润。然失润机制，又分两途：一是津液亏虚，容量不足，无以润之；二是津本不虚，输布障碍，难以润之。《素问玄机原病式·六气为病》论燥："冬月甚而暑月衰，寒能收敛，腠理闭密，无汗而燥，故病甚也；热则皮肤纵缓，腠理疏通而汗润，故病衰也。"由此可见，虽秋气主燥，但天凉收敛，阳气不达，实为凉燥之根本。所以凉燥之形成乃是腠理闭塞，气液涩滞，运行不利而致。至于内燥，因玄府郁闭，津液不畅所致者更为多见。即使津液亏虚引起的燥证，由于玄府缺乏津液的濡养，也会造成涩滞不畅。可见玄府郁闭普遍存在于各种燥证之中，是一个不可忽视的病理环节。

喻嘉言《医门法律·伤燥门》云："凡治燥病，不深达治燥之旨，但用润剂润燥，只名粗工。"被后世公认为治燥准则。而刘完素在论消渴治法时早已指出："除肠胃燥热之甚，济人身津液之衰，使道路散而不结，津液生而不枯，气血利而不涩，则病曰已。散结濡枯利涩，为治消渴妙谛，亦治万病之准绳也。"（《三消论》）说明开通玄府郁闭，畅达津液运行，使之输布流畅，是燥证治疗的重要内容。

如消渴一病，书称阴虚为本、燥热为标，多以滋阴润燥立法。刘完素提出应"使道路散而不结""气血利而不涩"，尝以辛温之姜汁一味开通玄府、流畅气液而达到止渴的效果，示人以开玄润燥之法，临证注重辛味药的运用。《素问·脏气法时论》曰："肾苦燥，急食辛以润之，开腠理，致津液，通气也。"辛何以能润？正是在于能开腠理、致津液而使气液宣通。

又如口渴一症，多属热盛、津亏，以清热泻火、生津润燥取效。据王老临床观察，因口中玄府闭塞，津液不布所致者亦时有所见，屡用清热生津乏效，改用辛散温燥之品，反能解渴。

4. 开玄达神

将玄府理论运用于神机失用病证的治疗，通过开通玄府以运转神机，畅达神气，谓之开玄达神。

神机活动依赖于气血津液等营养物质的充养，并随气血津液沿玄府之道而升降出入、循环往返。玄府一旦发生病变，通道作用不能维持，气血津液升降出入障碍，神机的运转也必将受到影响，可以导致神无所用而不遂其机的种种病变。《素问玄机原病式》中列举了目无所见、耳无所闻、鼻不闻臭、舌不知味、筋痿骨痹、皮肤不仁，以及遗尿不禁、暴病暴死等多种病变，均属此类。

以眼病为例，从玄府理论认识，存在于眼目中的玄府，既是脏腑精气灌注于目的必由之路，又是神光往来出入的结构基础，在视觉活动中居于重要的枢纽位置。如玄府通利，则水火精华灌注而目明；玄府闭密，则营卫精神郁遏而目昏。开通玄府窍道以畅达精气升降出入，促进目中神光发越，具有十分重要的意义。故治疗青盲、内障等症，采用开玄明目之法，常获佳效。

多年来，王老将开玄达神之法由眼科推广到头面五官乃至内外各科诸多病症，尤其在脑病及某些危急重症的治疗中显示出重要的价值。如重症肌无力，属于中医“痿证”范畴，治疗多从大补脾胃之气着手，但效果不尽如人意。从玄府理论认识，本病肌肉未见萎缩而软弱无力，关键在于经隧不畅，玄府郁闭，神机不遂，以致神机失用而出现肌肉痿弱无力。仅用补益效果欠佳，关键在于玄府未得开通，神机无从到达。故治疗不单要补，更重在通。开通玄府，畅达神机，在本病治疗中具有重要意义。王老经验方开玄起痿汤正是基于这一治疗思想，集中了麻黄、细辛、葛根发散开玄，附片温通开玄，马钱子搜剔开玄等多种开通之品，增效黄芪、党参、炙甘草等大补元气，玄府畅通，阳气升发，神机运转，则肌肉痿软可消。

5. 开玄解毒

玄府郁闭酿生邪毒是玄府病变的极端表现，开通玄府对毒症的治疗具有特殊意义。通过各种开通治法治疗毒邪为患，谓之开玄解毒或开玄排毒。

从玄府理论分析，玄府郁闭既是邪毒伤人要害一环，又是毒邪内生的重要基础。欲解邪毒，须开玄府。因此开通玄府在毒症的治疗中是至关重要的。

王老指出，传统中医对毒症的治疗往往采用一些峻猛甚至有毒之品，通常称为“以毒攻毒”。其实这是一种肤浅的说法。以蟾酥为例，虽有大毒，临床运用却并非用其毒性，而是取其宣通之力。《本草汇言·蟾酥》谓：“蟾酥，通行十二经络、脏腑、膜原、溪谷、关节诸处。蟾酥，疗疳积，消鼓胀，解疔毒之药也。能化解一切瘀郁壅滞诸疾，如积毒、积块、积胀、内疔痈肿之证，有攻毒拔毒之功也。”明确指出其解毒攻毒之功，乃是在于“通行十二经络、脏腑、膜原”“化解一切瘀郁壅滞”。又如败毒散，其败毒机理，全在于发散开玄。正如清代何景才所说：“余治疮科，每自初起至未见通脓之先，或下部阴阳结滞、湿郁不通等患，用以荆防败毒散，移深居浅，转重为轻，多功少害，绵溃肿毒不可缺也……发散助气，则能败毒散邪也。毒邪乃阳气之贼，表气通则毒邪难入，阳气盛而毒邪自减。”（《外科明隐集·仙方活命饮、神授卫生汤不如荆防败毒散论》）

由于毒邪致病具有骤发性烈、败坏形体、复杂善变、顽固难愈等特点，治疗甚为棘手，历代解毒排毒方药，往往是数种开玄方法并用，多管齐下，协同增效，如安宫牛黄丸、六神丸。

6. 开玄救脱

将玄府理论运用于厥脱证的治疗，认为该病同样存在玄府闭塞的问题，治疗须在补气回阳固脱中适当配合开通玄府之法，以提高救治厥脱的成功率，谓之开玄救脱。

厥脱证，指邪毒内陷，或内伤脏气，或亡津失血所致的气血逆乱，正气耗脱的一类危重急症。临床以手足厥冷，大汗淋漓，脉微欲绝，神志烦躁、淡漠，甚至昏昧为主要表现，相当于现代医学中的休克。虽然厥与脱是两种不同的病证，但密切联系，厥为脱之轻证，脱为厥之变证，两者常常并存，难以截然分开。

厥脱证临床表现为一派气脱、血脱、亡阴、亡阳、阴阳离绝等危象，一般多从益气固脱、回阳救逆、增液复脉等法救治，收效常不尽如人意。从玄府理论分析，脱证并非仅是精气的外脱，常同时兼有邪气的内闭。在许多情况下，脱实际是由闭所引起，表现症状虽是精气外脱，内在本质却是玄府郁闭。如感染性休克，多见于温病发展过程中，其脱证往往与痉厥、闭证密切相关，要害即在于热邪炽盛、玄府闭密，以致阳气不能达于四末则厥，津血不能濡养筋脉则痉，如心经玄府闭密，神机无以出入为用则昏谵而闭。如正气进一步损伤，郁闭亦进一步加甚，以致表里不通，上下不并，阴阳不相维系，则可造成血脉内闭、精气外脱的危候，即所谓“阴阳离决，精气乃绝”。据此，治疗上就不能单纯补虚固脱，而应重视开通郁闭。有学者对感染性休克进行了深入的研究，认为感染性休克的重症多表现为中医的内闭外脱证，从而突破传统以固脱为主的抗休克思路，拟定开闭固脱为治疗大法，极大地丰富了中医治疗休克的方法，并提高了临床疗效。现代医学研究的结果亦表明微循环障碍是休克发生发展的基本环节，治疗则强调恢复微循环血流灌注，与开通玄府的观点颇相似。[耿耘，马超英，肖诚，等．牛珀至宝丹对内毒素休克大鼠血液流变学的影响．中国危重病急救医学，1997，9（12）：713–715]

古代一些治疗厥脱的名方，早已注意到开通郁闭的问题。如《伤寒论》用于回阳救逆的四逆汤、通脉四逆汤、白通汤等，即已含有破阴寒凝滞、通阳气郁闭之意。方中主药附子，既是温补回阳主帅，又是温通开玄要药。《伤寒六书》回阳救急汤（人参、茯苓、白术、甘草、陈皮、半夏、肉桂、附子、干姜、生姜、麝香）更以参附桂与麝香同用，《医林改错》急救回阳汤以参附姜草与桃红同用等，均属此类。近半个世纪来国内运用枳实、青皮等注射液抗休克的成功，标志着中医治疗休克已由补法走向通补并用。

7. 开玄助补

将玄府理论运用于各种虚证的治疗，通过开通玄府郁闭、畅达气血津液输布运行，从而增强补益之品的治疗作用，促进虚弱证候的恢复，谓之开玄助补。

从玄府学说认识，正虚固然当补，但由于因虚失养，累及玄府衰萎自闭，以致气血津液易于留滞成实，所谓“正虚之处，便是容邪之所”，即言其虚中夹实之理，故前人有云：“纯虚者十不得一。”王老认为，对于虚弱病证来说，“虚则补之”固然是其治疗大法，治疗上单用补益药，或许可能奏效，但必系郁闭较轻者；若玄府郁闭甚者，则非配合开通之品不可。因为任何原因引起的气液不足、精亏血少，都可致玄府失养，因虚而闭，因闭而滞，进而导致气血津液留滞而成实，形成虚实相兼的玄府病变。此时，若单纯投以补益之品，往往玄府难开，尤其是滋腻之品还可能加重郁闭，形成虚不受补的状况。因此，“补必兼通”，在补益药中适当配伍开通之品，动静结合，打通道路，引领补益之品运行布散，才能充分发挥其充养营卫气血之功，并能起到明显的增效作用。因此主张“补必兼通”，亦称通补。

此种治疗思想其实由来已久。《金匮要略》以大黄蟅虫丸缓中补虚疗虚劳，即是一个典型例子。清末周学海《读医随笔》中云：东垣谓参术补脾，非以防风白芷行之，则补药之力不能到；慎斋谓调理脾胃，须加羌活，以散肝结。滑伯仁谓每加行血药于补剂中，其效倍捷；叶天士谓久病必治络，以病久气血推行不利，血脉之中必有瘀凝，必疏其络而病气可尽。凡此补泻参用之治，均可看作开玄助补之法。

（三）风药新识与新用

风药是二位教授临床最擅长使用的一类药物，应用广泛，配伍灵活，效果显著。他们在总结前人认识成果基础上，对风药提出了不少富有创新性的见解，形成了一些别具一格的用法，发表在一系列学术论文及专著《风药新识与临床》中，兹简介如下。

1. 风药性能解

“风药”之名，出现的时间甚早。据王老考证，现存古医籍中，唐代《外台秘要》第十七卷所载“《素女经》四季补益方七首”中，已有“冷加热药，温以冷浆，风加风药”之说。至宋代，“风药”已是医籍中通用的称谓，盖泛指治风之品而言。

金代张元素《医学启源》中首创“药类法象”理论，取法天地五运之象，谓“药有气味厚薄、升降浮沉、补泻主治之法，各各不同”，而把常用药物归纳为“风升生”“热浮长”“湿化成”“燥降收”“寒沉藏”5类。其中“风升生”一类为味之薄者，阴中之阳，收载有防风、羌活、麻黄、柴胡、葛根等20味常用药，可谓后世风药之滥觞。其弟子李东垣发挥其说，广泛运用此类药物于内伤脾胃诸病治疗。清代徐大椿在《神农本草经百种录》中提出：“凡药之质轻而气盛者，皆属风药。”

通过考察历代医药文献，王老提出，“风药”一词具有“如风之性”与“治风之用”两层含义。首先，风药是“如风之药”（法象药理名称），可以定义为味薄质轻、药性升散、具有风木属性的一类药物，所谓“在天为风，在地为木”。此类药物多具辛味，质地轻，其性升浮发散，犹如春气之生发，风性之轻扬。《医学启源》以“风升生”归类，即言其具有生长、升发、条达、舒畅等特性。其次，风药又是“治风之药”，即具有祛风、疏风等作用，故又称为祛风药、疏风药等。

近代以来，随着时代的变迁，风药的名称与内涵发生了很大演变。近代中药开始以功效分类，风药在近现代中医药文献中出现了多种称谓，如疏风药、祛风药、祛风湿药、解表药、祛风解表药、疏风解表药、发散解表药、发汗解表药、发汗药、发散药，等等。其中以“解表药”最为常用，而风药的称谓则渐受冷落。随着法象药理的淡出，风药的“如风之性”也被忽略，只剩下“治风之用”还为人知晓。提到风药，普遍认为就是治风之药，这种认识是不全面的。

二位教授指出，风药法象风木之属性，其主要性能也具有风木之特点，可概括为“升、散、透、窜、燥、动”。升，即升浮上行、升举、升提。散，即向外发散、布散、宣散。透，即透达、透泄、穿透。窜，即走窜、行走、走而不守。燥，即燥湿、胜湿、化浊除湿。动，即活动、流动、鼓动之意。风性主动，风药禀之而具灵动之性。可以认为，动是对上述升、散、透、窜、燥等特性的总括。《太极图说》云：“动而生阳。”风药之“动”性，最能鼓动阳气，振奋气化，促进体内气血津液流动畅通。举凡脏腑经络、四肢百骸、五官九窍之闭阻，气血津液之瘀滞，皆可使之开通。

风药功用甚多，书中将其归纳为发散祛邪、升阳举陷、开郁散火、通窍启闭、畅气调肝、活血通络、燥湿胜湿及布津润燥八个方面，为拓展其临床应用范围提供了指导。

2. 风药禁忌辨

二位教授认为，一些本草药物著述对此类药物使用禁忌有一些过分强调之处，是造成风药运用日益减少的一个重要原因。仔细阅读古今文献有关风药使用禁忌的论述，存在若干概念混淆之处，有必要加以澄清。

（1）特殊用法与一般用法

如今《中药学》教材多将风药归入“解表药”，功用主治突出发汗解表作用，所讲禁忌也是立足于发汗而言。如“使用发汗力较强的解表药时，用量不宜过大，以免发汗太过，耗伤阳气，损及津液，造成‘亡阳’‘伤阴’的弊端”（引自《中药学》第7版教材，高学敏主编，中国中医药出版社，2002年出版。下同）。这种表述给人的印象，似乎凡是用了解表药就必然引起发汗，用量大了则可能大汗亡阳、伤阴，却并未讲明各种相关条件。这是不够严谨的。讲禁忌应当明确所指是一般用法，还是特殊用法。二者不应混为一谈。

王老和黄老认为，风药的运用有一般与特殊之分。发汗仅是风药诸多功用之一，主要用于驱邪外出以治疗外感表证。风药用后汗出与否，则涉及治疗对象之体质、证候与药物配伍、用量、煎法、服法以及将息法等多方面因素。欲达汗出目的，需要配合一些辅助措施，“温覆取汗”一环尤其重要。以发汗力量最强的麻黄为例，即便在与桂枝相须增效助汗的麻黄汤中，张仲景亦特意在方后注明“温服八合，覆取微似汗”。《医宗金鉴》云：“麻黄虽为开表逐邪发汗第一峻药，若不加温服覆被取汗，则不峻也。”国医大师李士懋指出，“临床上常见予麻桂剂，病者并不出汗，甚至有的连服多剂亦不出汗”，认为“必须具备发汗的必要条件，方能汗出”。因而提出“辅汗三法”，即连服、啜粥、温覆。并云：“余在临床中，虽常用发汗剂，若未予辅汗三法，常无汗出；若加辅汗三法，则可汗出。”（《汗法临证发微》，人民卫生出版社，2011 年出版）。李氏之言，反映了临床运用发汗剂的客观实际。

据二老多年临床观察，除了发汗解表这种特殊用法外，风药的其他用法，即用于升阳举陷、开郁散火、通窍启闭、畅气调肝、活血通络、布津润燥，以及在其他各类方剂中配伍增效的应用，凡是未采用辅汗方法者，一般不会引起汗出；有时即使重用也未必汗出，何至于大汗亡阳、伤阴？教材中笼统讲“用量不宜过大，以免发汗太过，耗伤阳气，损及津液”，是欠准确的。

综观古今文献中有关风药的禁忌，多是着眼于用其发汗不当的危害，尤以对麻黄的禁忌为甚。如《本草害利》曰：“汗多亡阳，能损人寿，戒之戒之！春深夏日，以至秋初，法同禁。惟冬月在表，真有寒邪伤营见证者宜之。若非冬月，或无寒邪，或寒邪在里，或风伤于卫等症，虽发热恶寒，不头痛身痛而拘急，六脉不浮紧者，皆不可用。”照此说法，其运用空间所剩无几。有学者在“中药合理应用讲座”中提出：“解表药是主治表证的……如遇病程长且脉沉属于内伤证者，当慎用解表药。里证误用解表药，可耗散正气，贻误病情。”这里显然是将解表药与发汗混为一谈了。二老认为，脉沉也好，内伤证也好，里证也好，都不是风药的禁区，而是风药一般用法的主治范围所在，甚至气虚自汗者亦需风药配伍使用，如玉屏风散之用防风，黄芪建中汤之用桂枝、生姜。读者应当全面分析，才不至于陷入一偏之见，作茧自缚。

（2）复方禁忌与单味药禁忌

二位教授指出，讲禁忌还应当分清所指是单味药还是复方，注意明辨下面两点。

其一，复方禁忌不能等同于单味药禁忌。仔细考察历代用药禁忌，其中不少论述属于风药所组成解表剂的禁忌。如“无汗不得用桂枝，有汗不得用麻黄”，实际上是指桂枝汤、麻黄汤而非桂枝、麻黄。众所周知，药物的功用与禁忌，往往随配伍的不同而有很大的变化。以麻黄为例，《伤寒论》中麻黄与桂枝等药配伍组成麻黄汤，用于“无汗而喘”之风寒表实证；与石膏等药配伍组成麻杏石甘汤，用于“汗出而喘”之肺热壅盛证。可见“有汗”仅是麻黄汤的禁忌，而不一定是麻黄的禁忌。正如《本草正义》所说：“麻黄与桂枝并行乃为散寒之用，若不与桂枝同行，即不专主散寒发汗矣。”又如“桂枝下咽，阳盛则毙”，亦是指桂枝汤而非桂枝。读者须当明辨。

《中药学》教材提出：“汗为津液，血汗同源，故表虚自汗、阴虚盗汗以及疮疡日久、淋证、失血患者，虽有表证，也应慎用解表药。”文中所述显然源于《伤寒论》汗家、疮家、淋家、亡血家“不可发汗”之说，但《伤寒论》中所指应为麻黄汤一类辛温发汗峻剂，而非单味麻黄，更不是泛指一般解表药。临床上对于上述气血津液亏损而患有外感表证者，解表药常常是不可缺少的，关键是适当选择配伍扶正之品。

其二，单味药禁忌不适用于复方配伍。文献中提出的各种用药禁忌，不论禁用或慎用，均是就单味药而言，不应理解为一概不宜，复方配伍当不受此限制，关键仍然在于配伍。因为中药绝大多数是作为复方使用的，单味药存在的一些弊端，通过合理配伍，并不难化解。如《本草新编》云：“药单用则功专，同用则功薄……夫麻黄，发汗之药也，制之太过，则不能发汗矣。”

如川芎一味，不少本草著作中均有“久服则走散真气”的记载，而《医学衷中参西录》指出：“诸家本草，多谓其能走泄真气，然无论何药，皆有益有弊，亦视用之何如耳……虽系走窜之品，为其味微甘且含有津液，用之佐使得宜，亦能生血。”《本草新编》亦谓：“此药可君可臣，又可为佐使，但不可单用，必须以补气、补血之药佐之，则利大而功倍。”

又如辛温解表药忌用于风热表证的问题，“中药合理应用讲座”中认为：“若风热表证误用辛温解表药，一可导致汗出过多，阴液损伤，二可因药性温热反助温热之邪，加重病情。若风寒表证误用辛凉解表药，药性之寒凉可以冰伏邪气，使邪困于表，不得发越，延误病期。”［郑虎占．中药合理应用第1讲——解表药的合理应用．中国临床医生杂志，2008，3（6）：17］但这也是仅就单味药而言，复方配伍中辛凉用于风寒表证、辛温用于风热表证的情况比比皆是。如号称辛温解表第一药的麻黄，与石膏等配伍组成麻杏石甘汤，或以少量加入桑菊饮中，用治某些风热表证，收效甚捷，并未见到伤阴助热之弊。

《删补名医方论》论升阳益胃汤云：“羌、防辈为散，不知佐于参、芪中，即为补中升也。近世之医，一见羌、防辈，即曰发散不可轻用，亦不审佐于何药之中。皆因读书未明，不知造化别有妙理耳。”可见，单味药禁忌与复方禁忌是不能同日而语的。

3. 风药配伍增效经验

二位教授在继承前人应用经验的基础上，经过多年的潜心研究与临床观察，认为从开通玄府角度认识风药，有助于拓宽视野，更有效地指导临床用药，明确提出了“风药增效”的独到见解。指出与多种药物配伍以增强疗效，是风药作用的一大特色。在诸多情况下，风药与清热泻火药、行气解郁药、活血化瘀药、利水渗湿药、补气健脾药乃至补肾益精药配合，均可产生显著的增效作用。

（1）增效活血化瘀

二位教授认为，风药在血瘀证的治疗中具有十分重要的意义。对某些血瘀证，治风常优于治血，临证当以治风为主，不治血而瘀血自化；更多情况下，治风有助于治血，风药与活血化瘀药相伍，具有显著的增效作用。因为风药气轻味薄，开泄宣通，善于畅达阳气，活跃血行，又能发散祛邪，疏通血络，因而能从多方面增强活血化瘀药的治疗效果，尤其是头面、肌表的某些血瘀病证，往往非用风药难获佳效。临床习用风药与虫药、血药配伍组方，协同增效。代表方如追风逐瘀醒脑汤、软脉开闭散等。常用药：川芎、葛根、柴胡、桂枝、细辛、羌活、白芷、荆芥、牛蒡子等。

黄淑芬教授提出的“治血先治风，风去血自通”的瘀血证治疗新见解，风药增效活血化瘀是其重要依据之一。（详见后）

（2）增效清热泻火。

郁能生火，火能致郁。火热与气郁关系十分密切。火热盛则气机郁遏，气机郁遏又反过来促使火热更盛，从而形成火愈炽则郁愈甚、郁愈甚则火愈炽的恶性循环。二老主张火热病证治疗需注重开郁通阳，尤其在郁结较甚的情况下，单凭寒凉清泄效果不佳，适当配伍风药在所必须。祛风药辛散开泄，发越郁火，即使辛温之品亦可选用。少量用之，与大队清热泻火药相伍，但见其利，未见其弊。常用药：柴胡、升麻、麻黄、荆芥、防风、羌活、白芷、蔓荆子、淡豆豉等。

例:吴某，男,24 岁。2004 年 3 月 16 日诊。半个月前感冒后，一直头痛鼻塞，近 1 周来加重，前额胀痛尤甚，流涕黄稠腥臭，嗅觉失灵，舌质红，苔黄腻，脉滑数。曾服抗生素及清热解毒中药未效。病属鼻渊，痰热壅肺，清窍不利。治宜清热化痰、宣肺通窍，麻杏石甘汤合千金苇茎汤加减。处方：麻黄、细辛各 9g，苍耳子、白芷、川芎、桃仁各 12g，薏苡仁、芦根、冬瓜仁各 25g，石膏、蒲公英、鱼腥草各 30g，甘草 6g。服用 3 剂后头痛鼻塞明显减轻，流浊涕减少。上方去麻黄、川芎，加升麻 10g，黄芩 12g，继服 6 剂后诸症基本消除，嘱常服藿胆丸巩固治疗。

按:患者无表证，方中使用麻黄、细辛等风药，其意不在于解表。一则增强石膏、蒲公英等清热力量，二则宣肺通窍以解除鼻塞流涕、嗅觉失灵等症状，故服药后效果甚著。老师经验，麻黄、细辛宣通鼻窍之功，优于辛夷、苍耳子。

（3）增效利水除湿

仲景在五苓散中以桂枝配伍茯苓等发挥利水渗湿功效，堪称风药配伍增效经典。老师认为，不仅桂枝一味，许多风药均可选用。因为诸风药俱有通达阳气之功，且能胜湿，对于膀胱气化失常及肝失疏泄、三焦气机郁滞所致水液停聚，小便不利，不论是眼底水肿还是肢体水肿，风药与利水药相伍均可发挥“气行则水行”的增效作用。常用药：麻黄、细辛、羌活、防风、紫苏、柴胡、生姜、木贼等。

例:张某，女，46 岁，2004 年 3 月 7 日诊。自述 2 年前开始出现双下肢浮肿，反复多次发作，时轻时重，曾到多家医院诊治，经临床各项检查无器质性变化，西医诊断为特发性水肿。服用利尿剂后，水肿暂时有所减轻，但不到 1 个月又复发。中药亦服过不少，效果俱不甚理想。患者眼睑及下肢浮肿，神情抑郁，疲乏无力，胸闷胁胀，不思饮食，口苦咽干，小便短少，舌苔白黄而腻，脉弦细。老师认为系肝失疏泄，肺失通调，气滞火郁，水液停聚，泛溢肌肤。治宜行气开郁、通阳利水，方用麻黄连翘赤小豆汤化裁。处方：麻黄、苏梗各 9g，柴胡、杏仁、当归各 12g，白芍、连翘、赤小豆各 15g，生姜 6g，通草 10g。3 剂后眼睑浮肿消除，下肢浮肿亦减，精神、食欲好转。上方中麻黄减为 6g，继续服用 6 剂，症状基本解除，改用逍遥散调理善后。3 个月后因他病来诊，言水肿未再发作。

按：本病病机在于肝肺气机失调，三焦水道不畅。老师治疗以风药宣肺调肝开郁、通阳利水消肿为其特色。麻黄、苏梗、柴胡、生姜等品开郁畅气、通阳利水，在方中起到了重要作用。尽管利水之品不多，收效却甚捷。

（4）增效健脾益气

健脾药配风药以增强益气补虚之力，是李东垣的一大发明，所谓“参术补脾，非防风白芷行之，则补药之力不能到”。惜后世对此认识不足，往往以为必须中气下陷者方可配伍升提之品，因而遇脾气虚弱证候，鲜有使用风药者。但二位老师却认为，风药发散，看似耗气，但与健脾益气之品配合，其流通之性，却可以增强补药之力。一因风药多性辛，升浮，能助脾气上升，资助清阳之气升腾，滋其春生之气。诚如东垣所云：“大抵脾胃虚弱，阳气不能生长，是春夏之令不行，五脏之气不生……若用辛甘之药滋胃，当升当浮，使生长之气旺。”二因风药多性燥，有以风胜湿、振奋脾运的功能。当脾运气馁、湿浊中阻时，在健运脾胃药中，加入适量风药，可以鼓动中阳，苏醒脾气，加强健脾药的功效。三因风药引经作用，能引领甘温益气之品上行布散，更好地发挥其补益肺脾、充养营卫之功。四因风药辛性多动，而补益药多阴柔滋腻，容易碍胃，伍以风药可行其滞，使滋腻之品无呆补之弊。故两类药物配伍，颇有动静相伍之妙，符合制方大法。

常用风药：柴胡、升麻、葛根、荆芥、防风、紫苏、羌活、白芷、蔓荆子、麻黄等。

例 1：康某，女，45 岁。2004 年 5 月 22 日诊。腹泻 3 月余。患者 3 个月前患急性胃肠炎，经治疗缓解后，一直胃纳欠佳，大便时溏时泻，每日 2 ～ 3 次不等，饮食不当时加重。曾服用参苓白术散等中药及多种西药，均无大效。目前患者形体消瘦，面黄无华，少气懒言，倦怠乏力，舌淡苔白润，脉弱。证属脾虚气弱，久用健脾乏效，宜加风药升阳，七味白术散加减。处方：黄芪、党参、山药、葛根各 20g，白术、茯苓各 12g，羌活、防风各 10g，木香、甘草各 6g。服药 5 剂，倦怠乏力明显好转，大便成形。原方去羌活、防风，加生谷芽、生麦芽各 20g，更进 5 剂，食欲增加，大便恢复正常，自觉精力充沛如常。

按：七味白术散以葛根等相伍四君，健脾作用得到增强，为老师所习用。本例病情迁延，处方在其基础上，加强了补气健脾（黄芪、山药）与风药升阳（羌活、防风）两方面的力量，二者相得益彰，不仅腹泻迅速控制，脾气虚弱证候亦得以治愈。

例 2：江某，女，38 岁，工程师。因宫颈癌术后，出现神疲乏力，易于感冒 3 年，于 2010 年 1 月 25 日就诊。病史：精神不振，容易疲乏，气短懒言，每月感冒 1 ～ 2 次。查体：BP85/54mmHg，HR58 次 / 分，面色少华，手足欠温，舌质淡，苔白，脉细弱无力。血常规：白细胞总数 3.2×10^9/L。体质辨识结论：气虚质。拟补肺健脾、培补元气之法调治：①一般调治：食疗、运动、情志调理。②中药膏方：麻黄 50g，党参 150g，黄芪 150g，白术 100g，茯苓 100g，防风 50g，桂枝 50g，白芍 50g，当归 50g，柴胡 50g，陈皮 50g，神曲 50g，山药 150g，枸杞 100g，黄精 100g，菟丝子 100g，紫河车 100g，鹿角胶 50g，大枣 50g，酸枣仁 100g，炙甘草 50g，蜂蜜 200g。将以上药物制成膏剂，用开水冲服，早晚各服 1 次，4 周服完。经调治 1 疗程后，BP98/67mmHg，HR67 次 / 分，诸症明显好转，面色有华，四肢温暖，血常规：白细胞总数 4.2×10^9/L，随访 3 个月未感冒，体重增加 1kg，气虚体质明显改善。

按：气虚体质是由于人身之气不足，以气息低微、脏腑功能状态低下为主要特征的体质状态，严重影响人们的健康和生活质量。清·叶天士指出："经年宿疾，病必在络，病非虚症，因久延，体质气馁。"患者由于宫颈癌（原位）手术后，耗伤气血，致肺、脾、肾三脏之气不足。膏剂组方中以麻黄与益气补虚之品相配合，既能资助清阳之气升腾，鼓舞气化以收阳生阴长之功，又助运行药力，增强健脾益气、补肾益精之力，使气虚体质得以改善。现代药理学研究表明，麻黄具有中枢神经兴奋作用，使人精神振奋，增加心肌收缩力，升压作用缓慢而持久。黄老师用麻黄配合补虚药，将其制成膏剂使用明显改善气虚体质，充分发挥了中医药“治未病”持久而有效的作用。

（5）增效补肾益精

风药多辛燥升散，一般认为肾精亏损者不宜。然而据王老经验，小剂量风药加入大队补肾药中可产生增效效应。眼科内障用之，意在升达五脏精气上注于目以为精明之用；内科杂病用之，意在鼓舞气化以收阳生阴长之功；且有助于运行药力，使滋腻之品无呆补之弊，少量风药与补肾药同用，亦不致有伤阴之虞。经多年临床观察，两类药物配伍，确较单用补肾之品效捷。常用药：柴胡、葛根、荆芥、防风、羌活、细辛、桑叶、菊花等。

例：赵某，男，56岁。2004年9月2日诊。双眼视力逐渐下降半年，视物模糊，眼干涩，头昏痛，耳鸣，腰膝酸软，性功能减退，舌淡苔薄，脉细弱。眼科检查：双眼晶体皮质轻度混浊，双眼视力0.5。西医诊断：老年性白内障（未成熟期）。辨证：肝肾亏损，精气不足。治法：补养肝肾，益精明目。选用驻景丸加减方化裁。处方：菟丝子、女贞子各25g，枸杞子、楮实子、茺蔚子、葛根各20g，五味子、刺蒺藜、桑叶、柴胡各10g，全蝎、细辛、三七各3g。30剂，制为蜜丸服用。10月19日二诊：药后自觉诸症有所改善，未见任何不适。守原方继进30剂。12月2日三诊：自述视物较前清晰，目干、头昏痛均解除，耳鸣减轻，且性功能亦得到改善。视力左0.8，右0.7，晶体皮质混浊同前。嘱患者停药1周，以原方30剂再制蜜丸，服用剂量减半，以作巩固治疗。

按：老师经验，老年性白内障早期，中药治疗对控制病情、增进视力及改善全身状况均有一定作用。本例收效较好，除了归功于补肾明目之品外，风药与虫药的增效功用亦不容低估。

（四）风药药论十则

二位教授对各种风药的认识与应用有颇多独到之处，《风药新识与临床》一书中，以按语的形式对28味常用风药的性能、功用及临床应用要点做了点评，在博采众家之说基础上，融入了不少个人用药经验。下面选录十则。

1. 麻黄

麻黄，微苦而辛温，气味俱薄，轻清而浮，辛散温通，不仅功擅发散解表以除寒热，而且能通九窍、调血脉、利水道、开玄府，用广效宏。昔人誉为“疗伤寒解肌第一药”，前人称为“发表第一药”，其辛温透发之力鲜有出其右者。又被誉为“咳喘圣药”，其宣通肺气、平喘止咳之功，无论外感新咳及病势迁延之久咳久喘、虚实寒热均可配伍运用，效如桴鼓。

麻黄开发玄府之功，为人所共知。但玄府不仅指皮肤之毛孔，而且包括遍布人体各处的微细窍道。故麻黄不仅走表，而且走里，所谓“彻上彻下，彻内彻外”“无微不至”。可用于头面五官、前后二阴、五脏六腑、四肢百骸之窍道闭塞，疏通气血津液精神之郁滞，治疗诸多内伤杂病。其开窍启闭、走窜透达之功甚伟，堪称风药开玄之代表。

然而对于麻黄，长期以来，因人们畏惧其较强的发汗作用而被视作虎狼之药，近世以来运用范围却日趋缩小，此当与其禁忌日渐增多有关，如“血压高忌用麻黄”“虚喘禁用麻黄”等。黄老、王老认为，这里存在不少认识误区。仔细分析人们对麻黄的畏惧，多系与麻黄汤混为一谈所致。实际上，单味麻黄之性并非如此猛烈。王老认为，实际上麻黄辛而不烈，温而不燥，无非以轻扬透达、宣通开泄见长，“彻内彻外，无所不到”为特点，使用得当，效果卓著而无不良反应发生，其发汗力量与炮炙、剂量、配伍、服用方法等多方面因素相关。正如《本草正义》所云：“不知麻黄发汗，必热服温覆，乃始得汗，不加温覆，并不作汗，此则治验以来，凿凿可据者。”生麻黄发汗力较强，水炙麻黄力量较缓，蜜炙麻黄力量更弱，有汗者亦可使用，临证可根据证情、体质及季节等灵活选用。即使生麻黄，如不与桂枝等辛温解表药同用，服药后不加温覆取汗，一般患者秋冬季节常规剂量不会有明显汗出。若与黄芪、五味子、龙牡等固表药或石膏、生地黄等寒凉药同用，其发汗作用更受制约。如麻杏石甘汤中，黄老认为麻黄虽属辛温发表之品，但实为发散肺经火郁之药，用于方中，其意不在发汗解表，而在于开闭泄邪；石膏寒凉，乃泻肺肃肺，麻黄与石膏配伍，寒温相合，一宣一清，不会产生发汗作用，反能增强石膏清泄肺热之力。全方寒温并用，宣肺泄热、清肺定喘，使郁闭之肺气得以宣泄，而致身热退、咳喘平。

王老近年应用开玄起痿汤加减治一重症肌无力全身型患者，三伏天麻黄用至 25g，细辛用至 20g，葛根用至 50g，制附片用至 45g，密切追踪观察，未见发汗现象。据王老对麻黄的临床观察，凡不以解表为目的的运用，如止咳平喘、利水消肿、散寒止痛、消痈散结、通窍明目、宣肺通便等，由于同其他类药物相配伍，且不温覆取汗，常规用量下，一般未见汗出而收到治疗效果。数十年来运用，从未偾事，足见其安全性是比较高的。

当然，麻黄毕竟是攻伐之品，使用需要小心，中病即止，一般不宜久服、长服。药理学研究表明，麻黄有加快心率、收缩血管、升高血压、促进汗腺分泌及兴奋中枢神经等作用，对于心率快、血压高、易出汗、睡眠差的病人用之宜慎，但并非绝对禁忌。如急性肾炎初起，往往伴有血压升高，临床按“风水”论治，黄老常使用越婢加术汤、麻黄连翘赤小豆汤一类麻黄方剂，患者血压常随水肿消退而逐渐下降。说明此种血压升高仅是病之标，风遏水阻方为病之本，麻黄配合方中诸药，通过祛除风邪、疏通水道，可消除导致高血压的原因而有助于血压恢复正常。由此可见，中药的使用禁忌应在辨证论治前提下来认识总结，才符合临床实际，不可一概而论。

2. 桂枝

桂枝味辛甘，性温，香气特浓，有温阳、助阳、通阳之功。《本经疏证》概括桂枝功效：“曰和营，曰通阳，曰利水，曰下气，曰行瘀，曰补中。”王老认为，其功用的核心为通阳。桂枝具有良好的温通阳气、振奋气化作用。不仅能鼓动心阳、振奋脾阳，而且能激发肾阳，温通全身阳气，畅达周身气血，在诸风药中以通阳畅气、助阳化气为突出特点，发散居次要地位（故张元素《医学启源》将桂枝归于“热浮长”一类）。其发汗解肌、调和营卫、化气行水、化瘀、止痛、调畅肝气等作用，均可认为是以通阳这一核心功效为基础，经配伍而展开的效用。

桂枝通达上下左右，鼓动全身之阳，阳气一充，血脉得通，经络畅行，有利于肺之通调水道、脾之运化水湿、肾之气化、膀胱之开阖，从而使尿量增加或汗出增多，达“开鬼门，洁净府”之目的，可使肿退胀消，对于慢性肾炎、慢性心力衰竭等病变治疗具有重要作用。

《神农本草经》记载，本品有“宣导百药”之功。即桂枝与诸药配合，具有独特的促进作用。尤其是在滋补方药用之，能鼓舞阳气促进升发，改善人体功能状况，促进气血运行，又助阴津化生。

此外，桂枝具有横通肢节的特点，重用桂枝内服，能扩张毛细血管，促进局部血液循环，有利于病灶吸收或缩小；外敷能增强肌肉被动刺激，可促进瘫痪患者早日恢复。

老师指出，桂枝虽属辛温，但性情平和，功用多端，可外可内，能散能补，既入气分，又入血分，治气治血，两皆相宜。不论外感内伤、有汗无汗、表证里证、虚证实证，均可广泛应用。临证之时应重视配伍及用量，是治病取效的关键。

3. 荆芥

荆芥体轻升浮，轻扬发散，辛而不烈，微温而不燥，性较和平，以辛散疏风为擅长。既能发散祛风而解表邪，风寒风热皆可配伍而用，为通治风邪入侵之感冒良药；又能疏风利窍，上行于头面空窍而有清头目、利咽喉之功，凡风邪上犯头目诸窍，而致头目眩晕、诸窍闭塞、耳目不清等症，无须问其有无寒热等全身症状，皆可用此以除风邪，风邪去则头目清，诸窍清利。

荆芥味辛走气，行气而能和血、通血、理血，气味芳香升散，而能解郁散结、疏调营卫、升清和胃、醒脾畅中，既入气分宣郁，又入血分通络，对疮疡初起可宣散热毒，无论热郁轻重，均可疏调开郁、破结解毒，故亦为疮家圣药。借助于良好的开郁散结作用，在大剂活血化瘀药中配用，可引药力走表以奏软坚散结之功，治疗皮肤表层的硬结肿块；还可以畅达肝气、通经络、透肌肤、行气血、促进血液循环而用治肿瘤；其入于血分搜血络中风邪，祛皮里膜外及血中之风，为产后血虚发痉、肠风便血、瘾疹、风疹常用之品。因此，荆芥善除表里内外、在气在血诸风邪，为血中之风药、疏风之圣品。

4. 防风

防风辛甘微温，气味俱轻，性质缓和，微温而不燥，为风药中之润剂；甘缓而不峻，与荆芥同为辛平发散之品。施今墨大师有云："若属外感证，用麻桂嫌热、嫌猛；用银翘嫌寒时，荆防用之最宜。"（《施今墨对药临床经验集》）防风善御风邪，祛风除湿，用于治疗变态反应性疾病效果颇佳，为中药抗过敏的要药，广泛用于治疗皮肤病、鼻炎等诸多过敏性疾病。

防风升浮辛散，上行头目，周行肌表，行窜全身，善祛风邪，其发汗之功虽不如麻桂，但祛风之力却较著，乃治风通用之品。经适当配伍，全身上下内外、五脏六腑、气血津液、五官九窍诸风邪皆可祛之。

本品具有良好的“双向调节”作用：既能散，又能收；既可升，又可降；既能疗寒，又可疗热；既散外风，又息内风；既能活血，又能止血；既能胜湿，又能润燥；既能祛邪，又能扶正。临床应用非常灵活，经不同配伍之后能体现出疏散风寒、发越郁火、祛风胜湿、辛开润燥、升清止泻、降浊通便、升阳举陷、固表止汗等多种功效。

防风味甘质润，辛散流动，在气血津液、阴阳不足的诸虚劳损病证治疗中，与补益药同用，可振奋、鼓舞阳气，助阳化气，促进气血津液升发、运行，而起到增强补益作用的效果，可以认为具有一定的补益作用，堪称风药中之补剂。古往今来，有关验方验案甚多，值得深入发掘研究。

5. 细辛

细辛枝叶纤细轻柔，但性味却芳香辛烈，具有较强的散寒止痛功效，而解表发汗之力却稍弱，故于解表剂中常为辅佐，而在诸寒证、痛证治疗中却能担重任。特别是本品善于鼓动阳气，攻逐寒邪，能温散表里上下、脏腑经络之寒邪，宣散寒结，通行气血。临床凡见由阴寒凝结引起的气血瘀阻，经脉不通，疼痛牵掣，或阳气不通、不振之证；伏邪冷饮，痰液顽结存于肌肤、腠理，或凝固局部，或凝结脏腑，或成癥瘕积聚之证等，本品均大有用武之地。

细辛以气为治，味辛香窜，能上疏头目，下通肾气，上下内外，善走窜周身，开通玄府窍道，引药以入其病所。如配桂枝、麻黄能走表通阳、温经散寒开毛窍；配干姜、五味子能走里温化、平喘止咳宣肺窍；配桂枝、干姜、人参、附子能振奋心阳、升压复脉开心窍；配白芷、苍耳子、辛夷能散寒化饮开鼻窍；配石菖蒲、胆南星、当归、赤芍等宣通气血、醒脑开郁通脑窍；配麻黄、附子、黄芪、防己、白术等益气行水通下窍等。凡五官九窍、脏腑经脉不通不畅，细辛均可与他药配伍开而通之、散而行之，愈疾甚速。

细辛若以散剂入药，其用量以不超过 3g 为度。若入汤剂，用量可增大，但其幅度还当根据所治病证的不同而有所区别：若用于解表，因煎煮时间不宜过长，以 5 ～ 6g 为宜；用于温肺化饮，可至 9 ～ 12g；若欲镇痛，可增至 15g，甚至更大一些。但随着剂量的递增，煎煮时间亦应相应延长（30 分钟以上）。近些年来对于细辛含马兜铃酸的肾毒性讨论较多，二位教授临床尚未发现本品的明显毒性反应。但安全起见，可适当缩短用药时间，中病即止。

6. 白芷

白芷在诸风药中以芳香著称，走窜见长，既能走肌表窍道，也能入气分血分，所谓“上行头目，下抵肠胃，中达肢体，遍通肌肤以至毛窍”，故能发挥解表除湿、通窍止痛、活血止血、消肿排脓、拔毒抗癌等诸多功效，广泛应用于各科临床。老师经验，其通窍之功，可作为芳香开窍药使用（如在通窍活血汤中代替麝香）；其止痛功效尤强，适用于全身内外多种疼痛证。不仅风寒疼痛、瘀血疼痛适用，通过适当配伍，里热疼痛、气虚疼痛、血虚疼痛、阴虚疼痛亦可使用，疗效肯定。

本品辛香温燥，诸家本草及中药学著作均提出“阴虚血热者忌用”，唯有徐大椿称“其质又极滑润，能和利血脉而不枯耗，用之则有利无害者也”。孰是孰非，理应由临床进行检验。据二老数十年来的用药体会，在适当配伍条件下，不论阴虚，还是血热，均不是白芷禁区。所谓阴虚血热者忌，当是指单用而言，复方不在此例。尤其是与他药配伍组成美容方使用时，适用范围相当广泛。

白芷的成分极为复杂，含有许多有效成分，具有多种药理作用，有着广阔的应用前景，近年来受到医药界的广泛关注，是一种具有很大开发潜力的天然中草药（有报道，韩国已从白芷中成功开发出治疗白内障的新药并申报了世界专利）。历代本草记载的白芷的功能主治甚多，清代以后由于诸多禁忌的限制，其应用范围日渐缩小，不少功用已不再使用。目前，从白芷中开发的产品更是寥寥无几且缺乏深度，因此有必要深入研究其功能，合理评价，善加开发利用以造福于民。

7. 羌活

羌活辛苦温燥，芳香体轻，其辛散可以祛风，苦燥可以化湿，芳香可以悦脾，祛风胜湿、通络止痛之功颇佳，善祛肌腠风湿之邪，解肢体酸痛之苦，随证配伍，对全身上下左右、表里内外、新久风湿、久痹顽痛、麻木痹痛以及各种伤痛，不论有无表证，都可应用。

羌活上气之力尤胜，直上顶巅，横行支臂，尽其搜风通痹之职，对偏瘫肢体康复，尤其是上肢的功能有重要作用，是治疗头、项、脊背、上肢疼痛及关节风湿痹痛之要药，也是风寒湿痹通用之品；其辛温通达之力，可流利气血，开玄府窍道，祛血中之风，行滞达郁，并入足太阳膀胱经透颅络脑、引诸药直达病所，而善治头面五官之疾，如目疾、鼻渊、耳鸣、脑胀及脱发等；其轻清芳香之性，又可条达肝气，升举脾胃清阳之气，阳升湿化，木畅土舒则脾土健旺，痰化湿除，可广泛用于湿困中焦、气滞肝脾等脾胃内伤之疾，以及泄泻、带下、脱肛等清阳下陷之病。

羌活虽属辛温之品，如与寒凉药相伍，亦可用于热证。古有泻青丸，配合山栀、龙胆草等，治疗目赤肿痛、烦躁易怒等肝经郁火之证；现代有羌蓝汤、羌蒡蒲薄汤，配合板蓝根、蒲公英等清热之品，用于发热、咽痛之风热感冒，具有较好的退热止痛功效。

羌活在诸风药中发散之力较强，虽次于麻黄，却有良好的燥湿与止痛作用，故用于风寒夹湿及兼有头身疼痛者甚为相宜，代表方如九味羌活汤、羌活胜湿汤，方中羌活均用作君药。金元以来，羌活在临床中运用日益广泛，与防风配伍，称羌防剂，为时方解表之代表，使用频率超过麻桂剂。尤其是一些畏惧麻黄的医者往往喜用羌活。实际上二者各有其特点，如羌活长于除湿，而麻黄长于宣肺；羌活长于止痛，而麻黄长于止咳平喘。二者亦可配合使用，如八味大发散、乌附麻辛桂羌草汤等。

此外，羌活辛温雄烈之气，能鼓舞肾阳，宣提督脉阳气，兴阳道，利精关；辛散走窜之势，能发越阳气，畅通经络气血，疏子宫之痹阻瘀滞，理带脉之湿伤虚损，暖子脏，安胎孕。临床可用于阳痿、早泄、女子不孕、性欲低下等，少量配伍本品，阳郁者能通，阳陷者能升，不孕者助孕，已孕者则保其长，效验殊多。

本品毕竟属辛温燥烈之品，故阴亏、燥热者用之宜慎，注意剂量与配伍，以防耗伤阴津之弊。

8. 柴胡

柴胡性微寒，辛散苦泄，历来受众多医家青睐，迄今以善用柴胡名世的医家比比皆是，可谓临床运用最为广泛的一味风药。其性轻扬宣透、疏达，有较佳的疏散邪气、疏解泄热之功，凡外感发热（不论风寒、风热）、内伤发热（不论虚热、实热）均可伍用。既解表热，又清里热，尤善疏散少阳半表半里之往来寒热；既退实热，又退虚热，更能退虚实夹杂之阴火郁热。

柴胡体质轻清，气味俱薄，禀春升之性而以气胜；以升散为主，而兼有沉降之性。上能散郁火，中能散郁结，下能通肠胃，长于疏达肝、胆、胃、肠、三焦之气机。能使清阳敷布，中气得振，而引之升达于上。凡脾虚清阳下陷、中气不升、上气不足者，久病体虚、内脏下垂、崩漏下血、气虚发热、久泻久利者，皆可以少许引导之，借其升发之性，鼓动清阳，提其下陷，以助脾土之转输。又具条达肝气、疏肝解郁之功，为肝胆病证的必用之品。并可宣畅气血，善升肝胆之清阳，是治疗妇女月经不调之要药。此外，柴胡疏通气机，可助运肠胃，舒畅胃肠气机，大凡肝络不疏，阳气不宣，气机郁滞不畅，脘腹胀满而不大便者，大剂量柴胡常获佳效。

老师认为，柴胡功用众多的原因，在于其独特的开郁畅气作用。无论表里、上下、气血，凡有气机郁滞之处皆可开发畅达。气机畅而血运行，津液布，精疏泄，尤能调节少阳少阴枢机、通治三阴三阳之病。有报道，在现代药学理研究成果中，柴胡的作用部位几乎遍布人体所有系统，具有多器官的综合作用，故其主治病位广泛，可广泛运用于内外各科病证的治疗。

须留意柴胡的用药剂量不同，功效发挥方向有所侧重。若用于引经或升提阳气则剂量宜小，一般为 3 ～ 6g，畅气而不耗气；若用于疏肝理气则剂量中等，为 9 ～ 15g，醋炒并常配伍养肝柔肝之品；若用于散邪解热则生用且剂量宜大，可达 20 ～ 30g 或以上，方能取效。

9. 葛根

葛根辛甘性凉，具发散升提之性，因善透解肌表之邪、解除郁闭之热，而归为解表药。与其他风药的辛散温燥不同，葛根独具甘凉辛润之力。《神农本草经》称能“起阴气”，清末医家唐宗海则谓：“葛根其藤最长，其根入土最深，吸引土下黄泉之水气，以上于藤，有如太阳经引膀胱水中之阳气，以上达于经脉也。”王老以为，葛根既能甘润生津，也能升发清阳，使阳升阴起；还能辛散开通玄府，使水道畅通。如此津随气注，液随气行，津润液活，达生津转液润血之妙。故消渴病证无论虚实、津伤津闭，皆可随证加减用之。

葛根气味俱薄，轻清上行，主入脾胃之经，通过对胃阳的鼓动，助脾气之升清，上达胸中头面，升清降浊、升阳止泻。临床常取其鼓舞阳气、升提托举之功，用于治疗内脏下垂、脾虚泄泻等证；升宣通窍用于治疗头面五官诸窍不通，升清降浊用于治疗尿路结石、淋浊带下、湿热下痢，升清固摄用于治疗久泻、遗精、遗尿、尿频等，皆收到良好效果。

葛根味辛甘，辛则能散、能行，既可解表，又可通里，在外能舒筋活络，在内又能通行血气；甘则和血缓急，舒筋解痉，应用于多种痉挛性、抽动性疾病，以及颈椎病、腰肌劳损、扭伤、骨质增生等病证所致的经脉拘急，头项、肩背、关节之疼痛，常获佳效。葛根活血不伤血，生新不留瘀，可为活血除瘀之佳品。研究发现，葛根能解除血管痉挛，扩张血管，祛除瘀滞，改善血液循环，故常用于治疗项背强痛、冠心病、心绞痛、高血压、期前收缩、脑血栓、偏头痛、突发性耳聋、眼底病、糖尿病和跌打损伤等病症。特别是葛根提取物在治疗心脑血管疾病中的广泛运用，表明葛根具有广阔的运用前景。

葛根具有毒性低、安全范围广、药源丰富、价格低廉的优点。其气轻浮，用药剂量宜偏重。老师临床应用，每日剂量一般在 20 ～ 30g 甚至以上，剂量轻则效果不显。

10. 升麻

升麻味辛微甘性微寒，升散之中更能清解，在风药中以“升举”著称，而以“清解”为其特色，可称为风药中的解毒药。《本草汇言》称其“风可散，寒可驱，热可清，疮疹可透，下陷可举，内伏可托，诸毒可拔”，可谓对本品功用的精辟概括。临床运用中通过与不同药物配伍以及用量的变化，发挥其不同的功效。

升麻之升提作用：金元时期张元素最先提出，随后经李东垣进一步发挥而在临床得到了广泛的运用。至清代，温病学家普遍畏惧升麻升阳助热伤阴，《温病条辨》将其列为太阴温病禁药。现代对此多有异议，并有学者进而对升麻“升举清阳”的功能提出质疑，甚至予以否定。孰是孰非，应从实践验证。王老认为，升麻作为风药，升发之性毋庸置疑。不过所谓“升提举陷”，无非是借其轻扬升浮之性，助脾气上行，使清阳之气上升，而有助于下陷阳气的升提及下垂脏器的复位。临床运用时必须与人参、黄芪等相伍，实际上是起增效益气升阳的作用。正如《本草新编》云：“升麻，必须同气血药共用，可佐使而亦不可以为君臣。”单味升麻升提功效并不明显，不应因其名称带“升”而过分解读。

升麻之清热解毒作用：早在《神农本草经》中已有明确记载。此后，从张仲景、孙思邈一直到宋元明清的医家，均有诸多应用。在临床上，升麻对温毒、火毒、疫毒和误食某些药物或食物引起的中毒等中医辨证时可以定性为“毒”的情况，均可收到不同程度的疗效。由于升麻既能解毒清热，又能升浮走上，故头面五官的火热病证，如急喉痹、鼻渊、口舌生疮、目赤肿痛等颇为常用。同时升麻善于透散，故对深伏于体内的一些毒邪，具有透邪外出的作用，如《金匮要略》以升麻鳖甲汤治阴阳毒，现代临床常用于治疗慢性肝炎、肾炎、梅毒、带状疱疹后遗症、红斑狼疮、过敏性紫癜等疑难病症。对于外邪内陷，而正气亏损无力驱邪外出，升麻可和扶正药物配伍，发挥托里透毒之功。要之，升麻既清且散，故对于热而兼郁，尤为相宜。

（五）风药方论十则

二位教授临证习用风药组方，配伍巧妙，收效甚捷。在《风药新识与临床》《玄府学说》两书中，从开通玄府的视角出发，论述了麻黄汤等20余首风药代表方的组方特点与应用体会，认识自出机杼，见解不同凡响。此选录10方。

1. 麻黄汤（《伤寒论》）

麻黄汤历来被称为发汗峻剂，具有良好的发汗解表作用。所谓峻剂，是与桂枝汤的发汗力量相对而言。实际上，其发汗作用取决于用量、服法、将息法，患者证情、体质，以及季节气候等多方面因素，尤其是温服、覆被取汗等辅汗之法。温覆的意义在于温煦肌肤，松动玄府腠理，为汗出提供必要的前提条件，同时又可防御风寒再袭肌表。发汗宜适度，以遍身细微湿润为佳，不可汗出太过或不及。寒邪郁闭甚者尚可加大麻黄用量（如大青龙汤），或加入其他风药（如《伤寒全生集》卷二麻黄汤，即加有川芎、防风、羌活、生姜、葱白、豆豉）。运用得当，作用可靠，收效甚捷。作为汗法的经典代表方，麻黄汤对治疗恶寒发热无汗的外感风寒表实证的作用有时是不可替代的，医者不应畏其发汗太过而因噎废食，关键在于辨证准确、服用及将息得当。

老师认为，麻黄汤的适用范围远不止于外感表证，更应用于多种杂病。其适用病机在外感病中为风寒闭郁体表玄府所致卫阳阻遏，营阴郁滞；在内伤杂病中为寒邪闭郁体内外玄府所致气血、津液、脏腑功能失调。其功用在外感病中为发汗解表、宣肺祛邪；在杂病中为温经散寒除湿、通阳利水活血。后者的治疗可以发汗，亦可不发汗。据多年临床观察，服用本方及其加减方（如麻黄加术汤、麻杏薏甘汤、小青龙汤等）后，不覆被取汗而未见明显汗出者不在少数，亦能收到良好效果。

老师将本方临床应用范围归纳为以下几个方面：①外感风寒，卫阳被遏所致的恶寒发热、头身疼痛等，用以发汗解表，主治风寒侵犯太阳之经的表实证。②肺气闭郁，宣降失常所致的咳嗽喘促、水肿、急性肾炎等，用以辛散开郁、宣肺平喘、利水消肿。无论是否兼有表证，患者但见肺失宣肃的证候，即可运用本方宣发肺气、通调水道。③表寒入里，化为内寒之证，如风寒湿痹、雷诺病、面瘫等，用以温经散寒通脉。④因本方有卓著的开通宣散作用，临床上凡是属实的玄府闭郁，无论何病位、何种表现形式，均可考虑采用本方化裁。

通过其卓越的发散宣通作用，麻黄汤可用于呼吸系统、循环系统、消化系统、泌尿系统、神经系统等，以及妇、儿、骨、外、皮肤、眼耳鼻喉等各科疾病，病位涉及五官九窍、五脏六腑，已远远超越了《伤寒论》治疗外感风寒表实证的范畴。二老经验，杂病凡有寒凝气滞水停血瘀者，不论是否兼有表证，均可用本方加减温散寒邪，疏通凝滞，畅达气血津液，具有较大的拓展应用空间。

关于麻黄汤的使用禁忌，《伤寒论》有淋家、疮家、衄家、汗家、亡血家、咽喉干燥及有寒者不可发汗之戒。老师认为其使用禁忌是指严格按照原方药物味、剂量及煎服法使用而言，如在辨证基础上适当调整剂量并加入扶正或清泄之品，且不采用辅助发汗之法，便不致有大汗亡阳伤阴之误。

2. 麻黄附子细辛汤（《伤寒论》）

麻黄附子细辛汤是《伤寒论》中以温散著称的一首名方，清代医家钱潢誉为“温经散寒之神剂”。老师认为，本方是体现发散开玄与温通开玄相结合的经典方剂，方中的3味药物都具有很强的开通作用。前人谓麻黄“轻扬上达，无气无味，乃气味中之最轻者，故能透出皮肤毛孔之外，又能深入积痰凝血之中”；细辛“芳香最烈，故善开结气，宣泄郁滞，而能上达巅顶，通利耳目，旁达百骸，无微不至”；而附子一味，“禀雄壮之质，有斩关夺将之气”“气味俱厚而辛烈，能通行十二经，无所不至”（《本经逢原》）。三味相伍，可谓强强联合，不仅能温能散，而且善开善通，彻内彻外，能上能下，可升可降，共奏开通玄府、振奋阳气、鼓舞气化之功，具有开窍明目、聪耳利咽、化饮止咳、利水消肿、通络止痛等作用，广泛应用于内、外、妇、儿、五官等各科病症。

据老师归纳，其临床应用范围大致有以下几个方面：首先是阳虚感寒，用以温经发汗、散寒解表，主治少阴阳虚而寒客太阳之经的太少两感证，或寒邪直中少阴之经而致的少阴虚寒证。其次用于阳虚寒凝、湿滞络阻的疼痛、水肿等杂病，无论有无外感，是否兼有表证，患者见精神不振、倦怠乏力、畏寒肢冷、口淡不渴、舌淡胖、苔白润、脉沉细或迟或弱等阳气不足之候，即可运用本方温扶阳气，散寒通络。再次是寒邪凝滞，阳气不通之证，如风寒湿痹、寒凝腰痛、急慢性喉炎、咽炎、鼻窦炎、扁桃体炎、牙周炎及头风久治不愈等，无论是否阳气虚弱，均可使用本方温经散寒、宣通阳气。最后，基于其卓越的开通作用，对于某些阳气郁滞之证，不论外感内伤，阳虚与否，寒象有无，均可借用本方治疗。如干燥综合征使用他法乏效者，大胆投以本方，可鼓动阳气之运行，推动阴津之输布，气行则津布而燥润，则"诸涩枯涸，干劲皴揭"之证可除。又如咽痛喉痹，不论新旧，服清凉无效或加重者，试用或合用本方（视证情斟酌用量），开启闭塞，宣通郁滞，常可收意外之效。

3. 大黄附子汤（《金匮要略》）

《金匮要略·腹满寒疝宿食病脉证治第十》曰："胁下偏痛，发热，其脉紧弦，此寒也，以温药下之，宜大黄附子汤。"原书用方指征简略，仅为胁下偏痛、发热，对此，历代诸家阐述虽不尽一致，但均不离因寒而实，阳气被郁这一病机。方中附子味辛大热，温阳散寒，细辛"佐附子能散诸疾之冷"（《本草汇言》），二者通阳散寒开闭；大黄苦寒，荡涤肠胃，推陈致新，《本经疏证》誉为"斡旋虚实，通和气血之良剂"。全方苦辛相合，能散能通，故后世医家将此方扩大应用于治疗各种寒实壅结之阴结证，只要具备寒实证候，不论新病久病，痛之缓急，均可用之。

张锡纯称此方为"开结良方"，从玄府学说分析，本方也是"开玄良方"。方中三味药物均为强力开玄之品：附子温通开玄，"为通行十二经纯阳之要药"（《本草正义》），细辛香窜与发散开玄，贯通上下内外；大黄通下开玄，兼有清泄、活血开玄之功，"迅速善走，直达下焦，深入血分，无坚不破，荡涤积垢"（《本草正义》），为"一窍通，诸窍皆通，大关通，而百关皆通的要药"（《瘟疫论》）。全方熔温、清、通、下、散于一炉，开玄之力甚强。

老师指出，原方附子用量甚重，体现温下之法。实际运用中可根据证情灵活配制各药剂量比例，调整其寒热之性。故临床应用并不局限于寒实阴结。如近代医家章次公，对于诸如痢疾之症，脾阳不足，湿热留恋不去者，以及胃脘痛属阳气内亏，邪热内结者，均主张大胆使用干姜、附子以助恢复功能，使用大黄以助泄热逐积。《章次公医案》中提出“温泄”之说：“所谓温泄，用姜附振奋中阳，增加功能，以助硝黄通便除积，导邪下行，乃相兼顾之法。”现代临床运用证明，胆道结石、胆囊炎、肠梗阻、细菌性痢疾、慢性肾衰等，不论是痛在胁下，或在腹部，也不论是痛还是不痛，发热或不发热，只要病人有脾胃虚寒之象，又需泻下攻邪者，均可用之。即使是术后、产后虚人，或重病体虚甚者，大便不通，或胃腹急痛者均可使用，多能收药到痛除之效。

老师经验，附子、大黄小剂量应用，通过开宣胃肠之玄府，还可斡旋全身气机升降，又不限于具备泻下指征之实证。正如《止园医话》言：“将附子与大黄加入普通治病气方中，收效迅速。”临床在气机郁闭诸证治疗中，酌情加入少量附子、大黄开玄启闭，往往可收意外之效用。

4. 小续命汤（《小品方》）

小续命汤曾是古代治疗中风的名方，早在南北朝时期陈延之《小品方》中已有引用，孙思邈亦引录且将其位列《备急千金要方·诸风》之首，更列有续命汤类方数首，倍加推崇，称“诸风服之皆验”。宋元以后，由于“内风说”“非风说”的兴起，小续命汤治疗中风遭到不少非议。此后该方在中风治疗中的地位不断下降，理论上几乎被全盘否定。尽管如此，临床上仍然有一些医者坚持使用并收到显著效果，评价甚高。围绕小续命汤治疗中风的当否形成了两种截然相反的观点，令人无所适从。

老师认为，有关小续命汤争议的要害不在于“内风”“外风”，“真中”“类中”，而在于对风药功用的认识与定位。否定者的理由主要是基于方中麻黄等风药的发汗解表作用，如张景岳认为：“凡病此者，悉由内伤，本无外感，既无外感而治以发散，是速其危耳”；“若认为风邪，而必用取汗以发散则不可”。肯定者则认为小续命汤的作用不仅为解表散寒，更能深入经脉驱逐风、寒、湿、痰邪，舒畅经络，宣通表里，通腑开结，调畅气机，疏通血脉，涤荡瘀滞。中风病位在脑，“高巅之上，唯风可到”，风药可直接入脑发挥治疗作用，有着他药无法代替的优势。两种认识孰是孰非，唯有通过实践检验。近年来，日益增多的相关临床报道与实验研究结果表明，肯定者是有充分客观依据的，汉、唐古医籍的记载绝非古人臆断，续命汤类方在中风治疗上的价值有必要予以重新评定。

从玄府学说认识，本方以发散开玄为主，辅以温通开玄、活血开玄、补虚开玄，功能温经通阳、扶正祛风，主治风邪中经，筋脉拘急、半身不遂、言语謇涩、头痛项强等症。此中风是人体正气内虚，风邪夹寒外袭，玄府闭郁，气血津液、神机不得流通所致。故用麻黄、桂枝、防风、防己、杏仁、生姜等发散开玄，并配以附子温通开玄。刘完素曾经指出："中风既为热甚，治法或用乌附之类热药何也？答曰：欲令药气开通经络，使气血宣行而无壅滞也。"（《素问玄机原病式・六气为病》）川芎、白芍调理气血助其开发；黄芩有反佐之意，制诸药温热之性。正虚不能鼓邪，用人参、甘草益气扶正、补虚开玄。诸药合用，能深入经脉驱逐风、寒、湿、痰邪，舒畅经络，宣通表里，通腑开结，调畅气机，疏通血脉，涤荡瘀滞。凡是素体气血不足、脾肾阳虚，复受风、寒、湿邪导致的脏腑功能失调、邪正相搏、正虚邪恋、枢机不利、痰浊瘀阻等证候，均可在小续命汤基础上随证加减。

根据古代文献有关续命汤类方的记载，其应用范围并不限于"中风"（脑出血、脑血栓等），还包括与脊髓神经病变相类似的"风痱"。近年来的报道已将本方的应用拓展到运动神经元病、多发性硬化、急性感染性多发性神经炎、急性脊髓炎、末梢神经炎、面神经炎、雷诺病及类风湿关节炎等领域，反映出此类方剂广阔的运用前景。

5. 败毒散（《太平惠民和剂局方》）

败毒散又名人参败毒散，由众多风药配伍人参组成，虽然以人参冠名，但以风药为主角。这是一张看似平常，却为历代临床广泛运用的方剂。此方除了扶正发散祛邪，用治气虚外感风寒湿邪之证外，还有疏通经络、通行上下、调畅气机、拔毒外达之功，故名之曰"败毒"。其应用并不限于外感表证，所败之毒，也不限于寒湿之毒，还可以是湿毒、热毒，如牙龈炎、带状疱疹、流行性腮腺炎、口腔颌面部炎症、盆腔炎等。临证尚可适当增加风药，如荆防败毒散、柴葛败毒散之类；或与清泄之品同用，如连翘败毒散、硝黄败毒散之类，仍以风药为主。至于方中人参一味，气虚体弱者不可少，体质不虚者可用可不用。

清代外科医家何景才经验："余治疮科，每自初起至未见通脓之先，或下部阴阳结滞、湿郁不通等患，用以荆防败毒散，移深居浅，转重为轻，多功少害，绵溃肿毒不可缺也……余每加麻黄、肉桂、苍术、干姜，察其患理，若阴凝结滞，而加用之，每获奇效。"（《外科明隐集》）

清代名医喻嘉言称此方为“风湿热三气门中推第一”，并创“逆流挽舟”之法以治痢。王老指出，其法所针对的不是初起伴风寒表证的痢疾，而是表邪内陷于里，肠道壅滞，气血失调而致的痢疾，主张仍当由里出表，犹逆水中挽其狂澜，倒转舟行。所谓“逆挽”，意即逆表邪内陷之势，挽其邪转出于外。如果以为痢疾必兼有外感表证才可投用，就限制了其应用范围，亦非喻嘉言倡导该法之本意。是方虽以风药为主，但着眼点却不在祛风解表，而是借助其辛散透达之力，升举清阳，鼓荡阳气，托举邪气外解；同时风药又有调畅气机、活血除湿作用，兼顾体内气血津液的调畅。大队风药的运用是这一治法的精髓所在。凡下痢阳气下陷，或脾胃阳气受遏，寒湿积滞不化，气机升降失序，采用常法乏效者，不论患者有无恶寒发热之表证，均可投以败毒散，于“逆流中挽舟楫上行”而收痢止里和之效。

6. 川芎茶调散（《太平惠民和剂局方》）

川芎茶调散为治头痛名方，几乎全由风药组成。此方疏散风邪、清利头目而定痛，药性平和，功效确切，为历代医家所常用。不过，诸家对本方适应证认识不一：或认为方中辛温药物居多，仅适用于风寒头痛；或认为祛风发散之品，内伤头痛不宜。这就限制了本方的临床应用。老师认为，产生这种分歧的原因，还是在于对风药性能作用认识的差异。

明代医家李中梓曾经指出："头痛自有多因，而古方每用风药者何也？高巅之上，唯风可到。味之薄者，阴中之阳，自地升天者也，在风寒湿者，固为正用，即虚与热，亦假引经。"（《医宗必读·头痛》）李中梓之言，从引药上行的角度阐述了风药在头痛治疗上的重要性。但风药的通窍启闭、发越郁火、畅气活血等作用在头痛治疗中的积极意义也不可忽视。

老师经验，此方加减变化，可用于各种证型的头痛。不仅适用于风寒头痛，而且适用于风热头痛；不仅适用于外感头痛，而且适用于内伤头痛。临证可灵活加减：如无热象者，可不用茶；气虚者，加人参、黄芪；血虚者，加当归、白芍；

肾阴虚者，加生地黄、首乌；痰浊，加半夏、茯苓；瘀血，加红花、丹参；疼痛剧烈者，加蜈蚣、全蝎等。实践证明，多能收到良好效果。阴血亏虚者，酌加滋阴养血之品，即无伤阴耗血之弊。即使肝经风火头痛，酌减辛温之品，加上辛凉之桑叶、菊花、连翘，或清泻肝火之丹皮、栀子等，同样能取得良好效果。总之，随证灵活加减用药，可用于多种头痛之证。方中川芎一味，味薄气雄，上行头目，下行血海，旁达肌肤，走而不守，历来被誉为头痛圣药，但遇风邪深入、瘀血阻络之头风顽痛，本品须重用至 30g 以上，并配合虫药搜剔，方能取效。

作为集大队风药于一身的疏风之剂，本方不仅可治风邪为患的头痛，而且可用于风邪阻络引起的头面五官乃至于心脑血管、皮肤、骨伤等多种病变，如三叉神经痛、鼻窦炎、荨麻疹、风湿性关节炎等。临证但见风邪上犯所致诸疾，均可以此为基本方而酌情化裁，只要药证合拍，并无伤阴耗血之弊，将散剂更为汤剂可增强发散宣通之力。

7. 防风通圣散（《宣明论方》）

防风通圣散是金元大家刘完素的名方。刘完素《黄帝素问宣明论方・风门》中关于本方的主治罗列众多，囊括了外感内伤、妇人小儿、内外各科多种病证。方中汗、下、清、利四法同用，上、中、下三焦并治，前人称其“汗不伤表，下不伤里，名曰通圣，极言其用之效耳”（《王旭高医书六种》）。临床应用广泛，疗效显著，故为历代医家所推崇。

本方不仅主治广泛，而且集防与治于一身。谚云：“有病无病，防风通圣。”至今北方一些地方仍然流行此说，每到立春时节，不少人家都要制作几帖散剂全家服用，作为冬去春来交替之际的一种时令养生大法，以防春季病患的发生。此中机理，如果仅从本方解表、通里、清上、泻下、养血和肝、健脾和胃等治法的全面多样性进行分析，尚难做出圆满解释。王老认为，只有运用刘完素倡言的玄府理论来认识，才能体味个中缘由。

从玄府学说认识，防风通圣散中众多风药及通下、利水之品，不仅能分消表里上下之邪，而且能开通全身内外之玄府，条达气机，发越郁火，流畅津液，开泄郁结，恢复和保持人体气血津液精神的正常运行，因而能达到祛病防病的目的。正如元代王好古所评价：“刘氏用药，务在推陈致新，不使少有怫郁，正造化新新不停之义，医而不知此，是无术也。”

南京中医药大学黄煌认为，本方的主治证是人体一种闭塞的体质状态，典型的防风通圣散体质表现为：体格壮实肥胖，面色红、多油腻，皮肤干燥粗糙，好发痤疮、毛囊炎等，食欲好，便秘，唇红或暗红，女性月经多偏少或稀，甚至闭经。此类体质类型应用本方，最为适宜。贵州石恩骏更指出："此方似可调节气机升降出入，俾人体之开阖趋于正常，故既可祛外来及内生之浊邪，亦能激发人体内蕴之正气，自能达祛邪扶正之目的。"临证"凡精神萎靡，饮食减少，神情不乐，腰酸背痛，郁郁少欢，睡眠不安，多梦遗精，乏力健忘等诸多亚健康状态，如服补益之剂无效或反增病情者，石氏均予防风通圣散少量常服，每有良效"（《石恩骏临证方药经验集》，湖南科学技术出版社，2011 年）。老师认为，黄煌、石恩骏二位专家的经验，从开通闭塞、调节气机升降出入的角度解读防风通圣散，可谓深得河间用药之旨趣，也是对"有病无病，防风通圣"的最好诠释，揭示了本方极其广泛的应用价值，发人深省。

8. 升阳散火汤（《内外伤辨惑论》）

升阳散火汤是李东垣为气虚阳郁、阴火内生所设。用风药治疗内伤火郁证，是李氏的一大创新。他说："泻阴火以诸风药，升发阳气，以滋肝胆之用，是令阳气升，上出于阴分，末用辛甘温药，接其升药，使火发散于阳分，而令走九窍也。"方中风药防风、荆芥、羌活、独活、川芎配合益气之品升举脾阳、发散卫气，可使郁遏之脾阳、卫阳畅然布达于皮肤肌肉腠理之间而郁火自散。全方有散有守，用量甚轻。升阳为主，补中为佐。阳气升浮，阴火自消。用发散之品而不令发汗，正是东垣用药高明之处。凡因脾胃虚弱、阳气郁遏而出现的郁热、郁火证，均可以本方治之。

老师认为，"阴火"的形成，有 3 个环节。首先是"虚"，脾胃元气虚弱；其次是"郁"，因虚而致郁遏；最后才是"火"，因郁而生火热。其临床表现多种多样，既可壅塞胸中，也可上至巅顶，下及四肢、躯干而产生各种相应的症状。所以，本方可广泛应用于内、妇、儿、五官等科。临证掌握要点是：①病程往往较长；②热象或轻或重，多伴有舌质淡胖、边有齿印，脉濡细迟缓等脾胃气虚表现，甚至滑脱见症，如腹胀、便溏或泻下清稀、脱肛、阴挺、遗尿、遗精等；③投以寒凉清泄之品乏效。凡辨为郁热所致诸证，均可使用本方治疗。临证再视其郁、热、虚之情况适当加减。如郁火较重者，可酌加生石膏清散，或与少量芩、连清降相结合，宣、清、补同用，如补脾胃泻阴火升阳汤；若气虚不著者，可不用人参，如火郁汤；脾虚气弱甚者，重用人参，再加黄芪、白术等，即有补中益气汤之意；有外邪者，加大风药用量，即有败毒散之意，成为扶正祛邪之方。反之，败毒散中诸风药轻用，亦可用于发越郁火。可见发散祛邪与发越郁火，并无严格界限，均以风药为主，主要是基于治疗对象的不同，用量用法有别而已。读者应细心体会，临床方能运用自如。

9. 柴葛解肌汤（《伤寒六书》）

柴葛解肌汤出自陶节庵《伤寒六书》，原书主治“目疼，鼻干，不眠，头痛，眼眶痛，脉来微洪”等症，为阳明经病而设。后世医家扩展用于邪传三阳、表里同病之证，或称三阳合病。近代更扩大其应用范围，广泛运用于内外各科多种病证，功用多端，尤以退热效果卓著。

外感发热临床上常见高热、头痛、面赤、口干欲饮，多伴有汗少或无汗，基本病理变化为热气怫郁，玄府闭塞。本方辛温辛凉并用，发散清泄兼施，寒温结合，表里同治，侧重于疏泄透散，善于开玄府、祛风邪、散郁火、清里热，使阳郁之邪外透，在里之热得清，清热而不留邪，透邪而不伤阴。临证酌情加减，适用于多种感染性疾病所致发热，如流行性感冒、上呼吸道感染，以及细菌或病毒感染所导致的扁桃体炎、肺炎、脑炎、咽峡炎、腮腺炎、外科疮疡感染等，亦可用于某些不明原因的发热，均有良好效果。国医大师郭子光经验：外感发热，多是寒温合邪，表里同病，很少为单纯的风寒外感或温邪上受，而且往往三阳合病（只是孰少孰多的问题，有的太阳病多，有的阳明病多，有的少阳病多），治疗上寒温不可偏废。临证常以本方化裁（去白芷、白芍，加防风、金银花、连翘、知母、大青叶、板蓝根），治疗外感高热上百例，大多1剂即热退身凉，历治不爽（《国医大师郭子光经验良方赏析》）。

另一方面，方中诸风药又可使肝木舒达，清阳上升，黄芩、石膏清胆、胃经之火，白芍养血柔肝，故脾虚肝郁之阴火证，此方加减亦能取得良好疗效。王老临床体会，本方风药众多，又长于上行头面五官窍道，用于视疲劳、干眼症、青光眼、视神经炎、视神经萎缩、鼻窦炎、卡他性中耳炎等多种五官科疾病，收效甚捷，并有明目之效。此中机理，当亦在于开通玄府之功。

10. 八味大发散（《眼科奇书》）

本方为发散开玄法的典型代表，出自《眼科奇书》，书中云："凡外障不论如何红肿，总是陈寒外束所致，用发散药，寒去则火自退。"认为外障眼病的病因病机是外寒闭表，内生郁火，或过用寒凉清热之品导致的经络凝结不开。方中集大队辛温发散药物，用量甚重，宣称发散陈寒，实则皆有开通玄府之功，发散之力极强，川芎尚有理气活血开玄作用，蔓荆子疏风清热退赤，用治目赤肿痛、流泪、羞明、生眵，或生翳膜等外障眼病收效甚捷。以上诸疾，初看一派火热之象，细审却不尽然。正如《古今医鉴》所说："世谓目病而痛，多由火热及血太过，窃谓目病固由火热，然外无风寒闭之，目亦不病，虽病亦不甚痛。盖人感风寒则腠理闭塞，火热不得外泄，故上行走窍而目病矣。散其外之风寒，则火热痛自止。"

从阳热怫郁、玄府闭密分析，本方之应用并不局限于寒邪郁闭，其发散开玄之力还可用于多种火热郁结所致外障眼病。盖肝开窍于目，性喜条达而恶抑郁。目赤肿痛之外障眼病因火热或夹风之邪客目，郁而不得发者，如用寒凉以阻逆之，恐郁火内敛，不得散矣。八味大发散发散开玄之功，可使清窍之火热发散，郁闭开通，目疾自愈。

王老指出，《眼科奇书》原方用量偏重，临床运用时不必拘泥，可视证情灵活变通。近代巴蜀名医补晓岚以本方加入附片、干姜、肉桂、天麻、茯苓、法半夏、酒军、泽泻等，谓之"补一大药汤"。在发散开玄基础上，增加附子、肉桂、干姜温阳开玄，半夏、茯苓涤痰开玄，酒军、泽泻通利开玄，形成多种开玄之法并举，赋予其新的意蕴，值得师法。

（六）经验方

1. 七味追风散（王明杰方）

组成：羌活 12g，白芷 12g，川芎 12g，天麻 12g，全蝎 6g，僵蚕 12g，地龙 12g。

功效：疏风散邪，活血通络，利窍醒脑。

主治：头痛、眩晕、中风、面瘫、痴呆、颤证、癫痫等多种脑病。

用法：上药共为细末，或制水丸，每服 9g，温开水送服，每日 3 次。亦可作为汤剂煎服，唯全蝎宜研末冲服。一般可先服几剂汤剂，然后制丸剂缓调。

加减法：头痛加白芍、延胡索，疼痛剧烈者加蜈蚣 1 条或制马钱子 1.5g；眩晕（脑供血不足）加葛根、土鳖虫；中风加蜈蚣、土鳖虫、水蛭或制马钱子 1.5g；面瘫加防风、葛根、白附子；血管性痴呆加麻黄、葛根、水蛭；老年颤证加蜈蚣、防风、白芍；癫痫加蜈蚣、胆南星、川贝母。

方解：脑居高位，最易受风；脑为清窍，病多生风。脑病过程中，往往既有外风，又有内风，或外风引动内风，或内风兼感外风，内外合邪，相因为患，难以截然分开，从而导致病情的复杂多变及治疗上的困难。脑病的中医治疗，除了常用的补肾填精、益气养血、活血通络、化痰开窍等法外，治风之法尤为重要。

该方是在宋《太平惠民和剂局方》追风散（川乌、防风、川芎、白僵蚕、荆芥、石膏、炙甘草、白附子、羌活、全蝎、白芷、天南星、天麻、地龙、乳香、草乌、没药、雄黄）基础上筛选精简而成。原方主治偏正头痛、头眩目晕、百节酸疼、脑昏目痛、项背拘急、皮肤瘙痒等症。该方体现前人祛风息风并用、内风外风同治之法，可用于多种脑病的治疗，但方中药味较多，遂删繁就简，保留 4 味风药与 3 味虫药作为基本方。方中全蝎、地龙、僵蚕为“虫药”，属于血肉有情走窜之品，具有通经达络、剔透病邪的独特性能；羌活、白芷、川芎、天麻均为风药。风药之发散宣透作用，不仅能开发肌表汗孔以解散表邪，对于全身脏腑经络、玄府窍道，亦能透达贯穿。

风药以“风”冠名，具有轻扬升散之性，既能疏散风邪、调畅血脉，又能引导活血化瘀药上行发挥作用。大量药理研究表明，祛风解表药能改善脑血管反应性，增加脑供血，此外，祛风药还具有活血通络、疏郁调气、振奋气机、胜湿祛痰之功。且脑病其病位在“脑”，所谓“高巅之上，唯风药可及”。在治疗血瘀病症时，风药可为主药起活血化瘀作用，或为辅助药起协同作用，或作为引经药直入病所，能明显加强活血化瘀作用。

本方刊载于 2013 年 9 月 16 日《中国中医药报》“名医名方”栏目，此后收藏应用及转发者甚多，因其疗效确切，被誉为“中风面瘫痴呆癫痫神方”。有学者进行了脑中风病人的临床疗效观察，证实本方不仅能够有效改善神经功能缺损和血液流变学，还能提高生活质量［中西医结合心脑血管病杂志，2017，15（18）：2325—2328］。

王老指出，临证应用本方，还可根据辨证适当加味。如气虚加黄芪、人参、白术，血虚加当归、生地、鸡血藤，肝肾亏虚加首乌、枸杞、女贞子，脾肾阳虚加附片、干姜、肉桂，痰湿加半夏、南星、石菖蒲，食少脘闷加九香虫、砂仁等。本方略偏辛燥，较长时间运用宜配伍养血滋阴之品，如生地黄、麦冬、沙参、白芍等，即可防止或减轻其弊端。经对长期服用本方病员的追踪观察，未见不良反应发生。

2. 羌鳖开痹汤（王明杰方）

组成：羌活 12g，土鳖虫 12g，地龙 9g，葛根 30g，川芎 12g，白芷 12g，细辛 6g，桂枝 6g，黄芪 20g，党参 20g，当归 12g，炙甘草 6g。水煎服。

加减法：气虚甚者，加人参；阳虚者，加附子、干姜；阴虚内热者，黄芪减量，去羌活、桂枝，加生地黄、麦冬、丹皮；痰浊重者，加瓜蒌、半夏；疼痛剧烈者加全蝎 3g，蜈蚣 1 条（研末冲服）。

功效：益气养血，开玄通痹。

主治：冠心病、心绞痛。

方解：中医学称本病为胸痹心痛，一般认为是由于正气亏虚，饮食、情志、寒邪等引起的以痰浊、瘀血、气滞、寒凝痹阻心脉的一种病证。《中藏经》云："痹者，闭也。"痹有闭塞不通之意。从玄府理论分析，其病机关键当在于玄府闭塞。身为五脏六腑之大主的心及心脉均存在自身的玄府结构。冠状动脉血管的粥样硬化可阐释为心脉之玄府病变；心痛、心悸等症状的出现，则是心自身玄府病变所致。中老年为冠心病的高发年龄段，其机体特点为正气不足，易致玄府失养而萎闭，加之饮食、情志、寒邪等外感内伤因素的影响，首先是心脉玄府受病，内中之气血津液渗灌不利，逐渐形成痰饮、瘀血等病理产物堆积，造成脉道不畅，气血郁滞；进而引起心之玄府闭塞，精神、荣卫、血气、津液出入流行受阻而产生胸痹、心痛、心悸、怔忡、厥证等种种症状。总之，冠心病的病机演变是一个动态发展过程，起始环节是心脉玄府闭塞，终末环节是心之玄府闭塞。病机过程可概括为"正气虚—玄府闭—痰瘀生—心脉阻—气血郁—玄府闭"。气血津液输布障碍为其基本病机，而玄府闭塞是其病机形成的关键所在。

老师认为风药、虫药独特的开通玄府作用，对冠心病治疗具有重要意义。风药治疗冠心病不是单一作用，往往是协同综合性作用的结果，既可消除引发冠心病的病因，又能直接作用于心脉，振奋阳气、通利心络，从而多层次、多环节、多途径地起到综合性的治疗作用。现代药理学研究也证实，多数风药具有扩冠、降压、降脂、扩张外周血管、改善微循环、改善心肌供血或抗炎、抗凝、抗血栓形成等作用。

由于心系疾病常缠绵难愈，反复发作，病邪沉疴，往往还需虫类药物之攻冲走窜以更好取效。王老经多年临床运用，深感其走窜透达功效卓著，对于闭塞的玄府具有良好的开通作用。临床常以虫药与风药配合应用，认为二者能协同增效，产生强有力的开通玄府作用，治疗本病屡获佳效。

本方在黄芪、党参、甘草、当归益气养血基础上，集中运用羌活、葛根、川芎、桂枝、白芷、细辛 6 味风药与土鳖虫、地龙及全蝎、蜈蚣等虫药开通玄府闭塞。经现代药理学研究证实，虫类药物对冠心病有针对性或联合性作用。诸药合用，标本兼顾而以通为主，开通力量强而无伤正之虞。

3. 开玄起痿汤（王明杰方）

组成：炙黄芪 30 ～ 60g，党参 30g，炒白术 12g，当归 12g，柴胡 12g，葛根 30 ～ 50g，麻黄 9 ～ 15g，细辛 9 ～ 15g，防风 12g，白芷 12g，炙甘草 6g，制马钱子（研末冲服）0.3 ～ 0.6g。

加减法：气虚甚者加红参 10g，紫河车 10g；阳虚者加制附片 15 ～ 30g，桂枝 12g；阴虚者加生地黄 20g，麦冬 20g，女贞子 30g，西洋参易党参。

功效：益气补血，祛风通玄，达神起痿。

主治：重症肌无力眼肌型及全身型。

方解：本方是在补中益气汤基础上加入麻黄、细辛、防风、白芷及马钱子而成。王老认为重症肌无力其形成不仅在于脾虚气弱，更在于玄府闭塞，神机不遂，因此治疗不仅需要补益，而且需要开通。风药加入方中，既能极大地增强补中益气作用，更能通过开通玄府，畅达神机，而使痿软失用的肌肉逐渐恢复功用。这种组方思路在本病的治疗中独具一格，使重症肌无力这一疑难病症的治疗别开生面，值得进一步总结研究。现代药理研究表明，方中麻黄所含麻黄碱对骨骼肌有抗疲劳作用，能促进被箭毒所抑制的神经肌肉间的传导。马钱子中的主要成分士的宁能选择性地提高脊髓兴奋功能，治疗剂量能使脊髓反射的应激性提高，反射时间缩短，神经冲动容易传导，骨骼肌的紧张度增加，从而使肌无力状态得到改善。这些作用或许便是开通玄府的部分药理基础。

4. 降糖护目方（王明杰方）

组成：生黄芪 30g，生地黄 20g，苍术 12g，玄参 15g，葛根 30g，丹参 15g，女贞子 30g，旱莲草 20g，僵蚕 10g，地龙 10g，全蝎 3g（研末冲服）。

功效：益气养阴，化瘀通络，通玄明目。

主治：糖尿病视网膜病变及糖尿病周围神经病变、糖尿病肾病、糖尿病足等并发症。

方解：该方源于当代中医治疗糖尿病名家祝谌予教授的降糖基本方。祝氏师承施今墨先生的糖尿病用药经验，以黄芪配生地黄降尿糖，苍术配玄参降血糖，加上葛根、丹参活血通脉，已被用作治疗糖尿病的首选基本药物。方中黄芪益气，生地黄滋阴，苍术运脾化湿，玄参清热软坚，葛根升阳布津，丹参活血化瘀，切合糖尿病视网膜病变的基本病机，故选作基础方。女贞子、旱莲草即二至丸，滋补肝肾而明目，清热凉血而止血，合用以加强基本方作用。妙在加入僵蚕、地龙、全蝎三味虫药治风开玄，为本方特色。王老认为，根据刘完素在《三消论》中的论述，消渴乃是"三焦肠胃之腠理（玄府）怫郁结滞，致密壅塞"，引起水液输布障碍而成。作为其并发症，糖尿病视网膜病变即是累及目中玄府所致，治疗应注重开通玄府。三味虫药加入方中，不仅有化瘀通络、通玄明目之功，而且能增强基本方益气养阴、调治消渴之力。王老不仅用于糖尿病视网膜病变的防治，还常用于糖尿病周围神经病变、糖尿病肾病及糖尿病足等并发症的防治。

加减法：眼底新鲜出血者，加三七粉、生蒲黄；陈旧性出血者，加土鳖虫、茺蔚子；渗出多者，加薏苡仁、赤小豆、鸡内金；郁热明显加黄连、黄芩；阴虚较著去苍术，加石斛、麦冬、玉竹；脾虚气弱去生地黄，加党参、黄精、山药；夹湿苔腻，加半夏、石菖蒲。

5. 通窍明目饮（王明杰方）

组成：柴胡 12g，葛根 30g，石菖蒲 12g，远志 6g，全蝎 3g（研末冲服），当归 12g，黄芪 30g。

功效：益气升阳，开玄明目。

主治：视神经萎缩、老年性黄斑变性、高度近视眼底退变等退行性眼底疾病。

方解：方中柴胡、葛根同具升发透散之性，可助清阳之气上达于目，而柴胡又为疏肝理气要药，葛根则有一定的活血作用，据实验研究，能增加脑血流量；石菖蒲芳香开窍、除湿化痰；远志化痰利窍、解郁通神；全蝎味甘辛，性平，走窜透窍之力颇强，本草虽言其“有毒”，实际用之平和安全，通窍明目必不可少；当归素有“和血圣药”之称，又号称血中气药，温润辛香，功兼养血活血，治目最宜；黄芪补气升阳，走而不守，虽无直接开通玄府作用，却能鼓舞元气，推动血脉，促进诸药共臻通窍明目之功。全方表里兼顾，痰瘀同治，气血并调，以通为主而通中寓补，药性偏于辛温而无燥烈之弊，可供眼病患者久服。此为基础方，临证尚可视证情适当加减。

加减法：兼有表邪闭郁，见头痛、眼胀、恶风寒等症者，去黄芪，加麻黄、细辛、蔓荆子；瘀血较著，见目珠刺痛、舌质紫暗、脉涩，有外伤或陈旧出血史者，加红花、茺蔚子、三七粉（冲服）；痰湿偏甚，见头重、胸闷、苔腻、脉濡或滑，眼底检查有渗出、水肿者，加半夏、茯苓、陈皮；兼脾虚气弱，见倦怠、乏力、纳差、便溏者，加党参、白术、甘草；兼肝肾不足，见头晕、耳鸣、腰膝酸软者，去黄芪，加枸杞子、菟丝子、楮实子、五味子；偏热者去黄芪，加牡丹皮、栀子，偏寒者加肉桂、附子。

6. 祛风舒目汤（王明杰方）（附：眼舒颗粒）

组成：麻黄 6 ～ 12g，葛根 30g，柴胡 12g，蔓荆子 12g，菊花 6g，僵蚕 10g，蝉蜕 10g，黄芪 20 ～ 30g，当归 12g，川芎 10g，白芍 30g，鸡血藤 30g，甘草 6g。

功效：祛风活血，通玄舒目。

主治：视疲劳及干眼症。

方解：方中麻黄、葛根、柴胡、蔓荆子、菊花、僵蚕、蝉蜕祛风通玄，当归、川芎、白芍、鸡血藤养血活血，黄芪、甘草益气和中，共同开通目中玄府，使气机条畅则疲劳可消，津液布散则干眼自润，故用于视疲劳与干眼症均有良好效果。

加减法：眼胀痛甚去僵蚕、蝉蜕，加全蝎、蜈蚣；头痛、目眶痛加羌活、白芷；白睛红赤生眵加黄芩、栀子、牡丹皮；咽干、舌红少津加北沙参、生地黄、麦冬；少气乏力加党参、白术；脘闷、苔腻加苍术、石菖蒲；夜寐不安加龙骨、牡蛎。

本方系王老多年来治疗视疲劳的基本方，另有医院制剂眼舒颗粒，亦为王老拟方，功用相近，服用方便。

附：眼舒颗粒（西南医科大学附属中医医院院内制剂）

组成：葛根、白芍、枸杞子、黄精、黄芪、当归、川芎、地龙、羌活、白芷、柴胡、防风。

功效：祛风活血，通玄舒目。

主治：视疲劳，干眼症。

方解：方中黄芪、当归、白芍益气养血；枸杞子、黄精滋养肝肾；葛根、地龙、川芎、柴胡、羌活、白芷、防风祛风解痉、理气活血、通络止痛；柴胡引药入目。诸药合用，使全身气、血、精、津充足，络脉畅通，肌肉神经得以濡养，调节功能恢复而疲劳症状得消。泸州医学院附属中医医院眼科临床观察结果显示：眼舒颗粒能有效缓解视疲劳症状，有效率达92.86%［李群英，汪伟，冯小梅，等．眼舒颗粒治疗视疲劳的临床观察．中国中医眼科杂志，2010，20（5）：262-264］。

7. 天虫定眩饮（王明杰方）

组成：天麻15g，土鳖虫12g，僵蚕12g，地龙9g，白芍18g，防风9g，羌活9g，川芎12g，葛根30g，黄芪30g，当归12g，鸡血藤30g，炙甘草6g。水煎服，或数剂合并制水丸服用。

功效：益气升阳，祛风通络。

主治：椎－基底动脉供血不足性眩晕。

方解：方中黄芪、炙甘草益气升阳，当归、白芍、鸡血藤养血活血，妙在葛根、天麻、川芎、羌活、防风5味风药与地龙、僵蚕、土鳖虫3味虫药合用，共臻开通玄府、通络息风之功。

加减法：脾虚痰湿加白术、半夏健脾化痰；气虚甚者，加人参或党参；阳虚者，加附子、肉桂；肾精亏虚者加菟丝子、沙苑子、枸杞子补肾填精；阴虚内热者，黄芪减量，去羌活，加生地黄、牡丹皮、栀子；兼外寒者，加桂枝、生姜；痰湿重者，加制南星、石菖蒲；血瘀重者，加水蛭；内风重、眩晕甚者，加全蝎、蜈蚣；颈椎病症状明显者，酌加木瓜、舒筋草等舒筋活络；脑动脉硬化症状明显者，酌加鳖甲、牡蛎等软坚散结。

王老常以上方为基础，治疗由于脑动脉粥样硬化、颈椎病等原因引起的椎－基底动脉供血不足性眩晕。王老从玄府理论的视角分析，认为椎－基底动脉供血不足性眩晕病位在脑，病根在于脑络玄府郁闭。发病机制为精气亏虚，玄府萎闭，痰瘀内生，络阻风动。本病好发于中老年患者，年高体衰，精气亏虚，清阳不升，脑部相关络脉之玄府失养而发生萎闭，以致津血渗灌不利，郁滞脉络而形成痰瘀等病理产物堆积，这是导致血管硬化的机制。由于脉道不畅，气血运行受阻，可引起脑络挛急，致卒发风动，出现头晕目眩等症。王老认为，精气亏虚、清阳不升为发病之基础，络阻风动是眩晕发作的直接病机，而玄府闭塞则是病变的关键一环。因此，除了益气升阳、化痰活血外，着力解除脑络玄府的闭塞对于本病治疗具有重要意义，风药、虫药等开通玄府药物必不可少。

8. 追风逐瘀醒脑汤（王明杰方）

组成：川芎 30g，防风 12g，白芷 12g，细辛 10g，当归 15g，生地黄 20g，石菖蒲 12g，生大黄 6 ～ 10g，甘草 6g，水蛭 5g，蜈蚣 2 条，全蝎 5g，地龙 10g，土鳖虫 10g（虫药研末冲服用量减半）。

功效：祛风活血，开玄醒脑。

主治：颅脑损伤，眼外伤，麻痹性斜视。

加减法：气血亏虚者加黄芪、人参（或党参）、白术；肝肾亏虚者加熟地黄、山萸肉、枸杞子；痰阻清窍者加鲜竹沥、半夏、白芥子。

方解：本方系由大黄䗪虫丸、除风益损汤及止痉散化裁而来。王老经验，风药、虫药与活血药配伍可进一步提高临床疗效。风药、血药、虫药并用，多管齐下，协同增效，故对颅脑损伤后综合征有良好作用。王老认为，治疗中应注意以下几点：

第一，风药的应用。细辛、白芷、防风、川芎等风药的应用要贯彻始终，如遇外感尚需加重。尤其细辛一味，水煎服需用至 10g 以上效果才好。

第二，虫类药物的运用。水蛭、全蝎、蜈蚣等虫类药物活血通络、攻坚散结、搜剔通透之力甚强，用于脑外伤后遗症瘀血阻络，经脉不通等症，确有良效，但宜适当配伍健脾益气、扶正养阴之品，以免耗损正气、腻胃伤中。

第三，黄芪的运用。黄芪为益气升阳、扶正固本、健运中焦、升清降浊之要药，亦为治疗脑外伤后遗症之良药。只要患者有气虚、脉弱、无力征象即可应用，但其用量要大，一般用至 30g 以上才能取得良好疗效。

第四，大黄的运用。大黄为通下开玄之要药，其性味苦寒，走而不守，性降下行，不仅善于涤荡肠腑，收降逆气，而且具有止血而不留瘀、活血而不动血的功用，有助于气血平和。临床常见病人通便数次后，脑水肿能明显减轻，血肿吸收加快，有助于促进神志与神经功能恢复。大便不实者可减大黄用量或用熟大黄。

9. 软脉开闭散（王明杰方）

组成：全蝎 6g，水蛭 3g，地龙 10g，土鳖虫 10g，白芷 10g，独活 10g，细辛 2g，威灵仙 12g，川芎 12g，血竭 3g，王不留行 12g，红花 6g，当归 12g，赤芍 12g，乳香 12g，没药 12g。共研细末，或水泛为丸（此为 5 日量，一般以 6 ～ 10 倍量为一料制作），每服 1 小袋（9g），每日 3 次。

功效：开通玄府，软脉通闭。

主治：下肢动脉硬化闭塞症。

方解：本方含 4 味虫药、5 味风药与 7 味血药。王老认为，全蝎、水蛭、地龙、土鳖虫为“血肉有情”之虫药，开通玄府之功尤著。现代实验研究表明水蛭、地龙具有抗炎、镇痛、止痉、降脂等作用，可有效防止血栓形成及动脉粥样硬化发生发展；全蝎除有镇痛作用外，还可调节全身的糖代谢，土鳖虫具有抗凝血和对纤维蛋白溶解的作用。白芷、细辛、川芎、独活、威灵仙为风药，其轻扬升散之性，善于开通玄府、调畅血脉。现代药理学研究证明，风药具有良好的解除血管痉挛、扩张血管、改善脑微循环、降低毛细血管渗透性作用。近年还有报道指出，多种解表药的活性成分具有良好的降脂作用，能够减少斑块内脂质含量和张力、减轻炎症，同时改善血栓形成和纤溶活性之间的平衡，从而有效防治动脉粥样硬化。血竭、当归、红花、赤芍、乳香、没药、王不留行等血药，养血活血、散瘀定痛。

王老经验，风药、虫药、血药并用，有良好的协同增效作用，共臻开通玄府、软脉通闭之功。临证常以此作为基本方，结合患者证情灵活加减。方中虫药及血竭、乳香、没药等均不宜水煎，丸散剂有利于充分发挥药效，且便于患者长期服用。常用加减法如下：

（1）寒凝血瘀：表现为患处苍白发凉，患肢喜暖畏寒，麻木疼痛，遇冷加重，夜晚加剧，步履不利，多行则疼痛加剧，稍歇则缓。舌质淡，苔白滑，脉沉细或沉滑。加麻黄、桂枝、干姜、吴茱萸各 3g，散（丸）剂服用；或另用当归四逆汤合四逆汤水煎，送服软脉开闭散。

（2）瘀热互结：表现为肌肤枯槁萎缩，趾（指）甲增厚变形，肢端出现干性坏死，伴有烦热、口干苦，舌红苔黄而干，脉滑数或弦数。加生地黄、赤芍、黄柏、丹皮各 5g，散（丸）剂服用。或另用犀角地黄汤（用水牛角代替）加黄柏、栀子、金银花、蒲公英、玄参水煎，送服软脉开闭散。

（3）瘀阻特甚：表现为患肢疼痛剧烈，彻夜不能入寐，患处皮肤暗红、干燥，趺阳脉消失，酸胀刺痛，下垂位明显，抬高立见苍白，小腿有游走性红斑、结节或条索，舌质暗红，脉弦或细。加蜈蚣 1 ～ 2 条，制马钱子 2g，制成散（丸）剂服用。

（4）气血亏虚：表现为神情倦怠，面容憔悴，畏寒肢凉，萎黄消瘦，坏死皮肉脱落后，患处久不生肌收口，颜色晦暗，舌质淡，苔薄白，脉沉细无力。加红参、炙黄芪、当归各 5g，散（丸）剂服用；或另用十全大补汤水煎，送服本方。

10. 肾舒胶囊（西南医科大学附属中医医院院内制剂，黄淑芬方）

组成：黄芪、地黄、石韦、芡实、益母草、苦参、土茯苓、水蛭、蜈蚣、紫苏叶、蝉蜕。

功效：益气活血，清热除湿，舒络固肾。

主治：慢性肾炎、隐匿性肾炎、肾病综合征及糖尿病肾病、狼疮性肾炎等原发或继发性肾小球疾病所致蛋白尿的治疗或辅助治疗。

方解：二老认为，肾性蛋白尿的基本病机为元气内虚，毒损肾络玄府，清浊相混，封藏失司。治疗关键在于舒解肾络玄府之郁，一要开玄通络，二要解除毒邪，三要扶正补虚，合为舒络固肾之法，方中风药紫苏叶、蝉蜕辛散开玄，舒解抑郁，调畅气机，以利于肾络的开通，虫药水蛭、蜈蚣搜剔开玄，善于搜逐血络中瘀滞凝痰，对改善肾脏病理变化、控制蛋白尿具有卓效。由于湿热浊毒蕴结是导致肾络郁滞的主要病因，浊毒不去，肾络难舒，故配合土茯苓、苦参、石韦清利解毒；元气亏虚，是邪毒入侵的内在基础，也是精微漏泄的必然结果，培补元气既是本症扶正固本的重点，又是推动血行、疏通络脉的需要，故以黄芪大补元气，生地黄滋阴养血，共成通补兼施之方。

11. 肾衰基础方（黄淑芬方）

组成：黄芪、党参、当归、茯苓、白术、山药、芡实、牛膝、大黄等（根据不同的临床表现，随证加减）。

功效：益气健脾和胃，清热降逆泄浊。

主治：用于急慢性肾衰。

方解：本方以四君子汤为基础补脾肾之气，方中大黄性味苦寒，归胃、大肠、肝、脾经。《本经》认为其“主下瘀血，血闭寒热。破癥积聚，留饮宿食，荡涤肠胃，推陈致新，通利水谷，调中化食，安和五脏”。大黄用于此，不仅通大便导泻，且祛瘀止血，用于慢性肾衰过程中多有出血、瘀血之证，甚相符合。黄芪味甘，性微温，归脾、肺经，补气升阳、益卫固表、利水消肿，温分肉、实腠理，为补气要药；党参味甘性平，归脾、肺经，甘温补中健脾胃、生津液、益气生血。二药均有补中益气的作用。黄芪偏于补阳而实表，长于利水升托，补中有泻，党参偏于养阴而补中，长于补血生津，气血双补。二药伍用，一阴一阳，一表一里，相须为用，共收补气升阳、生津养血之功。补气可行血，王清任所谓“气既虚，必不能达于血管，血管无气，必停留而为瘀”，故化瘀协同补气，效果更著。黄芪配大黄，达到“以补为通，以通为补之效”。黄芪配牛膝，用黄芪补气升提由下而上，牛膝引气机而下，疏利三焦水道，从而使气顺而浊毒消。黄芪配当归益气补血、行气活血，可用此药对治疗肾性贫血气血两虚者。茯苓、白术、山药、芡实健脾渗湿，以养后天之本。

慢性肾衰早、中期（血肌酐 176.8 ～ 600μmol/L），患者正气虚衰，浊毒潴留，治疗以补虚泄浊并重，补虚主要是补益脾肾之气；后期（血肌酐 600μmol/L 以上）虚损明显，浊毒深积体内，应积极扶助正气，泄浊解毒。此期中医治疗以改善症状（恶心呕吐、食欲减退、身软乏力等）为主，提高患者自身调节能力，积极诱导机体进入一个新的平衡状态，提高生活质量。此期单纯中医治疗效果差，需配合血液透析。

黄老认为慢性肾衰病机复杂，总体来讲均为本虚标实，虚实夹杂，正虚为本，邪实为标，但在不同的病程阶段，病机侧重不同。正虚见脾肾气虚、脾肾阳虚、肝肾阴虚、气阴两虚、阴阳两虚等，夹邪主要为湿热、水气、瘀血、湿浊等，可同时兼见数邪。病位主要在肺、脾、肾三脏，后期可及心，脾肾气虚贯穿病程始终。脾肾亏虚，水液失于输布、气化，停聚体内，泛溢肌肤而为水肿；肾脏阴阳失衡，三焦气化失司，饮食不能化生津液精微，反而转为湿浊留滞体内；气虚帅血无权，血运障碍，可致瘀血内阻；病程冗长，久病入络，亦致络阻血瘀。故气虚血瘀、浊毒阻络为其基本病机，益气化瘀、泄浊通络为其基本治法。黄老临证常以肾衰基础方加减化裁。脾肾阳虚，症见畏寒肢冷、倦怠乏力、气短懒言、食少纳呆、腰酸膝软、大便不实、夜尿清长、舌淡有齿痕、脉细弱者，基础方加淫羊藿、巴戟天、菟丝子，阳虚甚者加附子。气血两虚，症见头晕、面色无华、少气懒言、神疲乏力、睡眠差、心悸、舌淡红、脉沉细者，基础方加四物汤（用生地黄）、首乌、枸杞子；气阴两虚，症见倦怠乏力、腰酸膝软、口干咽燥、五心烦热、夜尿清长、舌淡有齿痕，脉沉细者，基础方加生地黄、麦冬、北沙参。在本证基础上兼夹湿浊，症见恶心呕吐、肢体困重、食少纳呆、脘腹胀满、口中黏腻，舌苔厚浊者，基础方加砂仁、木香、半夏健脾化湿；兼夹湿热，症见恶心呕吐、身重困倦、食少纳呆、口干口苦、脘腹胀满、口中黏腻、舌苔黄腻者，基础方合芩连温胆汤清热利湿；兼夹水气证，症见水肿、胸水、腹水者，基础方去芡实、山药，加五苓散，利水消肿。以上均可配合黄老研制的肾舒胶囊使用，如制作丸剂则选加蜈蚣、水蛭、全蝎、地龙、僵蚕等虫类搜剔之品。

12. 复方灵仙通络止痛胶囊（西南医科大学附属中医医院院内制剂，黄淑芬方）

组成：威灵仙、白芍、防己、黄芪、全蝎、蜈蚣、细辛、冰片。

功效：祛风除湿，活血祛瘀，通络止痛。

主治：用于风湿闭阻、瘀血阻络所致的痹证。症见关节疼痛、刺痛或疼痛较甚，风湿性关节炎、类风湿关节炎、坐骨神经痛见上述证候者。用于头、胸胁、腰脊、四肢关节疼痛及外伤、术后引起的疼痛、肢体麻木、震颤等。

方解：该制剂在叶天士通络治痛学术思想指导下，继承叶氏用药经验，结合多年临床实践，反复验证，精心筛选，组合成方。该方选药以风药威灵仙、细辛、防己发散开玄，虫药全蝎、蜈蚣搜剔开玄，冰片香窜开玄，配合黄芪益气、白芍养血，体现辛润宣通为主，虫蚁搜剔为辅，通补结合，寒热平调的用药法度，着重解除络脉阻滞不通的病变症结，兼顾多种痛证不同属性的治疗需要，温而不燥，通而无损，适应面广，可通用于不同部位、不同症型的多种痛症，尤其对头颈、胸胁、腰背、四肢等部位神经、肌肉、韧带、关节出现的急慢性疼痛，具有止痛效果好、维持时间长、无成瘾性等优点，对某些顽固、重症疼痛，包括癌性疼痛亦有缓解作用，是一种较理想的通用型中长效中药止痛剂。

13. 棱术排石颗粒（西南医科大学附属中医医院院内制剂，黄淑芬方）

组成：三棱、莪术、川芎（酒制）、牵牛子（醋制）、川木通、白芍、海金沙、金钱草、威灵仙。

功效：活血逐水，通淋排石。

主治：用于肾、输尿管、膀胱等泌尿系结石，肾盂积水等症。

方解：方中金钱草、海金沙、川木通清热利湿、通淋排石，配伍威灵仙、川芎、三棱、莪术等风药、血药，活血通络，白芍、甘草缓急止痛、调和诸药，牵牛子有较强的通利二便作用。诸药合用，共奏清热利水、通淋排石之功。该方作为医院制剂使用已有近 20 年历史，对于泌尿系统结石疗效确切。

（七）组方用药心得

1. 血压高未必忌麻黄（黄淑芬）

近世有“血压高忌用麻黄”之说，乃因麻黄的主要成分麻黄碱经药理实验证实，有收缩血管、升高血压的作用，高血压忌用麻黄碱已为世界所公认，中医岂能再将麻黄用于血压高的病人？此说看来证据确凿，毋庸置疑，但证之中医临床实践，却颇有商讨之必要。

例如急性肾炎初起，多属中医“风水”范畴，宜用越婢加术汤、麻黄连翘赤小豆汤一类方剂，但此时往往伴有血压升高，于是有人主张方中麻黄应改用荆防之类代替。然而后者不仅发表力量薄弱，更乏宣肺利水之功，用之效果较差。黄老多年来治疗这类病人，均按原方使用麻黄，剂量一般为 6 ～ 12g，未见有不良反应，相反，其血压常随水肿消退而逐渐下降。可见此种高血压仅是病之标，风遏水阻方为病之本，麻黄配合方中诸药，通过祛除风邪、疏通水道，即可消除导致高血压的原因，从而有助于血压降低。

至于素有高血压病之人，若患当用麻黄之证，老师认为亦当遵《内经》“有故无殒”之训，大胆使用麻黄。1982 年夏，尝治一 42 岁女性患者李某，因感冒风寒咳嗽，经中西药物治疗已 3 个月有余，病情有增无减。现咳嗽频频，痰涎清冷，咯痰不爽，全身畏寒，尤以咽部与背部为甚，头痛目胀，纳食极少，倦怠乏力，步履艰难，舌质暗红，苔白，脉沉细。证属寒邪束表不解，少阴阳气内虚，饮邪上逆犯肺，法当外解表寒，内温少阴，兼化寒饮，拟用麻黄附子细辛汤合真武汤化裁。但患者自述不能服麻黄，因其有高血压病史，近来血压甚高。对此用药颇感为难，然考虑再三，外感数月不愈，应责之于表散不力。处方：麻黄 6g，附片 20g，细辛 5g，茯苓 20g，白术 12g，生姜 10g，桂枝 10g，五味子 6g，半夏 12g，甘草 6g，1 剂。为万全计，嘱患者先试服 1 煎，如无不适，再服完 1 剂，以观动静。隔日复诊，患者言服药后感觉良好，咳嗽、畏寒、头痛诸症均减。询问患者并未服用降压西药（因服中药后自觉舒适）。遂照前方加白芥子 12g 与服。6 剂后，患者诸症均已控制，精神、食欲明显好转，血压正常。黄老认为，“血压高忌用麻黄”，应限定于阴虚阳亢、肝火上炎之类无麻黄适应证的患者，未可一概而论。

（原载《长江医话》）

2. 虚喘用麻黄（黄淑芬）

麻黄为平喘要药，其功用已为历代医家临床实践及现代药理学研究所证实。由于喘证有虚实之分，历来传统认为麻黄适用于实喘而禁用于虚喘。迄今高等医药院校《中药学》各版教材中均明确规定“气虚喘咳不宜用”“喘咳由于肾不纳气者忌用”。但据黄老多年实践观察，上述禁条似非定论。临床上某些虚喘单用补肺纳肾之品乏效时，酌情配伍适量麻黄，常可收到较为明显的疗效，而未见不良反应发生。兹举例以资说明。

例：秦某，男，66 岁，1987 年 12 月 5 日初诊。咳喘反复发作 26 年，近 10 年来曾多次住院治疗，病情仍日益发展，并出现心悸、气短等症。西医诊断：慢性支气管炎，肺气肿，肺心病，矽肺Ⅲ期。近 1 个月来因感冒病情加重，服药未效，故来我院就诊。患者形体消瘦，面色晦暗，喘促少气，咯痰灰白黏稠，胸闷痛，心悸，动则尤甚，口干苦，舌暗红、苔腻微黄，脉滑数无力。此为久咳肺虚，累及于心，痰瘀阻滞，郁热内生，证属本虚标实，治宜补益心肺以固其本，宣肃肺气、清化痰热以治其标，麻杏石甘汤合生脉散化裁。药用：麻黄 8g，杏仁 12g，石膏 25g，沙参 20g，麦冬 15g，五味子 9g，瓜蒌皮 12g，丹参 20g，葶苈子 18g，甘草 3g。2 剂。

二诊（12 月 8 日）：药后喘咳减轻，心悸气短稍缓，上方去沙参，加党参

25g，黄芪 25g。3 剂。

三诊（12 月 12 日）：喘咳明显缓解，咯痰减少，胸闷心悸亦有所好转，但稍事活动，则气短难续，喘促心悸。此为标实已解，本虚未复，当用补肺益气、养心滋肾之法治本。药用：党参 30g，黄芪 25g，熟地 20g，当归 12g，丹参 20g，山药 20g，枸杞 15g，五味子 12g，远志 5g，炙甘草 5g。3 剂。

四诊（12 月 15 日）：患者服上方 1 剂后，自觉胸闷气紧不适，喘促有复作之势，遂自行停用后 2 剂。分析上方，补益心肺无误，服后不适，当责之方中缺乏宣肃肺气之品，故加麻黄 5g，杏仁 10g，瓜蒌皮 12g，嘱患者取药 2 剂，分别加入余下 2 剂药中同煎服。药后喘促、胸闷、心悸诸症均逐渐缓解。此后一直按此宣肃补敛并用之法治疗，咳喘发作时以宣肺肃肺为主，补肺敛肺为辅；缓解期以补肺敛肺、养心滋肾为主，宣肺肃肺为辅，麻黄均为常用之品（减去麻黄后常有胸闷不适感）。患者坚持门诊治疗已 2 年有余，病情基本稳定。

按：《景岳全书》谓："虚喘者，慌张气怯，声低息短，惶惶然若气欲断，提之若不能升，吞之若不相及，劳动则甚，而唯急促似喘，但得引长一息为快。"本例为虚中夹实之喘，发作期固然需用麻黄治其标实，缓解期却仍然离不开麻黄，否则单用补益之品，反令咳喘、胸闷转甚。此中机理何在，值得认真推究。

喘证是气机升降出入失其常度的一种表现，其病变部位在肺。肺气一主宣发，一主肃降，二者相辅相成，共同实现吐故纳新的正常生理活动。不论虚喘实喘，总与肺的宣降失调相关。实喘系邪壅肺气而宣降不利，虚喘为肺虚不足而宣降无力（甚者尚有肾虚失纳的因素）。其治疗手段虽有祛邪扶正、泻实补虚的差别，但调理肺气以复其宣降的目标却是共同的。宣肺肃肺之品，对于实证固然是必不可少，对于虚证也同样有用武之地，尤其是那些单用补法无效的病例，更是如此。因为补益药虽有改善衰弱状态、增强低下功能的作用，却缺乏直接调节肺气宣降活动的能力，在肺气上逆、喘促不已的情况下，往往显得缓不济急。此时配伍适量的宣降之品，不仅是对症治标的需要，而且有助于恢复肺气的正常生理功能，因而能明显提高疗效。即使缓解期中，某些患者也需赖此调理。

宣肺平喘，首推麻黄，其被誉为肺经专药。麻黄与泻肺降气的葶苈子、杏仁相伍，辛宣苦降，调畅肺气，止咳平喘，功效卓著。个人实践体会，不仅可以用于实证，而且可以用于虚证，关键在于配伍得当，用量适宜。笔者用治虚喘，生麻黄一般用量为 3 ～ 6g，麻绒及炙麻黄用量尚可略为增加，凡自汗出者用量减轻，并尽可能用炙麻黄，必要时改用麻黄根。经多年来临床使用，从未偾事。主要用于以下情况：本虚标实、上盛下虚者；培补摄纳乏效者；正虚而不受纯补者；正虚而未至气脱者。通常认为虚喘忌用麻黄，无非是惧其辛散耗气、过汗亡阳或温燥伤阴。事实上，少量麻黄与党参、黄芪、熟地黄、五味子等大队补益固涩药物同用，远不至于造成上述危害。实践证明，这种寓通于补、动静结合、刚柔相济的配伍法度，有助于提高虚喘的治疗效果。由于麻黄的优良平喘作用为他药所难以取代，因此放宽使用限制，扩大适应范围，是很有必要的。黄老认为，虚喘忌用麻黄之说，只能是就单味药而言，复方配伍不应受此限制。

（节选自《中医杂志》1990 年第 12 期）

3. 眼科良药麻黄（王明杰）

王老认为麻黄于眼科亦大有用武之地，多年来广泛用于内外障多种眼病，效果颇佳。

（1）发散祛邪

麻黄发散之力极强，用治目赤肿痛、流泪、羞明、生眵，或生翳膜等外障眼病，收效甚捷。或疑麻黄辛温燥烈，而外障多属火热为患，用之是否有抱薪救火之虞？据王老临床所见，外障眼病因于风寒外束，郁火内伏者不少，其证多目赤而紫暗不泽，或眼灼痛而身背恶寒，或眼胞肿胀而涕泪清冷，或舌质红而苔白厚，或服用寒凉之剂而久治不愈。对于此等证候，应宗《眼科奇书》所说："当用发散药物散其陈寒，寒去则火自退。"该书创制四味大发散与八味大发散作为主治方。二方均以麻黄为主药，且用量极重，令后学望而却步，其应用范围受到很大限制。王老认为师其意、宗其法即可，临证运用时不必拘泥原书用量及其配伍，而应因时因地因人因证制宜。

一般情况下，麻黄用 9 ～ 12g 即可，寒闭重者可酌加（15 ～ 25g），可配伍桂枝、羌活、细辛、白芷等辛温发散之品，里阳虚者还可加用附子（师麻黄附子细辛汤意），以温散表里之寒。郁热甚者，麻黄用量可酌减（5 ～ 8g），并配伍荆芥、防风、蔓荆、柴胡、连翘、蝉蜕等辛平、辛凉清解之品，或酌加黄芩、栀子、蒲公英等寒凉泄热药物。这种辛温、辛凉发散与苦寒清泄并用之法，辛散而不助火，清泄而不凝滞，安全、稳妥，疗效可靠，适用范围较广，值得提倡。至于纯热无寒，火邪壅盛之外眼炎症，固以芩、连、石膏、胆草及丹皮、赤芍等寒凉清泄为正治，但因火必兼郁，玄府闭塞，气血蕴结，亦需在大队寒凉药中佐以开泄，常以小剂量麻黄加入方中，实践证明能增强寒凉药的清解作用，有助于消肿退赤、散结止痛，可缩短外障消退时间，提高治疗效果。由于麻黄发散力甚强，外障眼病之属风热轻证者不宜使用，以防药过病所。

（2）利水消肿

麻黄既能祛风，又能利水，为内科风水浮肿主药，宜用于治疗眼底视网膜水肿一类眼病，亦有良效，如中心性浆液性视网膜脉络膜病变黄斑部水肿期，视力减退，视物变形，眼易疲劳，久视则眼胀、头痛，或眼睫乏力，常欲闭垂，均可在辨证选方基础上适当加用麻黄，以开玄府、利水道，对消退眼底水肿，缓解疲劳症状，恢复正常视力有较好效果。尤其本病初起兼有风寒表邪或因外感诱发者，法当表里兼顾，肺脾同治，麻黄更是必不可少，方如麻杏苡甘汤、麻黄连翘赤小豆汤之类，用之得当，效果卓著。

（3）降压息风

中医眼科所称绿风内障、青风内障，即今之青光眼。其病多因气火上逆，或浊阴上泛，致目中玄府窍道闭塞，渗水瘀滞不畅而出现虹视、雾视、头痛、眼胀、瞳孔散大、眼压升高等种种“风”象。前人治疗本病多注重平肝息风，疗效不尽如人意。王老认为尚需配合通窍利水之品。麻黄具辛散宣透之力，功擅开发玄府，通利水道，能使神水流畅、气血通利而收息风之效。实践证明，该药用治青光眼，不仅有缓解头眼胀痛之功，而且有一定降眼压作用，不论急性、慢性、开角、闭角，均可在治疗中酌情加用。如闭角型急性期可用绿风羚羊饮或龙胆泻肝汤之类加麻黄，亚急性发作期或慢性进展期可用石决明散（石决明、草决明、青葙子、栀子、赤芍、麦冬、木贼、荆芥、羌活、大黄）去大黄加麻黄，或用沈氏息风汤（沙参、黄芪、花粉、生地黄、当归、钩藤、防风、麻黄、蛇蜕）。至于慢性开角型则以麻黄加入五苓散或柴胡疏肝散一类方中，对稳定眼压、缓解症状均有一定作用。

（4）开玄明目

麻黄强有力的开通玄府作用，对于目中玄府闭塞所致暴盲、青盲均有发越神光、明目增视之效。因本品功擅发表散寒，故对于因风寒之邪侵袭，闭塞目中玄府而目视不明者尤为适宜。素体阳虚者，麻黄可与附子、肉桂等同用，成方如麻黄附子细辛汤；内有郁热者，麻黄可与石膏、黄芩等同用，成方如麻杏石甘汤。以上二方用于视神经炎初起常有良效。至于视神经萎缩这类眼病，一般病程较长，病情较重，虽无表寒见证，亦常需借助麻黄开通目中玄府。其证多虚实夹杂，王老常以麻黄与全蝎、石菖蒲等通窍之品同用以增强开通之力，配合驻景丸加减方、补中益气汤等补益方药，通补兼施，共臻明目益视之功。

（原载《中国中医眼科全书》）

4. 辛苦酸甘并用治顽咳（黄淑芬）

咳嗽是临床常见疾患，一般治疗不难，但也有一些久治不愈、诸方不效的顽固病例，治疗甚为棘手。黄老在多年实践中总结出一套辛苦酸甘并用的施治方案，对于某些顽固性咳嗽，尤其是外感引起的久咳，具有良好的效果。

（1）久咳不愈，病机错杂

据临床所见，凡久治不愈的顽固咳嗽，其病理机制往往较为复杂，与一般单纯的寒咳、热咳不同。询问病史，多有受凉感寒的起因，初起失于治疗，未能及时宣散外邪，或误用寒凉、收敛之品，以致邪气被遏，肺气郁闭，出现咳嗽加剧，咳声不扬，咯痰不爽，胸闷气紧等症。此时即使投以一般轻清宣肺方剂（如桑菊饮之类），也未必能够使之宣通，若再误投苦寒泄热或柔润补敛之品，更会进一步造成邪气留恋不解，肺气宣降紊乱，因而咳嗽缠绵不愈。迁延日久还可以引起一系列病理变化，诸如寒郁变热，气火上炎；肺气耗损，肺津受损；卫外无力，复感外邪等，从而形成内外合邪，虚实相兼，寒热错杂等复杂局面，这是本病难以治愈的主要原因。

（2）辛苦酸甘，杂合以治

鉴于顽咳的上述病机变化，治疗时如果采用单一的宣肺、肃肺、敛肺、补肺之法，显然都不适合，于是从肺的生理病理特点出发，摸索出一种辛散、苦降、酸收、甘缓并用的多向综合调节的治疗方法，从各类治肺药中筛选出以下10味组成治疗顽咳的基础方：麻黄6～10g，细辛6～8g，桔梗10～12g，瓜蒌壳10～12g，枳壳10～12g，杏仁10～12g，五味子6～12g，罂粟壳6～10g，泡参10～20g，甘草3～6g。

此方由三拗汤加味而成，因顽咳的主要矛盾在于邪气闭郁于肺，所以首先选长于宣通肺气的三拗汤为基础，方中麻黄辛散、杏仁苦降、甘草甘缓，相互配合，透达邪气，宣畅肺卫，降逆止咳，功效卓著。

黄老认为，凡是肺气闭郁之证，不论病程长短，表证有无，汗出与否，麻黄均为不可缺少之药，但需视病情确定用量轻重，炮制品种及其配伍。细辛辛温发散，善于透泄久伏之陈寒；桔梗辛平升浮，长于开提闭郁的肺气，用于方中更能增强麻黄宣肺透邪之力。枳壳辛平，瓜蒌壳甘寒，均以理气宽胸散结见长，既能助麻黄开肺郁，又能助杏仁降肺气。咳嗽日久，恐肺气耗散不收，故配伍五味子、罂粟壳之酸收，以敛肺止咳，并防麻黄、细辛发散太过。通常，咳嗽痰多或有外邪者忌用收敛之品，以免恋邪。黄老以为这是指单用而言，复方配伍不应受此限制，张仲景的小青龙汤中用五味子即是先例。另外，考虑到久咳伤肺，故再用甘淡平补肺气肺阴的泡参。方中麻黄与罂粟壳，一散一收；细辛与五味子一开一阖；桔梗与枳壳，一升一降；泡参与瓜蒌壳，一补一泻。诸药相伍，协同实现对肺的气机活动的多向性综合调节，恢复其宣发肃降的生理功能。因此用于多种顽固性咳嗽能收到较好的治疗效果。

上方以宣散开泄为主、肃降补敛为辅，临证时尚可根据证情适当加减，以调整辛散、苦降、酸收、甘缓的比例及全方的寒热属性，使之更符合患者的具体情况。常用加减法：若口渴，舌红有热象者，加石膏、鱼腥草清泄肺热；鼻塞流涕者，加苍耳子、辛夷祛风通窍；咽喉不利、咯痰困难者去罂粟壳，加牛蒡子、前胡宣肺利咽；咳嗽痰多加法夏、白芥子、陈皮燥湿祛痰，或浙贝母、冬瓜仁、黄芩清热化痰；兼肺阴不足而口干咽燥、干咳无痰或痰少者，加麦冬、百部、款冬花润肺止咳；凡汗出者，麻黄减量或用麻绒，同时加重五味子用量，或佐适量的石膏，均可减弱麻黄发汗作用，经多年使用，未见不良反应。

（原载《泸州医学院学报》1984 年第 4 期）

5. 风痰论治一得（黄淑芬）

风痰为临床常见的痰证之一，宋元以来，一直列于五种痰证之首。但有关风痰的病机及证治，历来认识颇不一致。有谓因风生痰者，有谓因痰动风者。黄老认为既称风痰，当是有风有痰，风与痰合邪为患，而究其形成的机理，则离不开经络受病。一方面，风邪伤人，必是客于经络，方能阻碍津液运行，使之停聚为痰；另一方面，痰浊内停，也必阻塞经络，才能造成筋脉失养而动风。可见经络郁滞，尤其是络脉闭阻不通的病理变化，在本证中具有十分重要的意义。

风痰的临床表现甚为多样，但总以风动症状和痰饮症状并见为特征，其常见证型可归纳为以下四种：以眩晕、头痛、呕吐痰涎为主者，为风痰上逆；以腿脚酸软、漫肿疼痛为主者，属风痰下注；以肢体麻木、震颤、痿废及口眼㖞斜为主者，为风痰外阻；以猝然昏仆、惊痫搐搦为主者，属风痰内蒙。其表现形式虽各不相同，但风痰闭阻经络窍道的病理基础则一，无非是风痰停留部位的不同而已。

风痰的治疗较一般痰证困难。正如冯楚瞻《锦囊秘录》所说："若夫寒痰、湿痰、热痰则易治，至于风痰……则难治也。"究其难治原因，个人认为主要是风痰不同于一般痰饮之停留于胃肠、脾肺，而是留滞于经络窍道之中，故一般化痰之品难于取效。朱丹溪对此颇有体会，故《丹溪心法》说："凡风痰病，必用风痰药，如白附子、天麻、雄黄、牛黄、片芩、僵蚕、猪牙皂角之类。"

黄老认为，由于风痰的形成存在痰壅、络阻、风动三个环节，治疗亦当综合化痰、通络与搜风三法。一般所谓风痰药，其实就是兼有搜风、通络作用的祛痰药，但单凭风痰药毕竟力量有限，应与祛风、通络药物配合运用收效更捷。古代不少治风痰方均具有这一特点。临床常以局方青州白丸子（生南星、白附子、生半夏、生川乌）与牵正散（白附子、僵蚕、全蝎）二方合方化裁为基础（其中生川乌一般不用，加白芥子），即以生南星、白附子、生半夏、全蝎、僵蚕、白芥子六味作为治风痰的基础方。

方中生南星、白附子二味，历来被誉为风痰专药。祛痰、通络、搜风三大作用俱备，而尤以走窜经络见长，故为治风痰必用之品，非一般祛风化痰药所能取代。然人常畏其有毒而不敢使用，黄老认为，二药之毒性反应主要出现于咬食生药后，如将生药久熬 1 ～ 2 小时，则毒性完全消失。此二味药常用剂量为 10 ～ 15g，按上法煎服，从未发生过中毒现象。据黄老体会，二药用于祛风痰宜生用，经炮制后毒性虽减，但走窜之力亦大为削弱，用于风痰轻症尚可，重症则嫌力不足。另有胆南星以清热化痰见长，祛风通络则较次，唯风痰兼热者宜之。至于方中半夏一味，本为"治痰圣药"，不过习惯上认为半夏专走肠胃，不似南星之专走经络。实际上如半夏生用（宜久熬），其辛散之力甚强，加上辛窜利气豁痰的白芥子，能协同天南星、白附子更好地发挥祛痰作用。僵蚕、全蝎二药，均具祛风止痉作用，尤以全蝎止痉力强，与天南星、白附子配合能缓解各种动风症状；而二药又属虫类通络之品，能领祛痰药深入经隧络脉以搜剔隐伏留阻之痰浊。以上六味药相伍，祛风痰作用甚强。对于用导痰汤、半夏白术天麻汤等一般风痰方药难于取效的顽固病症，改用本方常可收到较好效果。

本方药性略偏温燥，以“寒则涩而不流，温则消而去之”，风痰顽症，非辛温无以散其凝滞。据黄老临证所见，风痰患者以偏寒或无明显热象者居多，投以本方，一般不会出现燥热之弊。如遇寒盛者尚可加入制川乌或制附片以增强温经散寒之力；遇热象明显者，则用胆南星易生南星，竹沥或天竺黄易白附子，地龙易全蝎，再酌加清热之品；兼虚者选加益气养血扶正之品以助祛邪之力。同时，还应根据病情随证加减：如风痰上逆者，加旋覆花、赭石等降逆化痰；风痰下注者，加木瓜、防己等利湿化浊；风痰外阻者，加川芎、鸡血藤、牛膝等活血通络；风痰内闭者，加远志、菖蒲等豁痰开窍。

黄老以本方广泛用于风痰所致的各种病症，疗效甚为满意。如患者代某，男，54岁，长期眩晕，动则头昏眼花，不能自持，中西药治疗数月不效。病情逐渐严重，消瘦、食少，夜难安寐，常呕吐大量痰涎或清水，苔白腻，脉濡滑。查前所服中药多为除湿祛痰、健脾益气或温阳化饮之品，既不效，故试从风痰治疗，用上述基础方去全蝎加赭石、旋覆花、白术、桂枝、云苓，2剂后，呕吐痰涎清水、食少等明显好转，上方加干姜再进4剂后，头昏明显减轻，痰涎大量减少，饮食正常，精神好转，已能安睡。后上方加党参继服10余剂，诸症均除，随访2年多未再发。

此外，本方对于某些顽固性头痛、肩关节疼痛，亦有良好效果。

总之，风痰一证，实为临床所常见，尤其一些常法治疗不效的顽固怪症，改从风痰论治，常有意想不到的效果，值得进一步加以研讨。文中所用白附子，系指正品——天南星科植物禹白附（四川均用的是禹白附），另有一种关白附，为毛茛科植物，毒性较大，使用宜慎。

（原载《泸州医学院学报》1984年第4期）

6. 全蝎明目琐谈（王明杰）

全蝎甘辛性平，古今治中风抽掣及小儿惊搐方多用之，历来被视为治风要药。王老用于眼科临床常有卓效，堪称眼病良药。

（1）开玄明目

全蝎明目之功，为诸家本草所未载，据刘河间之说，目昧不明乃因“玄府闭塞而致气液、血脉、营卫、精神不能升降出入”所造成，全蝎具走窜钻透之性，可开通目中玄府以畅达精气、发越神光，故有明目增视作用。据临床观察，将该药加入杞菊地黄丸、驻景丸加减方之类补益剂中，确能增强补益药的作用。有时单用全蝎一味，亦有恢复视力之功。

（2）疗目胀痛

全蝎以止痛见长，用于眼目胀痛收效甚捷。如青光眼眼压升高时，常有眼珠胀痛，甚者胀痛欲脱，连及目眶、额颞，掣痛难忍。辨证多属风火夹痰上攻头目，目中玄府闭塞，气滞血瘀，神水阻滞，治疗除清热泻火、凉肝息风、化痰降逆外，尚须注重开玄府、消瘀滞，全蝎性善走窜，能开玄府、利神水、息肝风、止疼痛，对此病颇为相宜。王老常于各型方中加入全蝎 3 ～ 5g 研末吞服，经多年临床观察，不仅缓解头目胀痛效佳，且有助于降低眼压。

头目胀痛如发生于久视之后，多为远视、近视、散光等屈光不正所致视疲劳症，全蝎亦有较好效果，按中医辨证，其病机多属肝血衰少或脾虚气弱，但投养血柔肝、健脾益气方药往往见效缓慢，若方中加入全蝎常可增强疗效。王老曾治一女性患者胡某，小学教师，患视疲劳症多年，加重数月，看书报、电视则目胀痛甚，无法正常工作，口服四君、归脾、逍遥、补中益气汤等方加减数十剂乏效。投以柴葛解肌汤去石膏加全蝎、地龙，2 剂即觉胀痛锐减，患者服药不到 10 日，诸症若失，恢复工作。

（3）止痉息风

胞轮振跳，甚者同侧面部口鼻肌肉亦同时抽掣，西医称面肌痉挛，治疗较困难。此证多属虚风之候，不论阴虚、血虚所致，均可酌加全蝎于四物、六味、归脾等方中，息风止痉效果颇佳。另有小儿劄目一症，多系肝经风邪为患，在辨证选方基础上加用全蝎，也有良效。

（4）止痒止泪

目痒属风，全蝎搜风，故有良好的止痒作用，对于全身及眼目的瘙痒均有明显功效。全蝎的走窜特性，用于泪道阻塞的流泪症有止泪作用。

查历代中药文献大都认为全蝎有毒，不可率用、多用、久用，但据王老数十年临床观察，尚未见服用本品中毒的病例。一般来说，研末吞服较入煎剂效果显著，用量亦可减半（成人量每日约3g，分3次，每次1g）。长期服用全蝎亦未见不良反应，曾治一老年黄斑变性伴心脑血管病变患者，使用多种风药、血药、虫药制作丸剂服用，2002年至今前后10余年，全蝎用量累计超过1000g，一直病情控制良好，全身状况稳定，视力略有提升，未见任何不适。王老曾经指导研究生对以全蝎、蜈蚣为主的复方制剂进行急性、长期毒性试验，初步证实了虫药的安全性。有资料称：全蝎含毒性蛋白，其毒素加热至100℃，经30分钟即被破坏，故全蝎毒性仅存在于活体，当其被制成干品后，身上原有毒素已失去活性，因而不再具有毒性（见高汉森《中药毒性防治》，广东科技出版社，1986年）。

另有蜈蚣，功用与全蝎相近而略偏温燥，故运用范围不如全蝎广泛。遇病情较重者，可与全蝎相须并用，功效更强。

（原载《中医杂志》1991年第12期，本文略有补充）

7. 虫药君子土鳖虫（王明杰）

土鳖虫，又称地鳖虫，最早记载于《神农本草经》，言其“味咸，寒，主心腹寒热洗洗，血积癥瘕，破坚，下血闭，生子，大良”。其性寒味咸，归肝经，破血逐瘀，续筋接骨。主治跌打损伤，筋伤骨折及癥瘕积聚等症。现代研究显示，土鳖虫具有溶解血栓、抗凝血、抗肿瘤、促进骨折愈合、调节血脂、抗突变、耐缺氧等药理作用。

本品历来为伤科要药。王老认为土鳖虫是一味性能平和而作用可靠的活血开玄药，可广泛应用于内外各科多种病症。叶天士《临证指南医案》曰：“虫蚁迅速飞走诸灵，俾飞者升，走者降，血无凝着，气可宣通。”本品在虫药中，虽然不如蜈蚣、全蝎之类作用强烈，却同样具走窜钻透之性，可以开通玄府窍道，流通气血津液。其特点为活而不峻，不燥不烈，能行能和，亦药亦食，堪称虫药中君子，虚人尤为适宜。土鳖虫既可研末入丸散剂，又可水煎、泡酒用，较之蜈蚣、全蝎、水蛭等品，使用更方便，价格又低廉，故为王老临床所常用。

历代本草均载本品有小毒，但据王老数十年应用，从未见其毒性反应。同属异性蛋白，蜈蚣间或引起皮肤过敏，土鳖虫则很少发生，用之甚为安全。王老临床广泛运用于内外各科多种病症，特别是中风、眩晕、头痛、冠心病、颈椎病、腰椎间盘突出症、前列腺病、乳腺增生、经闭、痛经以及各种癥瘕痞块，疗效肯定，屡试不爽。王老经验方如羌鳖开痹汤、天虫定眩饮、追风逐瘀醒脑汤、软脉开闭散、五虫壮骨丸等均以本品作为主药。常用量：汤剂每剂 6 ～ 12g，丸散剂酌减。

8. 开玄良药马钱子（王明杰）

马钱子首载于《本草纲目》，又名番木鳖，性味苦寒，有大毒，入肝脾二经。功能清血热、通经络、止疼痛、散结消肿。其药性峻猛毒烈，功擅通络开闭。《串雅补》云："此药走而不守，有马前之名，能钻筋透骨，活络搜风，治风痹遍身骨节疼痛，类风不仁等证。"近代名医张锡纯盛赞其功效说："其开通经络，透达关节之力，实远胜于他药也。"又谓其"能瞤动神经，使之灵活"，故被视为治疗中风痿躄等神经系统疾患之佳品。王老认为马钱子有很好的开通玄府作用，可用于各种顽固性疼痛、中风、骨病及视神经、视网膜疾患，尤其是对于重症肌无力和外伤性病症有独特功效。但其中毒剂量和有效剂量非常接近，故应该严格注意炮制方法及用法用量，防止中毒。

马钱子用法：选择中药饮片厂已炮制的马钱子，或者自行炮制，砂炒至外表黑褐色、内心黄褐色为佳。每日用量应控制在 0.5 ～ 0.75g，一般不宜超过 0.9g，以免发生不良反应。王老常采用小剂量递加法，即首次给病人一个较小剂量（通常可给 0.25 ～ 0.3g），然后视病人药后反应而逐步增量，通常以服药后精神转佳，而无头晕舌麻、口唇发紧、胸闷憋气、抽搐痉挛等症状出现为最佳剂量。病情重者，每日早晚各服 1 次，但每次用量不能超过 0.45g，且两次用药应间隔 12 小时；病情较轻者，每日只服 1 次，于临睡前服（可减少副作用）。剂型一般宜采用胶囊剂，即将制马钱子研极细末，然后按每粒 0.25g 或 0.3g 的规格分别装入胶囊备用，以便根据病情灵活增减用量。亦可入丸散中使用。疗程一般 1 个月，可连续服药或采用每周连服 5 天，休息 2 天的服药方法。部分病情较重者，可用药 2 ～ 3 个疗程，一疗程结束后休息 3 ～ 5 天，再继续下一疗程，以免积蓄性中毒。

9. 丸剂应用体会（王明杰）

膏丹丸散是传统的中药剂型，为王老临床施治所常用，尤其是水丸剂，运用最多。多年来，王老以丸散剂为主，治愈了不少病程冗长、缠绵难愈的顽症痼疾，从中总结出以下四大优势：

一是性缓效长。《汤液本草・东垣用药心法》云："丸者，缓也，不能速去之，舒缓而治之也。”缓者用丸，丸剂在胃肠道中缓慢崩解，逐渐释放药物，吸收显效迟缓，缓攻缓补，作用持久。慢性难治病多为沉疴痼疾，非一朝一夕所能奏效，唯有慢病缓图，故丸剂颇为相宜。他如久病体虚、病后调理，不能求速效，丸剂亦为合适剂型。

二是减毒增效。《苏沈良方·论汤散丸》云："汤散丸各有所宜……无毒者宜汤，小毒者宜散，大毒者须用丸。”丸剂不仅能缓和药物的峻猛之性，而且对毒、剧药物可延缓释放与吸收，减少毒性和不良反应。王老使用马钱子时，常采用丸剂，可达到平稳持久的疗效。使用虫类药时，亦常采用丸剂，用意不在于减毒，而在于增效。如水蛭、全蝎、蜈蚣等均水煎效差，研末冲服又较麻烦，制为丸剂服用能充分发挥药物疗效，且有助于消除一些患者对虫药的畏惧心理。

三是简便易行。水丸制作、携带、服用、保存均十分方便，大多数患者乐于接受。尤其是需要长期服药的一些慢性顽固性病症，每日水煎甚是麻烦，患者往往难以坚持正规服药，从而影响治疗效果。王老临床对于中风、偏头痛、脑供血不足、颈椎病、腰椎间盘突出症、视神经萎缩、慢性青光眼等治疗十分强调有方有守，持之以恒，一般每次以 4 ～ 6 剂为一料制水丸，服用 1 个月左右，患者基本上都能坚持服用。外地患者每月复诊一次，甚感方便。

四是降低药费。对于慢性病患者来说，长年累月用药是一笔不小的费用，特别是人参、天麻、全蝎、水蛭之类名贵药材，会造成一定经济负担。丸剂由于服药量小，大多数 1 剂可服 5 ～ 7 日，充分发挥药物的治疗作用，减少了煎煮不当造成的药材浪费，深受患者欢迎。

少数患者不习惯吞服，如血糖不高，可加蜂蜜制为蜜丸嚼服；或研细末作散剂冲服，效果相当。

10. 复法大方应用心得（王明杰）

王老临床善用大方治病，方中药味往往超过 20 味乃至于 30 味，熔表里、寒热、燥湿、开阖、攻补之药于一炉，体现多种治法的复合，谓之复法，或称杂合以治。王老认为，临证处方一般应以精练简约为贵，要求医生辨证准确，施治主攻方向明确，用药不宜杂乱。但在不少情况下，需要采用杂合以治的复法大方，方能出奇制胜。主要有以下几种情况：

一是病变复杂。临床上一些疑难杂症，往往寒热虚实错杂，痰浊瘀毒胶结，病因多端，病机复杂，单一治法往往收效不佳。特别是一些老年患者，每每新病宿疾兼夹，即使是急则治标，也不能不兼顾其宿疾（如高血压、糖尿病等），遣方用药必须综合考虑，杂合组方，正如喻嘉言所云：“治杂合之病，必须用杂合之药。”

二是病情顽固。对于一些常法久治不愈的重症顽症，王老认为其玄府闭塞深重，仅用某一开玄手段难以奏效，必须四面合围，分进合击，调动多种开玄药物，大兵团作战。王老常以风药、虫药、活血药作为开玄基础药，酌情选用温通、泻下、化痰、利水，以及扶正之品灵活组方，多管齐下，多能收到较好效果。

三是慢病缓调。王老习用丸剂、散剂、膏方、药酒等作为各种慢性疾患的调理巩固治疗，便于患者长期服用。此类处方亦多为大方。因为用药周期较长，一般 1 ～ 2 个月以上，王老认为拟方应当全面一些，照顾到患者的体质属性、脾胃功能、兼夹病症等，因而药味往往较多。

值得注意的是，复法大方的构建不是简单的大包围，或是杂乱无章的大拼盘，必须坚持治则理论的指导，力求做到法虽杂而方不乱，药虽杂而法不乱，才能收到协同增效，或相反相成的卓越作用。

三、经验总结

近十余年来，王明杰教授、黄淑芬教授指导的学术继承人从不同方面、不同角度整理总结了二老发表的不少临证经验文章，下面摘录其中的 11 篇，原文出处及其作者见书末“附录”。

（一）寒温并用治疗外感发热（黄淑芬经验）

外感发热为临床常见病、多发病，根据“热由毒生”之理，临床治疗多用辛凉、苦寒清解热毒，而黄淑芬教授却注重辛温解表之品，认为这些药物所具有的独特宣通作用有着重要的意义，常与辛凉、寒凉药物配伍，寒温并用，收效甚捷。

1. 对外感发热病因病机、治法的认识

外感发热是由于机体感受外界六淫之邪或疫毒所致的，以体温升高为主要临床特征的病证。由于外邪侵犯，机体奋起抗邪，邪正交争，发热是机体抗争邪气、御邪外出的一个主要表现，临床表现热证、阳证、实证者居多。黄教授认为其病既有阳气亢奋的一面，又有外邪阻遏，气机郁滞之机转，阳气郁遏是火热病机中的重要环节，热与郁往往互为因果，热甚则玄府闭密而气机郁遏，气机郁遏又反过来促使火热更盛，从而形成火愈炽则郁愈甚、郁愈甚则火愈炽的恶性循环。因此，临床上如何使郁遏的阳气开通，便成为不容忽视的一个问题。一般来说，邪热亢盛而郁结尚轻，运用寒凉宣泄之品，郁结多能随之而解。但在郁结较甚的情况下，单纯寒凉之剂便不能胜任，不仅不能清除邪热，反会产生凉遏冰伏之弊，加重壅滞，不利于邪热外透。因此不可偏执寒凉一法。而辛温之品，气香行速，性善疏通，具有较强的疏表达邪，开郁透热之效，与寒凉药相伍，又可防寒凉冰伏。

黄老还认为，辛温、辛凉的区分，重点不在于温性凉性之异，而在于开散力量的强弱。风寒表证多郁重热轻，开散宜重，故当用辛温；风热表证多郁轻热重，开散宜轻，故常用辛凉，且配合清热之品，但辛温之品并非绝对禁忌。临床遇温病初起表邪郁闭甚者，单用辛凉清解有时效果不佳，借助辛温解表药物的较强发散作用，常有明显增效作用，当然应注意用量及配伍。

寒温合用法在外感热病中的运用较为广泛，尤多用于病在卫表，或半表半里，或寒热夹杂，或风湿郁热、湿遏热伏等证。

2. 临证运用举隅

例1：周某，女，28岁。发热、咽痛3天，2009年2月8日初诊。患者于2天前突发高热，西医诊断为急性上呼吸道感染，用林可霉素、甲硝唑、柴胡注射液等，高热不退，体温为38.5～40.1℃，转而求中医诊治。症见：身热无汗，微恶寒，头痛鼻塞，咽痛不适，口渴欲饮，舌红苔薄黄，脉浮数。查体：T39.5℃，P110次/分，面色潮红，肌肤灼热，咽部充血，双肺呼吸音粗糙，未闻及干、湿啰音，血常规正常。诊断：发热，证属风热郁表，内热渐盛，法当清宣并举。方用银翘白虎汤加减：金银花20g，石膏30g，连翘、知母、柴胡、牛蒡子、板蓝根各15g，羌活、荆芥各12g，甘草3g，1剂。

2009年2月9日二诊：服药2次后，一身微汗出，体温逐渐下降，晚间再服药1次，一夜未再发热，体温37.3℃，两目尚红，口唇干燥，神倦纳差，舌红苔少，为气阴两伤，余热未尽。上方去羌活、荆芥、石膏，加沙参、生地黄、麦冬，2剂。

三诊时诸症已愈，唯食欲未复，改予健脾和胃调理善后。

按：患者由于感受风热之邪，邪犯于表，邪正交争，卫阳被郁，腠理闭阻，故发热、恶寒、头痛、无汗；风热上冲肺系门户见鼻塞咽痛；热蒸于上致面色潮红，邪热伤津，引起口渴欲饮，舌红苔薄黄、脉浮数为风热在郁表，内热渐盛之征。治以辛凉解表、宣肺泄热，方中金银花、连翘辛凉解表、疏散风热；石膏辛甘大寒，功善清解、透热出表；知母、板蓝根苦寒清热；牛蒡子宣肺利咽；柴胡辛苦微寒、解表退热；羌活、荆芥辛温发散透热，以增开散之力量，并有防寒凉冰伏之弊；甘草清热解毒、调和诸药。全方寒温并用，辛凉以透表，辛温开腠理，开泄表郁内热，使闭郁之邪外达。在大剂量的辛凉、苦寒清热之剂中，配入辛温之品，是本案用药特色。

例2：陆某，女，63岁。发热、恶寒5天，于2009年1月5日就诊。患者身体素虚，容易感冒，此次因天气变化受凉后出现发热、恶寒、身痛，自行服药（抗病毒冲剂等）治疗，病未减轻。故来求诊。症见：发热汗出，微恶寒，全身酸痛，乏力，口苦咽干，咳嗽少痰，咳则胸胁疼痛，纳差，舌质淡红，苔薄白，脉弦细数。查体：T38.5℃，咽部轻度充血，双肺未闻及干、湿性啰音；血常规：正常。诊断：发热（太阳、少阳合病）。治宜疏风解肌、和解少阳。处方：柴胡20g，桂枝12g，黄芩12g，白芍12g，法半夏12g，枳壳12g，桔梗12g，党参20g，生姜6g，甘草6g，水煎服，1日1剂，2剂。

二诊：服药后体温降至正常，自觉口干、乏力，上方柴胡减为10g，去桂枝、生姜，加沙参20g，服2剂后病愈。

按：患者素体虚弱，冬春之季感受外界风寒之邪，邪客于太阳，经气不利，故发热、恶寒、全身酸痛；邪犯少阳，气机不畅而见胸胁疼痛；纳差，说明少阳胆热内郁，脾健运失职；邪气犯肺，肺失宣降，导致咳嗽；郁热损伤阴津引起咽干、脉细；舌质淡红、苔薄白、脉浮数为风寒外袭，热郁滞里之太阳少阳半表半里之征。证属太阳营卫失和兼少阳枢机不运，治以发表解肌、和解少阳、透热解郁。方选柴胡桂枝汤加减，方中桂枝、生姜、半夏等辛温之品与柴胡、黄芩、白芍等寒凉之品并用，并配合党参扶正，两解太阳少阳之邪而愈。

例3：曾某，男，46岁。因反复发热7日，于2008年8月26日就诊。患者于发病前因天气炎热贪凉饮冷出现恶寒身热，胸脘痞闷。诊断为感冒，经中西医药物治疗，汗出热稍减，但反复发作，其热不退，午后为甚，遂来诊治。诊见：身热，汗出黏腻，头昏重，脘闷，纳呆，小便短黄，大便溏薄不爽，口渴不欲饮，舌红苔白厚腻，脉濡数。查体：T38.5℃，其他未发现明显异常。血常规：白细胞总数正常，中性粒细胞比例80.5%。诊断：发热，证属暑湿内郁。治宜清暑泄热、化湿和胃。方用蒿芩清胆汤加减。处方：青蒿15g，黄芩12g，竹茹10g，茯苓15g，滑石30g，柴胡15g，枳壳10g，陈皮10g，法半夏12g，苍术12g，干姜6g，甘草3g。水煎服，温服，每日1剂，2剂。

二诊：服药后，体温恢复正常，纳食略增，改用三仁汤加减调理。

按：泸州属川南地区，夏季多雨，气候潮湿、闷热。天暑下迫，地湿上蒸，湿气与暑热相合而成暑湿病邪致病。暑热侵犯人体则发热；湿热交蒸，致汗出黏腻；湿困中焦，升降失常，故头昏脘闷纳呆；暑热伤津，引起小便短黄；湿阻津液不能上承，故见口渴不欲饮；湿热下注，导致大便溏薄不爽；舌红苔白厚腻，脉濡数，均为暑湿郁滞之象。治以青蒿、黄芩、薄荷、滑石等寒凉清暑泄热，苍术、法半夏、陈皮、干姜等辛温燥湿和胃。《温病条辨》云："温病最忌辛温，暑病不忌者，以暑必兼湿，湿为阴邪，非温不解。"全方寒温并用，分消湿热，使暑清热退、湿去胃和，诸症自解。

（二）运用风药治疗内伤发热（王明杰经验）

内伤发热是与外感发热相对应的一类发热病证，以内伤为病因，如久病体虚、饮食劳倦、情志失调、外伤等，起病缓慢，病程较长，以低热多见，但亦可为高热，也有患者自觉发热或五心烦热而体温并不升高，并表现为定时发热。常伴有头晕体倦、自汗盗汗、脉弱无力等。王老运用玄府理论分析内伤发热，认为情志不舒、劳倦过度、饮食失调，以致脏腑功能失调、气血津液运行不畅，必然导致玄府闭塞；气血阴阳亏虚，亦可引起玄府失养而萎闭。故玄府闭密，阳热怫郁，是内伤发热病机的重要一环，也是造成其证情虚实错杂的主要原因。治疗除了补虚泻实外，也不能忽视开通玄府一法。例如气虚之所以发热，其成因不在于虚，而在于因虚致郁，东垣补中益气汤中升麻、柴胡，即是为开郁而设。王老经验，风药轻灵流动，升发清阳，舒畅气机，透达郁结，是最常用的一类开通玄府药物。治疗内伤发热，不论痰瘀郁结，还是阴血亏虚，在辨证选方基础上，适当配伍风药，均有助于提高疗效。

例 1：谢某，男，75 岁，叙永县退休职工。2015 年 6 月 7 日初诊。夜间潮热 5 年余，季节性发作，每年夏秋季节加重。此次发作已 3 个月，每天凌晨 3 ～ 5 点即出现全身潮热（体温未见升高），伴口干苦，难以安睡，至清晨发热才逐渐消退。夜夜如此，深以为苦。患者曾多方求治于中西医未效，中医多从阴虚或湿热论治，遍服青蒿鳖甲汤、清骨散、龙胆泻肝汤、芩连温胆汤之类无效。此次专程从叙永来泸州求医。自述有尘螨过敏史、常引发哮喘（目前未发），余无异常。苔黄腻，脉弦滑。

诊断：内伤发热，证属湿热郁阻少阳三焦，治宜清化湿热、和解少阳、宣通三焦。方用柴胡桂枝汤合蒿芩清胆汤加减，药用：柴胡 24g，酒黄芩 12g，法半夏 12g，北沙参 20g，甘草 6g，桂枝 9g，赤芍 20g，牡丹皮 12g，青蒿 20g（后下），竹茹 12g，麸炒枳实 12g，茯苓 15g，陈皮 6g，大青叶 15g，滑石粉 20g（包煎）。3 剂，水煎，分 3 次服，每日 1 剂。

2015 年 6 月 12 日二诊：患者自述服药当晚潮热即减，3 剂后潮热、口干苦均已解除，夜间能轻松安睡。打算带药回家调理巩固，因嫌煎药麻烦，要求改用散剂。上方中法半夏易为半夏曲，去滑石。2 剂，共研细末冲服，每次 10g，每日 3 次。

2015 年 7 月 2 日电话告知，潮热未再发作。2015 年 7 月 23 日再次来电告知，停药半月，夜间潮热复发。因住叙永，来泸不便，求赐处方。次日以手机短信发送上次处方。7 月 26 日来电致谢，称煎服 2 剂后药到病除，嘱继用 2 剂以资巩固。12 月 1 日特到门诊告知热未再发。

按：本案属于湿热郁滞三焦，少阳枢机不利而夜间定时发热。前医所用方中，芩连温胆汤应较为合拍，但方中缺乏开通之品，郁滞未开，湿热难解，故潮热不去。王老选用柴胡桂枝汤与蒿芩清胆汤合方化裁，方中以风药柴胡、桂枝开通郁滞，加上青蒿之清透、滑石之利窍，协同开通玄府，配合诸药共臻疏利三焦、调达上下、宣通内外、运转枢机之功，使热清湿化，气机畅疏，则潮热不再发作。5年痼疾，豁然而愈，足见风药在方中的作用至关紧要。

例2：阳某，女，35岁，泸州某职高教师。2010年12月22日初诊。主诉：反复发热2个月，复发7天。患者3年前曾患重症肝炎，经重庆某军医大学附属医院治愈，但体质较差。2个月前因劳累后突发高热，体温最高达39.6℃。以为肝病复发，遂前往该院求治。经门诊收入住院，通过全面检查，实验室各项指标（包括血培养）均无异常，未能明确诊断，予西药对症治疗10余天后体温逐渐减退，出院返回泸州。7天前因较长时间步行后又出现发热，连日来体温在38.5～39.5℃波动不退，服用前述西药乏效，遂求中医诊治。诊见：发热，体温39.3℃，不恶寒，无汗，头昏，体弱乏力，右侧季肋下疼痛不适，口微渴，不思饮，舌苔薄白微腻，脉细数无力。中医诊断：内伤发热，证属气阴两虚，阳热怫郁。治宜益气养阴，开郁泄热。方选麻黄升麻汤加减。药用：麻黄12g，当归12g，黄芩12g，升麻15g，天冬15g，柴胡30g，葛根30g，石膏30g，南沙参30g，黄芪25g，白芍20g，玉竹20g，甘草6g。2剂，每天1剂，水煎服。

二诊：服药后发热消退，体温正常，自觉体倦乏力，咽喉不适（无红肿），右胁疼痛。守上方去石膏、天冬，麻黄改用5g，加麦冬18g，桔梗12g，蒲公英30g。2剂，水煎服。

三诊：胁痛消失，体温正常，精神转佳，用补中益气汤加减调理善后。

2011年2月1日电话随访，称一直没有再发热，体力增强，生活质量明显提高。

按：本案患者因患重病后正气受损，脾气不足，气机阻遏，怫郁化热，形成虚实夹杂的内伤发热。一般内伤发热多为低热，本案发热高达39℃以上，加之过劳耗气而使郁热反复发作。由于脾虚清阳不升，故见头昏，四肢失养而乏力；因虚致郁，气机不畅引起右胁下疼痛不适；脉细数无力为气阴两伤。证属本虚标实，治应标本兼治，开泄郁热，益气养阴。《伤寒论》中麻黄升麻汤用于治疗厥阴病邪陷阳郁，上热下寒，正虚邪实之证。方中寒温补泻兼施，药物较杂，历代医家对此颇多微词。王老认为该方以麻黄升麻为名，且用量独重，重在发越郁阳，兼顾虚实寒热之混杂，与本案颇为合拍。故略予化裁（去桂枝、干姜、茯苓、白术，加柴胡、葛根、黄芪、南沙参），以开通玄府之闭塞，解散阳热之怫郁，兼顾气阴之损伤。方中以风药麻黄、升麻、柴胡、葛根发越郁阳，宣散郁热；黄芪、南沙参、甘草补中益气；当归、白芍、天冬、玉竹滋阴养血；石膏、黄芩直折其火。全方标本兼顾，补中有泻，升降相因，尤其麻黄开泄力甚强，使郁发的高热迅速消退，收到“一剂知、二剂已”的卓越效果，彰显出风药对于此类发热不可或缺的重要性。

（三）治疗中风的临床经验（王明杰经验）

1. 疏风散邪、活血通络治疗中风先兆

中风先兆是指中风前的一些先兆症状，又称为“小中风”，常见突然感到眩晕、突然跌倒或晕倒、一侧面部或手脚麻木无力、一侧肢体不自主的抽动，等等。大多医家认为中风先兆为肝风内动，夹痰夹火流窜经络所致，治疗上多采用平肝息风、重镇潜阳、滋补肝肾之法。王老认为，中风先兆为风邪入中，上扰清窍，脑络不利所致。因其起病急骤，与风善行多变的特性相符，且《内经》有云“风者，百病之始也”，风邪外袭，留滞脉络，与气血胶结不解，导致气滞血瘀络阻。病既从风而得，理应由风而解。王老拟疏风散邪、活血通络之大法，重用疏散外风之品，如防风、荆芥、葛根、羌活、麻黄、牛蒡子、桂枝等，同时配以虫类药以通络透邪，如僵蚕、地龙、全蝎、蜈蚣、水蛭等。风药作为主药，既针对主要病因起作用，又能明显增强活血化瘀作用，以提高临床疗效。

例：谢某，男，46岁。2004年4月12日初诊。素有高血压病史。近2天来感头目阵阵眩晕、视物不清，左手时时欲颤，测血压180/100mmHg。王老认为，此属中风先兆，辨证为风邪入中，风邪与气血相互纠结为患，流窜经脉，上扰清空。治宜疏风散邪、通窍透络。处方：川芎、荆芥、羌活、防风各10g，蝉蜕、丹参各15g，白芍、葛根各30g，蜈蚣2条（研末冲服），全蝎5g（研末冲服）。3剂后眩晕、手颤症状减轻。继续服用6剂后，上述诸症均得以消除。嘱患者坚持

正规服用降压药。

按：本案处方即仿“川芎茶调散”之意。本方集辛散祛风之品与虫类药于一方，重用疏风药，应用时宜微煎，取其轻清灵动之气而疏散风邪。对于中风先兆病症，风药与通络之虫类药合用，不仅协同增效，尤能引药上行，所谓“高巅之上，唯风药可及”，验之临床，确非虚语。

2. 搜剔祛风、化瘀通络治疗中风后遗症

中风病程超过半年以上者，属于中风后遗症期。对于此期治疗，王老认为，患者经络阻滞，因而必须用一些虫类药。盖非用搜风剔邪、逐痰祛瘀通络之峻品，不足使顽痰、死血尽去。常用虫类药有僵蚕、地龙、全蝎、蜈蚣、水蛭、穿山甲等。缺血性中风患者，此时风、痰、瘀沉痼，阻滞经脉，气血运行不畅，非虫类药以攻冲走窜、搜剔祛风不能化沉痼、开胶着、通经络。对于出血性中风患者，其发病半年以后，大部分出血已经吸收，因此应用活血通络之品是比较安全的，不致有耗血、动血之虞，但应选用性情较温和的药物，从少量起逐渐加量，以一种虫类药逐渐到几种虫类药联合应用，同时配伍三七、蒲黄等止血活血之品。由于久病必伤正，患者既有正虚的一面，又有邪留的证候，在治疗中风后遗症期，多采用丸药以图缓攻，并可适当配用扶正之品。

例：姜某，男，50岁。2003年9月18日初诊。患者于当年2月间患左侧内囊区出血，复查头颅CT示血肿基本吸收，可见软化灶。现遗右侧半身不能动，右下肢远端肌力Ⅰ级，自汗，头痛，舌强语謇，舌暗红，脉弦滑。王老认为，此为风邪中于经络，络脉痹阻，筋骨为之不用，离经之血化热伤阴，阻碍新血化生。宜搜剔祛风、化瘀通络大法。处方：秦艽、羌活、防风各10g，黄芩、生地黄各15g，葛根30g，地龙12g，三七6g（冲服），红花3g。服上方4剂后，自觉舌体渐软，语言较前流利，头痛稍减，唯右侧肢体活动仍不利。在上方基础上加黄芪30g，继续服用10剂。右下肢能扶杖走10～20步，右手指能屈伸活动。继以上方做成丸药服用。后随访患者右侧肢体功能恢复较好，能独立行走，生活基本能自理。

按：本例所用处方有活血、止血、祛风通络之效。其中三七为活血止血、祛瘀通络要药，验之临床，不论出血、缺血，均可使用。不入煎剂时，研极细末，以药汁冲服。同时，本方中还大量运用了风药，其芳香温通之性能够激发人体之阳气，激活脑神之功能，使脑窍得通，且芳香温通之品性走而不守，则取其轻清流动之意以开通玄府，且可透邪外出，引药直达病所。

3. 配合运用外治法

内服药物只是治疗的一个方面。在临证中，王老注重外治法的使用，常采用的方法有外洗、外熨法。外熨时常采用制川草乌、桂枝、制附子、生姜、黄芪等研末炒热，布包热熨患侧肢节，使用 3 ～ 4 次后，待药之气味渐尽，另换新药。外洗则嘱患者将所内服药渣加艾叶、花椒、生姜等煎水搽洗患肢。如此局部与整体治疗相结合，内服药和外治法相结合，可提高疗效，促进患者早日康复。

（四）从玄府论治椎 – 基底动脉供血不足性眩晕（王明杰经验）

椎 – 基底动脉供血不足是中老年人常见的一种缺血性脑血管疾病，多由于脑动脉粥样硬化、颈椎病等原因引起基底系统供血障碍所致。临床表现主要症状为头晕目眩，可伴有恶心、呕吐、耳鸣及听力减退等。本病属于中医学“眩晕”范畴，一般从“风”“痰”“瘀”“虚”论治。常见证型有肝阳上亢、气血亏虚、肾精不足、痰湿中阻、瘀血阻窍等。王老从玄府理论的新视角诊治本病，疗效显著，独具特色。分析认为，椎 – 基底动脉供血不足性眩晕病位在脑，病根在于脑络玄府郁闭。发病机制为精气亏虚，玄府萎闭，痰瘀内生，络阻风动。

椎 – 基底动脉供血不足好发于中老年人群，西医认为主要与血脂增高，胆固醇沉淀附着于血管壁，使血管壁失去弹性，不能扩张有关。中医学称本病为“眩晕”。《黄帝内经》曰：“年四十，而阴气自半也，起居衰矣。”年高体衰，精气亏虚，清阳不升，易致脑髓失养。《灵枢・海论》曰：“髓海不足，则脑转耳鸣，胫酸眩冒。”基于这一认识，椎 – 基底动脉供血不足这类老年眩晕当以补法治之。然而效果不尽如人意，说明仅从精气亏虚认识本病是不够的。前人有“无痰不作眩”与“血瘀致眩”之说，近年来不少医者主张从痰瘀及络病论治，认为椎 – 基底动脉属于中医脑络范畴，脑络渗灌精血以充实脑髓，是神机运行的物质基础，椎 – 基底动脉供血不足是痰瘀阻滞脑络的正常功能障碍引起的“络病”。治疗除了补益精气外，更重视活血、化痰、通络药物的运用。王老认为这是治疗上的一大进步，但仍有所不足，还有必要从玄府理论进一步分析。络病的形成，与脑络上的玄府闭塞有密切关系。

运用玄府学说来认识本病，中老年人精气亏虚，清阳不升，脑部相关脉络之玄府失养而发生萎闭，以致津血渗灌不利，郁滞脉络而形成痰瘀等病理产物堆积，这是导致血管硬化的机制。由于脉道不畅，气血运行受阻，可引起脑络挛急，致卒发风动，出现头晕目眩等症。王老认为，精气亏虚、清阳不升为发病之基础，络阻风动是眩晕发作的直接病机，而玄府闭塞则是病变的关键一环。因此，除了益气升阳、化痰活血外，着力解除脑络玄府的闭塞对于本病治疗具有重要意义，风药、虫类药等开通玄府药物必不可少。临证常用自拟天虫定眩饮作为基本方加减化裁，收效甚捷。可见，从玄府角度认识本病病理机制，执简驭繁地囊括了各类纷繁复杂的辨证分型，为临床诊治提供了重要的思路。基本方：天虫定眩饮（丸）。

例1：文某，女，77岁。2015年2月5日就诊。眩晕反复发作年余，经颅多普勒检查，示脑动脉硬化并单侧椎－基底动脉流速减低，西医诊断为椎－基底动脉供血不足。近日眩晕加重，站立不稳，神疲短气，胸闷不适，咯泡沫痰，纳差便溏，舌淡苔白微腻，脉沉细。中医诊断：眩晕。辨证：中气不足，痰瘀阻络。治法：益气活血，化痰通络。处方：黄芪30g，当归12g，葛根30g，天麻15g，白术12g，法半夏12g，鸡血藤30g，土鳖虫10g，僵蚕10g，防风10g，酒川芎12g，羌活10g，白芍25g，生牡蛎30g，炙甘草6g。3剂，水煎服，每日1剂。

2015年2月8日二诊：眩晕明显减轻，精神转佳，继服3剂。

2015年2月12日三诊：眩晕基本控制，上方以鳖甲易牡蛎、半夏曲易法半夏，5剂，制水丸服用（每次9g，3次/天）。

1个月后患者家属来电话称服丸药后眩晕未再发作，要求继续制作水丸调理巩固。

按：本例属于脑动脉硬化引起的椎－基底动脉供血不足。本案患者年事已高，脾气亏虚，纳运失职，神疲短气，纳差便溏。《临证指南医案》曰："脾宜升则健。"脾虚日久，升清无力，清阳不能上达头面，头面失养则眩晕。精微不足，脑之玄府失养，气血津液流通道路门户渐渐衰萎闭阻，津凝成痰，血滞成瘀，痰瘀阻滞，风气内动，进一步加剧眩晕，且反复发作，经年不愈，日渐加重。王老运用天虫定眩饮加减治疗，方中黄芪、白术、半夏健脾除湿，当归、鸡血藤、白芍养血活血，葛根、天麻、防风、川芎、羌活等风药辛散轻扬，宣通气血，与虫药僵蚕、土鳖虫等走窜之品相配，开通玄府，流通气血津液，以消凝痰败瘀，且可引诸补益之药上达头面。王老经验，天虫定眩饮加减不仅对控制眩晕症状效果显著，而且对改善动脉粥样硬化也有一定作用。方中除了虫类药与活血药外，风药的作用尤其值得重视。

例2：罗某，女，45岁。2013年5月5日就诊。头晕目眩3月余。3个月前，患者出现眩晕，转动颈部则加剧，颈部僵硬不适，X线片示颈椎病。现精神疲乏，自汗，舌暗苔白微腻，脉弦涩。辨证为气虚血瘀，络阻风动，治宜益气活血、通络息风。处方：葛根50g，羌活10g，防风10g，鸡血藤30g，天麻15g，法半夏12g，石菖蒲10g，酒川芎15g，伸筋草20g，舒筋草20g，黄芪25g，地龙10g，土鳖虫10g，僵蚕10g，党参20g，炙甘草6g。3剂，水煎服，每日1剂。

2013年5月7日二诊：眩晕减轻，效不更方，原方基础上加红参，加强补气力量。

2015年5月12日三诊：诸症缓解，改为丸药调理月余而安。

按：本例属于颈椎病引起的椎－基底动脉供血不足。患者长期伏案工作，缺少锻炼，日久发为颈椎病，导致椎－基底动脉供血不足，脑之玄府失养，气血津液流通受阻，痰瘀互结，络阻风动，引起头晕目眩。治宜益气活血、通络息风、化痰除湿。选方天虫定眩饮加减治疗，方中黄芪、党参补气升阳，半夏、石菖蒲化痰除湿，葛根、羌活、防风等风药及当归、白芍、鸡血藤等血药与土鳖虫、地龙、僵蚕等虫类药均为治颈椎病的要药，加入伸筋草、舒筋草舒缓颈部筋脉挛急，收效甚捷。二诊症状减轻，效不更方，原方基础上加红参，增加补气力量。症状明显缓解后，改为丸药调理月余而愈。

（五）治疗颅脑损伤后综合征的经验（王明杰经验）

颅脑损伤属于中医“损伤内证”等范畴。中医认为，脑部受伤后，脉络破裂，血液流出脉外，留于局部，形成瘀血。纵观历代文献，几乎所有医家都认为颅脑损伤导致脑的气血逆乱，血液循环运行障碍，其基本病变为瘀血阻滞，目前中药运用多限于“活血化瘀”之品，因而有必要拓宽临床思路，进一步提高中药参与救治的效果。王老从玄府理论的新视角出发，指出颅脑损伤不仅存在瘀血的因素，且常有风邪为患，主张颅脑损伤从风论治，大量应用风药、虫药，收到良好效果。

1. 对颅脑损伤病机的认识

王老指出，脑为髓海、元神之府，五脏六腑之精气皆注于脑，颅脑损伤后髓海脉络受损，气机逆乱，可造成多脏腑功能失调。突然外力撞击脑部，首先是脉络破损，营血离经，积而成瘀，瘀阻清窍；同时导致脑内气机壅闭或逆乱，继而因气滞血瘀而痰浊内生，痰瘀交阻，蒙蔽清窍，使清阳不升，浊阴不降，神明皆累而致癫狂、昏厥。脑病患者病程多长，且脑部血液循环极为丰富，若病久为害，可致瘀毒阻络，脑窍不利。气血逆乱，瘀血阻滞脉络，气血不得正常流布，脑失所养，元神失主，神机失用。其后多由实转虚，形成诸多以虚证为主的临床表现。但是不论虚证实证，风邪都是颅脑损伤中一个不可忽视的致病因素。

前人云“有伤必有寒”，王老认为应当改为“有伤必有风”。正如《原机启微》所说：“夫肉腠固，皮毛密，所以为害者，安以其来也。今为物之所伤，则皮毛肉腠之间，为隙必甚，所伤之际，岂无七情内移，而为卫气衰惫之原，二者俱召，风安不从。”健康人腠理密固，外邪无隙可乘。外伤后，则腠理疏松，再加外伤时七情内移，而卫气衰惫，二者相兼，风邪便乘虚而入。脑为清窍，位于人之头部高位，一旦头部损伤，风邪尤其容易侵入而为患。风邪入侵，横窜脑络，与瘀血相合，导致病情更加复杂多变，这就是造成该病病程迁延、病情缠绵难愈的根本所在。

2. 辨证论治经验

王老在颅脑损伤的临床治疗中，十分重视治风的问题，认为虫类药通达剔透，有搜风通络之效。常用全蝎、地龙、蜈蚣、水蛭、僵蚕、土鳖虫等，加入组方当中，每收事半功倍之效。而风药的开通玄府、引经报使、配伍增效等诸多作用，对于颅脑损伤的治疗也是必不可少的。下面介绍常用辨证论治方法：

（1）急性期

①痰瘀阻滞证：昏迷或初醒，烦躁不安，或时清时蒙，或谵妄乱语，或胡言乱语，无发热或低热，颈项强直，或有一侧肢体抽搐，气息粗短，胸闷，喉中痰

鸣辘辘，痰中夹有瘀血块，清醒时直呼头痛，胀痛或痛如锥刺，二便不通或失禁，头部或全身多处青紫、瘀肿，舌质暗红有瘀点，舌苔多白腻，脉弦滑。此证初起不用中药，平稳后可以口服或鼻饲中药：大黄、半夏各 15g，石菖蒲、郁金、红花、桃仁、生地黄、当归各 10g，豁痰化瘀、开窍醒神，必要时加服麝香粉 0.03g。

②痰热蒙窍证：昏迷或初醒，烦躁不安，或时清时蒙，或谵妄乱语，或胡言乱语，发热甚至高热烦躁，肌肤灼热，颈项强直，恶心呕吐，或肢体抽搐，气息粗短，喉中痰鸣辘辘，痰色黄稠，二便不通或失禁，尿黄赤，面色潮红，舌质红，舌苔黄糙或黄腻，脉弦滑数。或腹部胀满疼痛，大便秘结，或热结旁流。可用安宫牛黄丸。

（2）慢性期

①痰瘀阻滞证：头痛头昏，失眠多梦，纳呆食少，舌暗红，苔白腻。血府逐瘀汤加减：当归 20g，葛根 30g，羌活 10g，白芷 l0g，桃仁 10g，红花 10g，赤芍 10g，柴胡 12g，川芎 15g，石菖蒲 12g，白芥子 15g，地龙 12g，土鳖虫 10g，僵蚕 12g，甘草 6g。

②气血亏虚证：身体消瘦，少气懒言，四肢无力，食少纳差，记忆力减退等。补中益气汤加减：黄芪 30g，当归 12g，党参 30g，白术 12g，白芍 15g，柴胡 12g，葛根 30g，防风 10g，川芎 10g，土鳖虫 10g，地龙 10g，甘草 6g。

（3）后遗症

①偏瘫：多由于气虚不能运血，气不能行，血不能荣，气血瘀滞，脉络痹阻，而肢体痿废不能用。补阳还五汤加人参、白术、茯苓、甘草、山药、山茱萸、五味子及虫类药。对于口眼㖞斜，多在牵正散（白附子、僵蚕、全蝎）基础上加黄芪、当归、丹参、川芎、牛膝、地龙、水蛭、石菖蒲等，比单用牵正散效果好。

②外伤性头痛：由于头部内伤，瘀阻于上，清气不升，浊气不降，神明被扰，瘀阻不散，脑气壅聚，闭塞不通，神明失司，气壅则气血逆乱，血随之而聚。气血壅滞而脑窍不清，唯有升清调气，气顺血自行，瘀血去而新血生，诸症才可除。常用追风逐瘀醒脑汤治疗。

（六）从玄府论治重症肌无力（王明杰经验）

重症肌无力是一种表现为神经肌肉传递障碍的获得性自身免疫性疾病，以部分或全身骨骼肌易疲劳，呈波动性肌无力为临床特征，有时甚至表现为瘫痪、呼吸困难，严重缺氧，危及生命，属于中医“痿证”范畴。目前中医临床治疗多按照《灵枢·本神》所言“脾气虚则四肢不用”，并遵从“治痿者独取阳明”之说，从大补脾胃之气着手，然效果亦有不尽如人意之时。王老认为本病病机不单纯是脾胃气血亏虚，其关键在于经隧不畅，玄府郁闭，神机不遂，以致神机失用而出现肌肉痿弱无力。故治疗不单要补，更重在通，因而临床注重运用风药透达玄府神机，配合补中益气药物协同增效以治疗重症肌无力，取得满意疗效。

1. 起痿不单在“补”更在“通”

刘完素的“玄府气液”学说认为在人体五脏六腑、组织器官内普遍存在着“玄府”这一微观结构，此结构亦为气血、津液、精神流通输布的重要通道，提出“人之眼、耳、鼻、舌、身、意，神识能为用者，皆由升降出入之通利也；有所闭塞者，不能为用也”。诸多病证“悉由热气怫郁，玄府闭密而致气液血脉，荣卫精神，不能升降出入故也，各随郁结微甚，而为病之重轻”，表明玄府郁闭是百病之根，即各脏腑经络器官、目舌口鼻耳、筋脉肉皮毛骨等之“玄府”（至微至细的窍道门户）或可为内外诸邪阻滞而“不通”，亦可因玄府自身失于荣养而衰萎塌陷以致“不通”，而使精、气、血、津液运行不畅，神机不遂。又《证治准绳》有云：“神之在人大矣，在足能行，在手能握，在舌能言，在鼻能嗅，在耳能听，在目能视。”人体任何部位的运动与感觉都取决于神机的运行，神机失运，自然诸官之机能失常。

王老认为重症肌无力者，无论眼肌局部的无力症状，或者是全身性的肌无力，在疾病之初，其实并无肌肉萎缩之象，而西医学也认为本病的病理主要是神经递质的传递障碍。从中医角度来认识即为神机失用，故而用补中益气汤加麻黄等风药，既可增强黄芪、党参等药的补气力量，又可开通玄府以透达神机。所以常在大剂量的补中益气基础之上再加适量的风药进行治疗。

2. 运用风药“开玄达神”的经验

王老治疗重症肌无力的常用风药有麻黄、柴胡、葛根、升麻、羌活、防风、细辛、白芷、马钱子等。其中麻黄与马钱子尤其重要，堪称诸风药之“良将”。

麻黄一味，是王老常用的开通玄府药物。从药理成分分析，麻黄碱对骨骼肌有抗疲劳作用，能促进被箭毒所抑制的神经肌肉间的传导。现代药理学研究表明，方中麻黄主要成分麻黄碱可使疲劳的骨骼肌紧张度显著而持久地升高，具有类“新斯的明”样作用，可增强重症肌无力患者的离体肋间肌的肌张力，故对重症肌无力有较好的治疗作用。

王老认为马钱子也是一味重要的开玄通窍之品。因为世医畏其毒性而未能善加利用，殊为可惜。马钱子首载于《本草纲目》，又名番木鳖，性味苦寒，有大毒，入肝脾二经。功能清血热、通经络、止疼痛、散结消肿。其药性峻猛毒烈，功擅通络开闭。《串雅补》云：“此药走而不守，有马前之名，能钻筋透骨，活络搜风，治风痹遍身骨节疼痛，类风不仁等证。”近代名医张锡纯盛赞其功效说：“马钱子为健胃妙药，其开通经络、透达关节之力，实远胜于他药也。”又谓其“能瞤动神经，使之灵活”，他的“振颓丸”，就是以制马钱子为主要成分来治疗肢体颓废不用的，故其被视为治疗中风痿躄等神经系疾患之佳品。现代药理学研究证实，马钱子中的主要成分士的宁能选择性地提高脊髓兴奋功能，治疗剂量能使脊髓反射的应激性提高，反射时间缩短，神经冲动容易传导，骨骼肌的紧张度增加，从而使肌无力状态得到改善。可见其开通玄府、透达关节，起痿兴废、苏醒肌肉的作用，是他药不能比拟的，因此常作为本病治疗的基本用药，但必须严格掌握用法与剂量。

王老认为马钱子有很强的开通玄府作用，可用于各种顽固性疼痛及视神经、视网膜疾患，尤其是对于重症肌无力和外伤性眼病有独特功效。但其中毒剂量和有效剂量非常接近，故应该严格注意炮制方法及用法用量，防止中毒。

3.“开玄达神”的基本方

常用麻黄附子细辛汤与补中益气汤合方化裁，基本药物组成如下：

黄芪 60 ～ 90g，人参 10g，紫河车 10g，鸡血藤 30g，白术 12g，当归 12g，制附片（先煎）15 ～ 30g，麻黄 12 ～ 30g，细辛 10 ～ 20g，葛根 30g，炙甘草 6g，马钱子（冲服）0.3 ～ 0.6g。

临证心得：上方中各药都须重用，特别是补中升阳。黄芪重用的方法与国医大师邓铁涛的经验一致，另外制附子从 12g 开始，逐步增加，最大量可用至 60g；

麻黄从 10g 开始，可用至 30g，伴有心脏病心动过速或心律不齐者适当减量；细辛从 10g 开始，可用至 20g。有明显热象者去附片，酌加丹皮、黄柏之属。

王老认为，麻黄附子细辛汤是一首强有力的开通玄府之方，大剂量使用，能较快缓解临床症状。附子有一定的免疫调节作用，细辛有抗炎及免疫抑制作用，且能提高机体代谢水平，故亦可用于重症肌无力等神经免疫疾病的治疗。

4. 典型案例

张某，女，17 岁。2009 年 12 月 7 日来诊。患者于 2008 年 6 月无明显诱因出现眼睑下垂，睁眼有疲劳感，视物时抬头皱额，目珠转动失灵。在当地诊断为眼肌型重症肌无力，曾服用补中益气中药及强的松、肌苷、维生素 B 等，症状略有缓解，但不稳定，泼尼松已经服至 8 片 / 日，不能减量。患者双眼平视前方时，上睑缘遮盖瞳孔约 1/3，伴畏寒肢冷、神疲懒言、舌淡苔白、脉细弱。证属阳虚气弱，玄府闭塞，神机不遂。治宜温阳益气、通玄达神。自拟通玄起痿汤加减。处方：炙黄芪 30g，党参 30g，炒白术 12g，当归 12g，制附片 15g，麻黄 10g，细辛 10g，葛根 40g，防风 10g，炙甘草 6g，水煎服。另用炙马钱子粉 0.3g（装胶囊）吞服，每日 1 次。西药照常服用。1 周后自觉诸症明显减轻。遂将制附片加至 20g，麻黄加至 12g，马钱子加至 0.6g。再进 10 剂后，精神好转，食纳增加，双上眼睑略能自主抬起。将麻黄加至 15g，马钱子加至 0.75g，同时嘱其开始逐渐减少泼尼松用量。治疗 3 个月后，眼睑已不遮盖瞳孔，全身症状消除，泼尼松减至 4 片。将汤剂方去附片，加肉桂，制为丸剂（共研细末，水泛为丸），每服 9g，每日 3 次。半年后下垂基本消失，外观与常人无异，目珠转动自如，泼尼松、马钱子俱已停用，未见反弹。后又继续巩固治疗 2 个月，达到临床治愈。2011 年 12 月电话随访，患者不再服药且无复发。

按：本病中医眼科称为“上胞下垂”“睑废”，依据五轮学说本病病位在胞睑，属肉轮，内应于脾，与脾胃有关。由于脾虚气弱，清气下陷，筋脉失养，以致眼肌无力，不能提举。总的病机在于脾胃功能虚弱，气血亏虚，睑部失荣。在治疗上仍以“治痿独取阳明”为治疗大法。原则以健脾益气，补益肝肾为主，补中益气汤为代表方。王老认为，从玄府学说的角度来看，眼肌未见萎缩而无力，要害不在于虚，而在于郁。上胞玄府闭塞，神机无以为用，则眼肌无力，不能提举。仅用补益之所以效果欠佳，关键在于玄府未得开通，神机无从到达。而玄府闭塞的原因，又与风邪入侵有关。《诸病源候论·目病诸候》："五脏六腑之血气，皆上荣于目也。若血气虚，则肤腠开而受风，风客于睑肤之间，所以其皮缓纵，垂覆于目，则不能开。"明确指出本病系气血亏虚而受风所致，而诸家治疗往往忽略祛风，故收效欠佳。基于上述见解，本病施治的重点当是祛风通玄，达神起痿，以风药配合补益之品协同增效。

（七）运用玄府理论治疗抑郁症（王明杰经验）

王老在临床上擅长运用风药开通玄府，治疗各种疑难杂症。尤其是运用祛风药为主的疏风开郁方加减治疗抑郁症取得显著且稳定的疗效，王老从玄府理论的新视角论治抑郁症，为抑郁症的治疗和药物的选用提供了新思路、新方法。

1. 从玄府理论角度认识抑郁症

（1）玄府流通气液、运转神机，是保证精神情志正常的重要条件

王老认为玄府作为中医藏象理论中的微观结构，是中医学中迄今为止有关人体结构层次上遍布全身的、最为细小的单位，遍布人体的内外，广泛地存在于五脏六腑、四肢百骸、脑等各脏腑组织器官中，成为气液血脉、营卫精神升降出入的通道，担负着流通气液、渗灌气血、运转神机等重要生理作用。借助于玄府内气液的升降出入和气血的不断渗灌，神机得以息息运转，维持、协调和控制着机体的生命活动。故玄府流通气液、运转神机是保证精神情志正常的重要条件。

（2）玄府郁闭、气液不通、神机失运，是抑郁症形成的基本病机

《内经》曰："出入废则神机化灭，升降息则气立孤危。"明确指出了升降出入障碍对人体生命活动的严重影响。王老从玄府理论的角度指出，神机的活动依赖于气血津液等营养物质的充养，并随气血津液沿玄府之道而升降出入、循环往返。玄府一旦发生病变，通道作用将不能维持，导致玄府开阖通利失常，气血津液升降出入障碍，神机的运转也必将受到影响，构成了抑郁症发病的基本病机。所以各种因素导致玄府郁闭，使气液流通不足，渗灌减弱，神机运转低下，则表现为机能减弱、兴奋不足的一派征象，见精神倦怠，精神不振，表情呆滞、淡漠，情绪低落，失眠，或食欲减退、腹胀等诸多抑郁症的临床表现。

（3）开通玄府、流通气液、畅达神机，是治疗抑郁症的关键

基于玄府阻滞，气液不通、神机运转受阻的理念，开通玄府、流通气液、畅

达神机，就成为治疗抑郁症的关键。王老根据多年来的研究与实践探索，提出风药是临床最常用、最有效的一类开通玄府药物。风药辛散、走窜、宣通，具有开启玄府腠理、开通经络窍道、开发郁结闭塞之功，能疏通各种瘀滞而使脉道畅利，尤其是善通全身上下内外、五脏六腑的玄府，使津液通达，营卫和调，血流畅行，神机运转，在抑郁症的治疗中能发挥独特的疗效。因此以开通玄府为基本治则，运用祛风药为主组成疏风开郁方（麻黄、细辛、羌活、白芷、川芎、防风、葛根、柴胡、石菖蒲、炙甘草），开通机体内外、五脏六腑及脑部的玄府，使郁闭的玄府通利、失运的神机畅达，达到治疗目的。在临床运用时兼有郁热者，加黄连、栀子等；兼有阳虚者，加附子、肉桂等；兼有气虚者，加人参、黄芪等；兼有痰湿者，加半夏、陈皮等，随证加减，无不取效。

2. 典型病例

李某，女，39 岁。2010 年 11 月 25 日初诊。近半年来神情忧郁，少言寡语，对日常生活丧失兴趣，在外院诊断为抑郁症，曾服西药抗抑郁药及多种中药，效果不明显，特来泸州医学院附属医院诊治。就诊时患者面色无华，目光呆滞，少言懒动，反应迟钝，自述头晕胸闷，不思饮食，困倦多寐，腰膝酸软，下肢发凉，大便稀溏。舌质淡，苔白腻，脉弦滑无力。辨证属肝郁脾虚，痰湿阻滞，治宜疏肝健脾，化痰除湿。观其所服处方，多系逍遥散、二陈汤之类加减，收效不佳，王老认为需加风药辛散通阳，开通玄府，增强疗效。处方：柴胡 12g，香附 12g，白术 15g，半夏 12g，陈皮 9g，茯苓 20g，石菖蒲 12g，麻黄 12g，桂枝 12g，细辛 9g，羌活 12g，白芷 12g，炙甘草 6g。5 剂，自加生姜 10g，水煎服。

2010 年 12 月 1 日二诊：服药后上述症状减轻，饮食稍增。自述有时觉得提不起气。上方去柴胡、香附，加红参 9g，黄芪 30g，继服 5 剂。

2010 年 12 月 8 日三诊：服药后精神明显好转。嘱患者抗抑郁西药逐渐减量，上方加减继续服用。

2 个月后来电告知已停用西药，症状基本消除，改用中药制作丸剂调理。

按：抑郁症属中医郁证、脏躁、百合病、惊悸、癫狂、头痛、不寐、奔豚气等病范畴，研究显示，中医对抑郁症病机的认识多从心、肝、肾、脾、脑入手，兼涉他脏，治疗上以疏肝、养心、健脾、壮阳为多。王老从“形神合一”的整体观出发，基于玄府理论，提出了玄府郁闭、神机失运为抑郁症的基本病机，以开通玄府、畅达气机为基本治疗原则。在药物选用上，使用风药组方，发挥风药调畅气机、开发郁结、引经报使、宣导百药的多种性能，通过开通玄府，实现治疗时的多靶点、多途径的综合性作用。从“玄府理论”的新视角认识抑郁症的病因病机，为抑郁症的治疗提供了新的思路。

（八）从玄府论治心系疾病（王明杰经验）

1. 心系疾病的发病机制为玄府不利

传统中医理论认为心系疾病多为心之气阴不足，心脉瘀阻所致，表现为血脉运行障碍和情志思维活动异常。王老将刘河间的“玄府学说”更进一步地发扬运用，指出心系疾病的发病亦为心之玄府不通，或为外邪侵袭、痰食瘀阻，而令玄府闭塞；或为气血精气衰竭，导致玄府自闭。从而使心失去正常的“主血脉”“主神明”的功能，导致气失宣通，津液不布，血瘀痰阻，神无所用的病理机制。临床上可表现为“心悸”“胸痹”“失眠”“厥证”等多种病症。

2. 开通玄府为治疗心系疾病大法

传统治疗心系疾病常用“补气、养血、祛痰、化瘀”之法，但疗效并不令人满意。王老根据玄府不利导致各种心系疾病的产生而提出“开通玄府”为治疗心系疾病的根本方法，认为只要玄府得通，气血津液运行通畅，神机得用，各种病理产物自然得以清除，从而恢复心脏的正常生理功能。

具体来说，王老开通心之玄府常用药物：芳香开窍类药，如麝香、冰片、牛黄、石菖蒲等；虫类药，如全蝎、蜈蚣、僵蚕、地龙等；疏肝理气类药，如柴胡、香附、青皮、郁金等；活血化瘀类药，如当归、川芎、红花、茺蔚子等；祛风发表类药，如麻黄、防风、细辛、羌活、葛根、羌活、马钱子等。

另一方面，王老认为心系疾病常缠绵难愈，反复发作，因此病邪沉痼，非虫类药物攻冲走窜而不能很好地开通心之玄府，起到活血通络、行气消滞之功，因此亦喜用虫类药物。专门指出在虫类药的运用中一定要注意炮制方法，如蜈蚣、全蝎、穿山甲最好是烘干研末冲服，僵蚕、地龙可入汤剂煎服。剂量上从小量开始，逐渐加大用量至患者能耐受而无副作用。如用全蝎曾最大用至12g，大大超过《药典》所载。认为只要炮制得法，此类药临床应用是安全的，且往往能收到很好的疗效。

3. 病案分析

李某，女，64 岁。有冠心病病史 5 年。平素常感心悸胸闷，自服硝酸甘油能缓解症状。近两日因外出受凉后自觉心悸胸闷加重，胸膺部时时有刺痛之感，服用硝酸甘油缓解不明显，并伴身重乏力，舌暗淡，有瘀点，苔薄，中根部略黄，脉沉细弦。来王老处就诊。王老认为，该患者素有气血津液在心之玄府的运行不畅，加之外感风邪，风寒之邪入里，进一步影响了气血精微物质的流通，导致玄府闭塞，气滞血瘀，心失所养。此时选用常规活血化瘀的药物只针对病理产物，对此产生的深层次矛盾——玄府闭塞难起疗效，应选用“风药”以开通玄府、解郁行滞，方能事半功倍。处以防风汤加减。方药：防风 10g，麻黄 4g，桂枝 3g，葛根 30g，当归 10g，茯苓 12g，蜈蚣（研末冲服）1 条，全蝎（研末冲服）3g，甘草 6g。2 剂。

二诊：上方服 2 剂后，患者微微汗出，自觉身重减轻，胸闷略减，胸膺部发作刺痛的次数减少。原方加减，加大虫类药的应用。处方如下：防风 10g，羌活 10g，桂枝 3g，葛根 30g，当归 10g，茯苓 12g，蜈蚣（研末冲服）2 条，全蝎（研末冲服）3g，甘草 6g。

三诊：上方服用 4 剂后，患者自觉诸症减轻，唯稍动则感汗出，爬楼后感胸闷不适。心气不足之证明显，原方加强补益心气之品。羌活 10g，葛根 30g，当归 10g，茯苓 12g，蜈蚣（研末冲服）2 条，全蝎（研末冲服）3g，太子参 20g，甘草 6g。上方共服用 5 剂，随访可知患者基本已恢复平时情况，且硝酸甘油用量也较以前减少。

在该患者的诊治过程中，王老大量运用疏散外风和虫类药，而没有按照常规选用一些活血化瘀的药物，抓住“玄府不利”这一关键，运用相应的药物开通玄府，发挥很好的疗效，为临床诊治心系疾病开辟了新路径。

（九）调治气虚体质的经验（黄淑芬经验）

气虚体质是由于人身之气不足，以气息低微，脏腑功能状态低下为主要特征的体质状态，严重影响人们的健康和生活质量。黄淑芬教授在长期的临床实践中总结出了一套完整的调治气虚体质的中医药预防保健方法，收效甚佳。

1. 一般调治

饮食方面：宜多食性平，味甘或甘温，营养丰富、容易消化的平补食品，如粳米、鸡肉、鲢鱼、大枣、樱桃、葡萄、花生、山药等；情志方面：保持心情舒畅，避免过度忧愁、思虑、恐惧，保证充足的睡眠。

2. 中药调治

一般先服用 2 周的“开路方”汤剂，再继续服用 4 周的膏剂调治。汤剂根据肺脾气虚的情况选方。

（1）补肺气：临床表现以气短、神疲、自汗、易患感冒为主。

基本方：黄芪 25g，白术 12g，防风 6g，党参 25g，桂枝 12g，白芍 12g，大枣 12g，生姜 10g，炙甘草 5g。本方为玉屏风散合桂枝汤加党参而成，方中黄芪性微温、味甘，内可大补肺脾之气，外可固表止汗；大枣益气补中；白术味甘苦、性温，健脾益气；党参味甘、性平，补肺脾之气，助黄芪加强益气固表之功，使气旺表实，外邪难以内侵，佐防风走表而祛风散邪；桂枝配芍药调和营卫，益阴敛营；生姜辛温，既助桂枝解肌，又能暖胃止呕；炙甘草益气和中，调和诸药。全方补中兼疏，寓散于收，相反相成，共奏补肺健脾、益气固表之功。

（2）补脾气：临床表现以气短懒言，容易疲乏，食欲不振，易患内脏下垂等病为主，病后往往康复缓慢。

基本方：党参 20g，黄芪 25g，白术 12g，茯苓 15g，山药 15g，柴胡 12g，葛根 30g，升麻 12g，陈皮 10g，炙甘草 6g，大枣 12g。方中党参甘温益气、健脾养胃；白术苦温，健脾燥湿，加强益气助运之力，黄芪为补中益气要药；茯苓、山药健脾益气；柴胡、葛根、升麻引清气上行；陈皮理气和胃，使诸药补而不滞；甘草益气和中、调和诸药。共奏益气健脾之功，顾护脾胃后天之本。黄老认为调理脾胃在改善体质中的作用非常重要：一方面，脾胃运化水谷精微所产生的后天之精可充养先天之精；另一方面，滋养阴精之品多较滋腻，只有脾健胃运，才能充分吸收而发挥其药效。因此，脾胃健运，气血充足，抗病力强盛，就不容易受外邪进一步戕伐。

汤剂煎服法：用水煎 3 次，取汁 500mL，分 3 次服，每日 1 剂，连续服用 2 周。

膏剂（益气补虚膏）：遵循补肺健脾益肾的治法，制定与其相适宜的膏剂，充分发挥中医药持久而有效的调理和治疗优势。

基本方组成：党参 150g，黄芪 150g，白术 100g，茯苓 100g，防风 50g，桂枝 50g，白芍 50g，当归 50g，柴胡 50g，陈皮 50g，神曲 50g，山药 150g，枸杞子 100g，黄精 100g，菟丝子 100g，紫河车 100g，鹿角胶 50g，大枣 50g，酸枣仁 100g，炙甘草 50g，蜂蜜 200g。方中以党参、白术、茯苓、炙甘草、大枣、蜂蜜健脾益气；黄芪大补肺脾之气；黄精、山药甘平，肺脾肾之气皆可补；鹿角胶、枸杞子、菟丝子、紫河车益肾填精、培补元气；当归养血和营；神曲健脾；酸枣仁安神；桂枝、白芍调和营卫、益阴敛营；陈皮行气化滞，补中寓散；防风、柴胡其性升散，与益气补虚之品相配合既能资助清阳之气升腾，鼓舞气化以收阳生阴长之功，又能助运行药力，体现了黄老风药增效的学术思想，即补益药适当配伍风药可增强健脾益气、补肾益精之力。全方气血兼顾、动静结合、补而不滞，共奏补肺健脾益肾之功。上述药物根据每位患者的具体情况可适当加减。

服法：将以上药物制成膏剂，用开水冲服，早晚各服 1 次，连续服用 4 周。

3. 艾灸调治

选穴：涌泉、足三里、关元、神阙。

涌泉：是人体长寿大穴，有强壮肾精，聪耳明目，使人精力充沛的作用。足三里：是强壮身心的大穴，有健运脾胃、培土化元、补益后天、扶正祛邪的作用，可调节机体免疫力，增强抗病能力。关元：为任脉与足三阴的交会穴，三焦元气所发处，联系命门真阳，为阴中之阳穴，有培补元气、强壮的作用。神阙：具有养生保健、延年益寿，温阳救逆、开窍复苏，温阳补肾、调补冲任的作用。

操作方法：每次选穴 2 个，每穴艾条温和灸 10 分钟，每日 1 次，连续 1 周，间隔 1 周后再用，3 周一疗程。

4. 运动

黄老认为，气虚体质的人往往喜静恶动，不利于气血的运行。运动有助于气血通达周身，更有助于气的生成。根据个人情况，可选择散步、慢跑及舞蹈等；尤其适宜练太极拳、八段锦等。但其体能偏低，运动应当适度，宜循序渐进，不可过度，贵在每天坚持，可益脾肺、固肾气、壮筋骨，逐渐改善体质状态。

5. 典型案例

患者，女，43 岁，职员。因气短懒言、疲乏、易患感冒 3 年，于 2009 年 5

月 15 日同单位人员一起来院体检。病史：平素气短懒言，容易疲乏，语音低微，精神不振，易患感冒，几乎每月都要感冒 1 ～ 2 次。查体：BP97/56mmHg，形体消瘦，面色少华，手足不温，舌淡红，舌边有齿痕，苔白，脉细弱。体重指数 18.2，生存质量 70 分；血常规：白细胞总数 3.6×10^9/L，总胆固醇 2.1mmol/L。体质辨识结论：气虚质（肺气虚为主）。

调治：①中药：黄芪 25g，白术 12g，防风 6g，党参 20g，桂枝 12g，白芍 20g，大枣 12g，生姜 10g，炙甘草 5g。每日 1 剂，水煎 2 次，分 3 次服，连服 2 周，诸症好转。改用益气补虚膏连服 4 周。②艾灸：涌泉、足三里、关元穴，每日 1 次，选穴 2 个，每次每穴艾条温和灸 10 分钟，灸 1 周后间隔 1 周，共 3 周。③配合一般调治：食疗、运动、情志调理。经调治一疗程（6 周）后，诸症明显好转，精神转佳，面色有华，四肢温暖，生存质量 82 分，血压 102/65mmHg。血常规：白细胞总数 4.1×10^9/L，随访 3 个月，体重增加 1.5kg，只轻微感冒 1 次，体质明显改善。

（十）从络病论治肾性蛋白尿（黄淑芬经验）

黄老在肾脏病的中西医结合治疗方面造诣颇深。蛋白尿是肾脏疾病的重要表现之一，黄老在中医学络病学说指导下，提出了蛋白尿“肾络瘀阻”的病机及益气活血、清热解毒、疏络固肾的治法，并研制出中药制剂“肾舒胶囊”，经临床应用疗效显著。

黄老指出蛋白尿病位当在肾络。肾络，即肾中的络脉，既是运行气血津液的通路，又是邪气致病的场所。若肾络郁滞，气血津液输布不畅，肾失濡养，封藏失司，不能蒸腾气化水液，分清泌浊紊乱，精微物质下泄于尿中，即形成蛋白尿。肾络瘀阻的成因责之于正气内虚与邪毒损伤两个方面。其中邪气以湿邪、热毒、瘀血、风邪最为多见，一旦郁结肾络，阻碍络道，即可引起肾络郁滞，封藏失司，精微不固而外泄；正虚主要是脾肾气虚，推动无力，血行不畅，留而为瘀，瘀阻肾络，津液渗灌转输失调，则产生蛋白尿，而蛋白尿的出现又会进一步加重肾中精气的亏损，以致肾络郁滞更甚。

临证时黄老非常强调辨证施治。慢性肾脏病病机特点总的来说不外乎本虚标实，本虚多为气虚、气阴两虚，标实以风邪、湿热、湿毒、瘀血为多。掌握证候的特征，是正确治疗的基础和关键。

1. 风水相搏

症见头面、眼睑浮肿，继则全身亦肿，伴发热、咽痛、咳嗽等，舌边尖红，苔薄白，脉浮数。治宜疏风清热、宣肺利水。常用越婢加术汤加荆芥、防风、薄荷、紫苏叶等，此类药既能疏散风邪，舒解抑郁，调畅气机，以利于肾络的开通，又能借其辛香引领诸药入络以发挥作用。

2. 气虚水停

症见全身浮肿，按之凹陷难起，腰膝酸软，少气懒言，纳差，身软乏力，舌淡苔薄白，脉细。治宜益气、利尿消肿。常用四君子汤合五苓散加人参、黄芪、灵芝等大补元气之品，补气固本既能使“正气存内，邪不可干”，又可推动血行，疏通络脉。此型多见于病程长或反复发作者。

3. 气阴两虚

症见全身浮肿，腰酸乏力，身热口干，面色潮红，面部痤疮，睡眠差，舌红少苔，脉细数。治宜益气养阴清热解毒。常用四君子汤合二至丸加白花蛇舌草、半枝莲、金银花、野菊花、生地黄等。本型多发生在激素减量过程中，邪未去而正已伤，故祛邪扶正并重。

4. 湿热蕴结

症见面浮肢肿，皮肤绷亮，腹胀，尿量减少，口苦口腻，大便干结，舌红苔黄腻，脉滑数。治宜清热利湿、利尿消肿。常用芩连温胆汤合五苓散加土茯苓、苦参、石韦、白茅根、车前草等，临证可根据寒与热的偏重酌情选用，以增强消除尿蛋白的效果。

以上辨证无论何种证型、病程长短，均用肾舒胶囊作为基础治疗，活血化瘀之川芎、丹参、桃仁、红花、赤芍等贯穿治疗的始终。若激素完全撤减后继续服用肾舒胶囊半年，可增强机体抵抗力，防止复发。

病案举例

陈某，男，22岁。因反复颜面、双下肢水肿7个月入院。患者于7个月前无明显诱因出现面目及双下肢水肿，曾在某医院就诊，查尿蛋白（++++），24小时尿蛋白定量为4.25g，肾脏活检病理诊断为“IgA肾病Ⅲ级”，临床诊断为“肾病综合征”，予泼尼松50mg/d，标准激素疗程，至40mg/d时尿蛋白（++），24小时尿蛋白定量为 1.98g，继续减量至 35mg/d 时，双下肢水肿复现，尿蛋白（+++），24 小时尿蛋白定量为 2.65g，在院外服中药六味地黄汤加减几十剂而无效，遂来我科。初诊症见：颜面、双下肢水肿，小便量正常，口干，身软乏力，纳食尚可，舌质淡红少苔，脉细。辨证为激素减量过程中气阴两虚，水瘀阻络，肾络郁滞。治予肾舒胶囊 4 粒 / 次，每日 3 次；汤药予四君子汤加生地黄、女贞子、旱莲草、泽泻等以补气养阴、利尿消肿，每日 1 剂。泼尼松仍用 35mg/d。2 周后查 24 小时尿蛋白定量为 1.04g，停服汤药，继续以肾舒胶囊和激素治疗。2 周后查尿蛋白为阴性，每周减激素 5mg，直至隔日 20mg，尿蛋白均为阴性，未再复发。

（十一）治疗难治性肾病综合征的经验（黄淑芬经验）

黄老对难治性肾病综合征的治疗有独到的见解。难治性肾病综合征是指原发性肾病综合征经正规激素治疗无缓解，或治疗后能缓解，但 1 年内复发 3 次或半年内复发 2 次者。本病占所有原发性肾病综合征的 30% ～ 50%，临床治疗甚为棘手，水肿、蛋白尿反复发作，可致肾功能恶化，最终导致慢性肾衰竭。黄老认为该病的治疗应认清以下几方面。

1. 元气亏虚，肾络瘀阻为病机根本

感染、高凝、蛋白尿、低蛋白血症是肾病综合征治疗无效和易复发的重要原因，反复发作水肿、蛋白尿是难治性肾病综合征最主要临床表现之一，尿蛋白作为一个独立因素直接参与肾脏损害，加速肾功能损害进程，因此消除蛋白尿，保护肾功能是治疗的目的。黄老认为蛋白尿的原因当责之“肾络瘀阻”。肾络，即肾中的络脉，既是运行气血津液的通路，又是邪气致病的场所。肾主封藏、主水液代谢等生理功能的正常发挥有赖于肾络充盈、通畅，气血津液渗灌、出入有序，若某种原因造成肾络郁滞、气血津液输布不畅，肾失濡养，封藏失司，不能蒸腾气化水液，分清泌浊紊乱，精微物质下泄于尿中，即形成蛋白尿；津液不循常道，泛溢肌肤则表现为水肿，其病机要害在于络郁，正如《医学正传》所说：“郁者，结聚而不得发越也，当升者不得升，当降者不得降，当变化者不得变化，此为传化失常。”在肾络瘀阻病机的形成中，黄老认为正气内虚与毒邪损伤两方面最为突出。其中邪气以湿邪、热毒、瘀血、风邪最为多见，一旦郁结肾络，阻碍络道，即可引起肾络郁滞，封藏失司，精微不固而外泄；正虚主要是脾肾气虚，推动无力，血行不畅，留而为瘀，瘀阻肾络，津液渗灌转输失调，则产生蛋白尿、水肿，而蛋白尿的出现又会进一步加重肾中精气的亏损，以致肾络郁滞更甚。难治性肾病综合征往往病程长，缠绵难愈，反复使用激素、免疫抑制剂，人体正气损伤大，气虚之象较一般肾病综合征更明显，而经气之伤渐入血络，经脉失和，血失通利，为痰为瘀，痰瘀并阻脉道，湿热、瘀血、热毒留积体内也更为显著。正如叶天士所说“经主气，络主血”“初为气结在经，久则血伤入络”。

2. 舒络固肾为治疗基本原则

难治性肾病综合征的基本病机可概括为元气内虚，毒损肾络，清浊相混，封藏失司。因此黄老认为治疗关键在于舒解肾络之郁，一要疏通络脉，二要解除毒邪，三要扶正补虚，合为舒络固肾之法，常用以下几类药物组方。

辛香透络：本症邪结络中隐曲之处，须用味辛气香善于疏散透达之品以引药入络，即“病在络脉，例用辛香”“非辛香何以入络”。黄老治疗蛋白尿喜用荆芥、防风、薄荷、紫苏叶等味辛气香之风药。紫苏叶用于蛋白尿治疗，能疏散风邪，舒解抑郁，调畅气机，以利于肾络的开通，尤能借其辛香引领诸药入络以发挥作用。

虫蚁搜剔：本症邪结肾络隐曲之处，非一般草木之品所能竟全功。“须藉虫蚁血中搜逐，以攻通邪结”“每取虫蚁迅速飞走诸灵，俾飞者升，走者降，血无凝著，气可宣通”。黄老临证时善用蜈蚣、全蝎、地龙、水蛭等虫类药。尤其认为蜈蚣既为虫类通络要药，又能以毒攻毒，善于搜逐血络之瘀滞凝痰。对于病程日久、持续难消或反复发作之顽固性蛋白尿，往往非用不可。但应注意的是，虫类药为异体蛋白，若属过敏体质者慎用，否则可加重病情。

清利解毒：湿热浊毒蕴结是导致肾络郁滞的主要病因。浊毒不去，肾络难舒，故清利解毒不可或缺。常用药有3类：清热解毒药，如土茯苓、苦参、白花蛇舌草等；清热利湿药，如石韦、茅根、车前草等；淡渗利湿药，如薏苡仁、茯苓、赤小豆等。黄老指出临证可根据湿与热的偏重酌情选用，以增强消除尿蛋白、水肿的效果。

扶正固本：元气亏虚，是邪毒入侵的内在基础，也是精微漏泄的必然结果，培补元气既是扶正固本的重点，又是推动血行、疏通络脉的需要。黄老常用人参、黄芪、菌灵芝之属。其中黄芪作为大补元气的主药，临床广泛用于多种肾病的治疗，其改善肾病大鼠蛋白质代谢紊乱状态、保护肾功能、降低尿蛋白作用已为药理实验所证实。临证可根据患者阴血、阳气亏损的不同，分别配伍养阴、温阳之品加强其针对性。

基于培补元气、舒络固肾的立法思路，黄老研制了纯中药制剂肾舒胶囊作为治疗肾性蛋白尿的基础方，该方由黄芪、生地黄、石韦、苦参、紫苏叶、蜈蚣、水蛭等组成，具益气养阴、清热利湿、舒络固肾的作用，体现扶正、祛毒、通络治法的有机结合。

3. 分阶段中药辨证施治配合激素治疗

难治性肾病综合征复发时常需再次使用大剂量激素治疗，激素性热，为阳刚之品，在激素治疗的不同阶段机体可出现阴阳盛衰的变化，对此黄老主张分阶段中药辨证施治。大剂量激素治疗的起始阶段，可出现医源性肾上腺皮质功能亢进，患者常表现为五心烦热、失眠盗汗、口干咽燥、痤疮、舌红少津、脉细数等阴虚火旺之象，黄老喜用二至丸、龟板、生地黄、牡丹皮、麦冬、知母等滋阴清热之品。由于既往长期服用激素或其他免疫抑制剂，机体抵抗力下降，容易外感风寒或风热，出现呼吸道感染而加重病情，此时还应辨清风邪、湿热或热毒，分别加用清热疏风、清热利湿、清热解毒之剂。激素减量阶段，随着激素的撤减，阳热逐渐减轻，而气虚渐显，临床表现为腰膝酸软、神疲体倦、少气懒言、口干咽燥，舌质转为淡红，脉象转为沉细等气阴两虚之象，黄老主张气阴双补，常用芪地汤，重用黄芪、生地黄、山茱萸；激素减量后期，肾上腺皮质功能减退，患者可表现为畏寒怕冷、腰膝酸软等脾肾阳虚之证，应适当佐用温肾补阳药，如淫羊藿、菟丝子、肉苁蓉等，不主张用大辛大热之品，以免伤阴之虞。小剂量激素维持阶段至停药，各项化验指标可正常，但由于长期服用激素，正气不足较明显，此期应积极预防感冒，防止复发，难治性肾病综合征无论是激素抵抗型或激素依赖型，都经过大剂量激素或免疫抑制剂治疗，故多有气阴不足、瘀血阻络，无论哪个阶段均可用川芎、丹参、当归、益母草、莪术等活血化瘀之品，尤其在大量蛋白尿时更应重用虫类“搜逐血络中之瘀滞凝痰”之品，能更好地消除蛋白尿，减轻该病患者血液高凝状态。肾舒胶囊作为基础治疗方，贯穿于难治性肾病综合征的始终。

4. 中西合用，扬长避短

黄老认为激素、免疫抑制剂具有起效快、疗效肯定的优势，而中药具有减轻激素、免疫抑制剂不良反应，巩固疗效，防止复发的特点，且中药本身也具有消除蛋白尿、降低血液黏滞度、提高血浆白蛋白的功能，二者合用必能提高临床疗效。难治性肾病综合征患者往往久治无效，一旦明确是激素依赖型或激素抵抗型，应及时联用免疫抑制剂及其他保肾消蛋白的西药，常用环磷酰胺、骁悉、替米沙坦、贝那普利等。对于不能耐受口服激素或免疫抑制剂者改为激素或免疫抑制剂静脉冲击治疗，配合中药能减轻二者不良反应，往往收效颇佳。

难治性肾病综合征病机复杂，变化多端，但“元气亏虚，肾络瘀阻”是核心，“舒络固肾”为治疗大法，黄老临证时强调谨守病机，随症加减；辨病辨证相结合；中西合用，提高疗效。

学术思想

川派中医药名家系列丛书

王明杰
黄淑芬

王明杰、黄淑芬教授数十年来刻苦学习四大经典及金元医学，在此基础上，着重整理研究刘完素玄府理论及其开通玄府治法，根据先师陈达夫教授开通玄府治疗疑难眼病的经验，博采众家之长，尤其是李东垣风药、叶天士虫药运用经验，构建起理法方药较为完善的玄府学术体系，并将其运用经由眼科拓展到内科及其他各科，形成了独具一格的学术思想。其要点可概括为：论病着眼玄府、临证首重开通；百病疏风为先，顽症从风论治；治血先治风，风去血自通；精研太阳杂病，随证活用经方。

其中玄府学说以王明杰老师的研究为主，风药研究以黄淑芬老师的研究为多，二者分中有合，合中可分，相互联系，彼此促进，共同构成了川南学术流派的学术核心和学术特色。风药新用是在玄府学说的临床运用中逐渐清晰和发展起来的，它与玄府学说相关，但一定程度上又自成学术体系，相对独立。

一、立足玄府学说，论病着眼郁闭

王明杰教授在继承先师陈达夫教授开通玄府治疗疑难眼病学术经验基础上，对“沉寂医林八百年”的刘河间玄府之说深入地进行了发掘整理，并吸纳、融汇古今医籍相关论述，结合个人研究心得，予以诠释、发挥，初步构建起较为系统的玄府学说理论体系，并创造性地将玄府论治之法由眼科推及内、外、妇、儿、五官各科。其论病首重玄府，善于运用玄府理论分析多种疑难病症，其认识别开生面，独具一格。

（一）玄府为升降出入之道路门户

“玄府”一词在中医学历代文献中有过诸多记载，所指不一，特别是在河间玄府学说出现后，含义已有了很大变化。王老归纳有关论述，首倡将“玄府”分为广狭二义：狭义为皮肤之毛孔，源自《内经》；广义为遍布人体内外各处的一种微细结构，本于刘完素《素问玄机原病式》。以广义、狭义区分《内经》玄府与河间玄府，有助于明确概念，避免混淆，深入研究，得到学术界普遍赞同。王老指出，刘河间将“玄府”一词的含义拓展为无物不有的一种新结构名称，至微至小，遍布机体各处，为气液血脉、营卫精神升降出入的通道，应属于经络系统中最细小的孙络的进一步分化，是迄今为止中医学有关人体结构中最为细小的单位。王老总结玄府具有如下五个特性：

一是分布广泛，无物不有。玄府广泛存在于天地万物之中，就人体而言，“人之脏腑、皮毛、肌肉、筋膜、骨髓、爪牙，至于世之万物，尽皆有之”。其分布范围遍布脏腑经络、四肢百骸、五官九窍等人体内外各处。

二是形态至微，肉眼难觅。玄府是刘完素在 800 多年前的古代历史条件下通过理性思维推测出的一种微观结构，所谓“玄微府”，即言其形态之玄冥幽微，非肉眼所能窥见。

三是数量至多，不可胜计。玄府是以密集排列的方式，纵横交错存在于人体各个组织中。基于其分布之广、形态之微，玄府数量之众超越了人体其他所有组织结构。

四是六位一体，功能至全。玄府不仅是气机运动和气化活动的基本场所，而且是精血津液与神机运行通达的共同结构基础。刘完素将玄府称为“精神荣卫、血气津液，出入流行之纹理”，将气血津液精神视为一体，认为六者殊途同归，最终均须通过“玄府”这个至微至小的终端，借助于这一通道，气血津液精神方能深入全身各处，充分发挥营养滋润、温煦推动、信息传导等作用。

五是窍道合一，以通为用。玄府的结构窍道相兼，既具有体表汗孔的孔窍性，又具有腠理的腔隙性，不仅泛指普遍存在于机体中的无数微细孔窍，而且还包括各个孔窍之间纵横交错的微细腔道，共同组成气血津液精神升降出入的道路门户。其窍道合一的结构特点，使之兼有门户的开阖属性与道路的通塞属性。但基于它所担负的“气液血脉营卫精神”的升降出入、运转流通重任，决定了它以开为顺、以通为用的生理特性，贵在开张通畅，最忌郁结闭塞。

总之，玄府不仅是气机运动和气化活动的基本场所，而且是精血津液与神机运行通达的共同结构基础。气、血、津、液、精、神六者，既同源异流，又殊途同归，最终均须通过“玄府”而发挥作用。故玄府关系着人体生命活动所有基本物质的顺利运行及生命活动的正常进行。

（二）玄府郁闭为百病之根

王老指出，玄府理论为中医深入认识疾病、分析病变机理建立了一个新的平台。各种致病因素作用于玄府，损伤其正常开阖功能，导致玄府郁滞、闭塞，必然影响到气血津液精神的流通、运转、渗灌，也必然导致相应脏腑、经络、组织、器官功能活动失调，而发生种种病变。玄府病变（简称玄病）即是以玄府郁滞、闭塞为特征的一大类病症，不论外感内伤、虚实寒热，均不能脱离玄府郁闭的病机。

由于窍道阻滞程度的不同，病变轻重有别，王老将“玄府郁闭”病机分为“玄府郁滞”与“玄府闭塞”两种类型。其中阻滞程度尚轻，气液流行不畅、神机运转迟缓者为玄府郁滞；阻滞程度较重、气液完全不通、神机运行不遂者为玄府闭塞。

基于玄府分布的广泛性，王老认为玄府郁闭可以发生于机体脏腑经络、五官九窍、四肢百骸的不同部位及不同层次结构，是一个具有普遍意义的基本病机概念，可称为百病之根。王老总结其病机特点为易郁易闭、易热易燥、易虚易萎、易呆易钝及郁久生毒五个方面，归纳其病机变化为气失宣通、血行不畅、津液不布、精失渗灌、神机失用及酿生内毒六类，并指出引起玄府不和的原因，不外虚实两途。实者为外邪侵袭或痰食热阻，而令玄府闭塞；虚者多因气血津精亏损，导致玄府衰竭自闭。

王老指出，玄府病变的早期阶段多为玄府郁滞，气血津液精神运行失畅，临床症状尚轻；若未能及时开通，病情发展，则可造成玄府闭塞。无论玄府郁滞或玄府闭塞，皆是玄府开阖通利失常，通道作用不能维持，使精气血津液神的流通和运转失常，而致气病、血病、水病、精病、神志病等，演化出种种不同的病机变化，可归纳为气失宣通、血行不畅、津液不布、精失渗灌、神机失用及酿生内毒六类。

气滞、血瘀、水停、精困、神阻五者为病，既各有侧重，又密切相关。因为气血津液精神在人体的运行虽然各有其道，但在玄府这个最小层次却是殊途同归，并行不悖，通则俱通，闭则俱闭，因而往往相因为病。若上述病变日久不愈，病邪深入，气血耗损，又致玄府失养，衰竭萎闭；同时湿热痰瘀胶结不解，进一步还会酿生内毒，甚至精困闭阻也能成毒。如清代徐延祚提出："精郁则为毒。"（《医医琐言》）内毒是脏腑功能失调及气血运行紊乱而导致机体代谢产物不能及时排出，蕴积于体内而变生的一种极端病理状态。它既是一种新生的病理产物，又是新的致病因素；既能加重原有病情，又能产生诸多新的病症，甚至导致组织器官变性、坏死，从而形成各种虚实错杂、阴阳乖戾的疑难病症、沉疴痼疾。因此，临床上不论是寻常病变，还是危急重症，从玄府论治均具有十分重要的意义。

二、发挥玄病治法，临证首重开通

（一）开通玄府为治病之纲

王老指出，玄府理论为中医临床治疗开创了一种新的思路和方法，尤其为临床攻克疑难病症提供了新的突破口和切入点。基于玄府郁闭在各种病变中的普遍意义，如何开通郁闭之玄府，畅达阻滞之气血津液精神，自然成为临床治疗的一个主要目标和基本原则。因此明确提出"开通玄府为治病之纲"，认为开通玄府首先是一种治疗理念与原则，可称为治病之纲领。

从玄府学说的角度来看，中医的各种治疗方法，尽管有内外之分、针药之别、手段不同，然而最终目标都应该是开通玄府郁闭，畅达气血津液运行。正如唐笠三所说："古人用针通其外，由外及内，以和气血；用药通其里，由内及外，以和气血，其理一而已矣。"（《吴医汇讲》）就外治而言，不论何种疗法，无不立足于直接疏通经络玄府、流畅气血津液而达到治愈各种疾病的目的；就内治而言，除祛邪之法为开郁而设（或开郁以祛邪，或祛邪以开郁）之外，即使补虚之法，对于衰竭自闭的玄府，亦未尝不具有一定的恢复开通作用。因此，治病以开通玄府为纲的论点，既有其理论上的根据，更有其临床上的价值。

（二）开玄治法归类总结

当代中医眼科名家陈达夫教授高度重视河间玄府之说，创造性地运用玄府理论指导眼科临床诊治，将玄府论治由单纯的内障眼病扩大至内外各种眼病，并在前人用药经验基础上大力拓展，积极探索开通玄府的方药，取得了不少突破。作为陈达夫教授的关门弟子，王老在全面继承先师玄府论治经验基础上，深入发掘刘完素治疗思想，博采历代医家相关认识成果，并通过自己多年实践探索，首次对开通玄府治法方药进行了系统的归纳整理，总结凝练。王老指出，开通玄府是一种具有很大包容性的治疗大法，可以概括传统的多种治法。它既高出于八法之上，又蕴含于八法之中，首倡将其归纳为直接开通与间接开通两大类。前者指运用发散、搜剔、香窜、温通、通下、涌吐等方法，直接开启玄府的郁闭，原则上可用于各种原因引起的玄府郁闭，临证时可视郁闭的范围、部位及程度等灵活选择；后者指通过解除引起玄府郁闭的病因或消除玄府郁闭形成的病理产物达到开通目的，包括清泄、理气、活血、渗利、涤痰等方法，分别适用于热郁、气滞、血瘀、水停、痰阻等导致的玄府郁闭。

三、百病疏风为先，顽症从风论治

王明杰、黄淑芬教授在玄府理论指导下，通过数十年来开拓应用风药、虫药的实践探索总结，逐渐认识到风邪在疾病发病和治疗中的重要意义，以之作为治疗时需要首先解决的关键一环，形成了“百病疏风为先，顽症从风论治”的独特学术思想。

（一）百病之治，疏风为先

《素问·风论》曰：“风者，百病之长也，至其变化乃生他病也。”中医称“风为百病之长”。二位教授认为，风邪不仅为外邪致病的先导，还是内伤杂病的重要病理因素，并据此提出：风药为百药之先，百病以疏风为先。疏即疏理诱导、引风外出之意，疏散风邪。

从玄府理论分析，风药以其辛散、走窜、宣通之性，不仅能开发肤表的毛孔（解表发汗），而且能开通体内脏腑组织的玄府，解散各种郁结瘀滞而使气机调畅，津液布达，血脉流通，神机运行。与其他开通玄府药物相比，风药轻灵简捷，价廉易得，功用多样，常作为开通玄府的首选药物。

1. 风药特性，功擅开通玄府

老师认为，风药对于全身上下内外之玄府皆有良好的开通作用。风药轻灵活泼，上行下达，内透外散，既能开发肤表的毛孔（发汗解表），也能开通四肢百骸、五官九窍、脏腑经络的玄府。相比之下，后者较前者的范围更广，用处更多。观前人对风药性能的论述，实已有所涉及。如《本经疏证》称麻黄"彻上彻下，彻内彻外，故在里则使精血津液流通，在表则使骨节肌肉毛窍不闭"；《神农本草经百种录》称麻黄"能透出皮肤毛孔之外，又能深入积痰凝血之中。凡药力所不到之处，此能无微不至"；《本草正义》称细辛"上达巅顶，通利耳目，旁达百骸，无微不至，内之宣络脉而疏通百节，外之行孔窍而直透肌肤"；《卢氏药物配合阐述》称菊花"轻清之品……引清阳通于天，化浊阴归于地，使气血中之尘氛不留于空窍，而内外之隧道皆畅通矣"等，均可看作对此类药物开通玄府作用的生动描述。

风药辛散、开发、走窜、宣通、鼓动之性，不仅善于开启玄府之郁闭，还能激发脏腑活力，振奋人体气化，鼓舞气血流通，促进玄府气液畅行、神机运转，治疗各种气液血脉精神郁滞之病。由于风药品种甚多，性能有别，其开通玄府的力量亦各有不同。一般来说，辛温香窜之品力量较强，辛凉平淡之品力量较弱，各药作用部位亦有所不同（如柴胡、细辛长于通目玄府，辛夷、苍耳子长于通鼻玄府等），临证运用宜灵活选用，必要时还需与虫药、芳香开窍药等配合使用，方可收到良好效果。

2. 玄府开通，是风药发挥疗效的基础

二位教授指出，从玄府学说的角度来看，风药治疗诸多疾病的卓越功效，正是得益于风药祛除引起玄府闭塞的各种邪气，使郁结于玄府的各种瘀滞得以消除，恢复玄府的开阖通利、畅达气血津液运行，从而达到阴平阳秘，精神乃治。风药诸多功用的实现，如开郁泻火、畅气调肝、布津润燥等，尤其是与他药配伍增效，均与其开通玄府作用密切相关。如风药的布津润燥，所谓"开腠理，致津液，通气也"，实际就是针对玄府闭塞引起津液阻滞而致燥。风药所开之腠理，理解为广义玄府更贴切一些。又如风药增效清热泻火，其中关键正是在于"热气怫郁，玄府闭密"，风药开通玄府而解散阳热怫郁，故能有效增强寒凉药物的清泄效果。可以认为，风药对诸多病证能发挥治疗作用的基点便是恢复玄府的畅通。

根据刘完素的论述，"目无所见，耳无所闻，鼻不闻臭，舌不知味，筋痿骨痹，齿腐，毛发堕落，皮肤不仁，肠不能渗泄”等诸多病症，皆与玄府闭密而致气液、血脉、荣卫、精神不能升降出入相关，治疗皆可使用风药开启玄府孔窍、宣通郁结闭塞而收到良好效果。

如视神经萎缩，属中医青盲内障范畴，因肝肾精亏致玄府因虚郁闭，使精气不能上达，神光无以发越。若单治以补益肝肾明目，收效往往甚微。陈达夫教授临证常加入风药细辛、柴胡及其他窜透之品，以开通玄府、畅达神光，明显提高了治疗效果。又曾以风药为主的柴葛解肌汤 40 剂治愈一视神经萎缩患者，视力由 0.08 恢复至 1.5。此中机理，唯有用风药开通目中玄府、畅达精气神光方能予以解释。

又如重症肌无力，属于中医“痿证”范畴，通常以补中益气汤大补脾胃元气为主，然效果不尽如人意。王老根据玄府理论，认为本病病机不仅是脾胃元气亏虚，更在于玄府郁闭，神机不遂，以致神机失用而导致肌肉痿软无力。因而临床注重运用风药透达玄府神机，在补中益气基础上加入麻黄附子细辛汤等，取得满意疗效。

近年来，中医学术界对玄府理论指导下风药的运用产生了浓厚的兴趣，已经从眼病扩展到脑病、心病、肝病、肾病、脾胃病、肺病、骨病、鼻病、耳病、皮肤病、脉管病、妇科病及肿瘤等众多领域，显示出风药的广阔应用前景。

（二）诸般顽症，从风论治

在玄府学说基础上，二位教授通过多年临床实践探索与总结，逐渐形成了诸病从风论治的独特诊疗风格，擅长运用风药、虫药等治风之品开通玄府窍道治疗眼病、脑病、心病、肾病、骨病、皮肤及耳鼻喉等各科病症，尤其是某些常法无效的疑难杂症。老师指出，这一理念的形成，一是基于风邪致病的广泛性与复杂性，二是基于治风之品（风药、虫药）临床功用的多样性与快捷性，其独特的开通玄府性能，使之拥有广泛的用武之地。今以脑病、肾病及顽固性疼痛为例，分别介绍王老、黄老的相关学术思想。

1. 脑病从风论治

脑病的中医治疗，目前临床常用补肾填精、益气养血、活血通络、化痰开窍等法，王老却更重视治风之法，对多种脑病，均主张从风论治，注重各种风药

（包括祛风药与息风药）的灵活运用，理由如下：

（1）脑居高位，最易受风

《素问・太阴阳明论》曰："伤于风者，上先受之。"风为阳邪，其性开泄，侵袭阳位。脑为清窍，位于人之头部，至高无上，风邪侵袭，首当其冲，故易受其害。《素问・风论》云："风气循风府而上，则为脑风。"此外，风邪上犯清空，横窜脑络，还可引起多种疾病，如头风、偏风、首风等，莫不与风邪有关。根据刘河间玄府学说，王老认为，脑玄府中气血津液通畅、神机运转，是维持正常生理功能的必要条件；一旦风邪侵袭，闭塞玄府，神机不遂，则可导致种种脑病的发生。

（2）脑为清窍，病多兼风

脑病与风的密切关系，还表现在内生风邪上。脑病常出现昏厥、眩晕、麻木及痉挛、角弓反张、四肢抽搐、口眼㖞斜、两目上吊等躯体的异常运动症状，均属于风的范畴，即内风。过去多强调肝阳化风，指由肝阳过亢而引起的眩晕、震颤，甚至卒中等动风证候，其基本病机在于肝阳上亢日久，耗损阴液，水不涵木。近年来一些学者提出"瘀血生风"的概念，指血液运行不畅，或局部血液凝聚，或体内离经之血等形成瘀血，阻塞经络，导致筋脉失养，挛急刚劲，引发动摇、眩晕、抽搐、震颤等病变。脑病过程中，往往既有外风，又有内风，或外风引动内风，或内风兼感外风，内外合邪，相因为患，难以截然分开，从而导致病情的复杂多变及治疗上的困难。

（3）风药虫药，治脑良药

由于风邪在多种脑病中均是关键的病理因素，王老在临床实践中特别重视各种治风之品在脑病中的运用。王老临床常用的主要是祛风药和息风药两类，它们在多种脑病的治疗中都具有他药不可代替的重要作用。一般认为，外风宜祛、内风宜息，二者泾渭分明，各有所主。王老认为不能截然划分，在治疗中常需祛风息风并用。

王老指出，祛风药并不局限于治外风。不论外风、内风，皆其所宜。其发散宣透作用，不仅能开发肌表汗孔以解散表邪，对于全身脏腑经络、玄府窍道，亦能透达贯穿，尤其善于畅通由下而上、由里达表的气机，引提人体生发之气，资助清阳之气升腾，能引药入脑，所谓"高巅之上，唯风可到"。虫药亦有很强的治风作用，常称为搜风。叶天士云："风邪留于经络，须以虫蚁搜剔。"其临证"每取虫蚁迅速飞走诸灵，俾飞者升，走者降，血无凝着，气可宣通"。王老认为，祛风药长于升散走表，虫类药长于剔透于里。二者配合，协同增效，在脑病治疗中发挥引药入脑、治风宁脑、活血营脑、通窍醒脑等多种作用，尤其对开通脑玄府，畅达神机，恢复正常功能具有重要作用。

2. 肾病从风论治

黄淑芬教授在多年的临床实践中，深感肾病与风关系密切，不论外风还是内风，在许多肾病发生发展过程中都起到重要作用。因而临证善于使用风药、虫药等治风之品治疗多种肾病，尤其是一些难治肾病，成效显著。

（1）急性肾病，多因外风

黄老指出，肾病与风邪关系密切。《素问·风论》指出："以冬壬癸中于邪者为肾风，肾风之状，多汗恶风，面庞然浮肿，脊痛不能正立。"《素问·汤液醪醴论》在治疗水肿时提出了"开鬼门"的法则，提示了祛除外风药物在急性肾病治疗中的重要性。

（2）慢性肾病，多兼内风

风邪贯穿肾病发病始终，肾病的初期、中期以外风为主，后期以内风为主。同时，内风与外风易同气相求，肾炎蛋白尿、血尿，或水肿患者不但易感受外邪，且每因外感风邪而致病情反复或加重。内外合风，深入肾络，久羁不去，成为多种难治性肾病的症结所在。

（3）治风之品，治肾要药

黄老认为，风药、虫药等治风之品，在肾病治疗中有着不可或缺的作用。

风药首先能发散祛风、畅达肺气，驱逐各种外来之邪，同时又能胜湿化湿、通利水道，解除风邪与水湿痰饮的聚结。其轻灵活动之性，更能调畅气机，鼓舞肾气，疏通脉络，祛除瘀滞，现代药理学研究亦发现诸多祛风药物具有抗组织胺、抗过敏、抗变态反应、降血压、消尿蛋白、抑制抗体或清除抗原等多方面的作用，对于多种急慢性肾病，尤其是难治性肾病的治疗具有重要意义。

虫药搜风剔络，走窜力量更强，善于平息内风，对于"久病邪正混处其间，草木不能见效"的一些顽固性肾病，非此不能奏效。黄老在治疗肾性蛋白尿、慢性肾功能衰竭时常以蜈蚣、全蝎、水蛭、地龙、僵蚕等虫药配合使用，收效甚著。

3. 顽痛从风论治

疼痛是临床最常见症状之一。中医学认为，疼痛的病因有外感内伤之别，性质有寒热虚实之异，但不论何种痛证，其产生机理有着共同之处，即经络气血运行发生障碍，所谓“不通则痛”。清代叶天士运用络病理论指出“痛为脉络中气血不和”，强调治痛必须从治络入手，针对“络不通”的病变症结，遵循“络以辛为泄”的治疗大法，以通络为本，并从实践中总结出辛润通络、辛香通络、辛温通络、虫蚁搜剔及通补兼施等多种治法，具有很高的应用价值。

二位教授在叶氏通络治痛学术思想指导下，20 世纪 90 年代研制了复方灵仙止痛胶囊，用于头颈、胸胁、腰肾及四肢关节等不同部位、不同证型的急慢性痛证，均有良好疗效。在此基础上，进一步以玄府理论为指导，提出了风药、虫药为主，发散开玄、搜剔开玄双管齐下，协同增效，开通玄府，治疗各种顽固性疼痛的组方方案，治愈了不少顽固性疼痛患者，充分体现了从风论治的优势。如书中所列举王老的两则验案（见前“临床经验·医案·头风　案 3，术后顽痛　案 2）。

四、“治血先治风，风去血自通”

治风与治血是临床常用的两类治法，二者关系密切。前人“治风先治血，血行风自灭”之说，指风证的治疗当注意养血活血。这一理论至今为临床所遵循，实践证明治血确有助于治风。但这仅是问题的一个方面，问题的另一方面，是治风亦有助于治血。在血瘀证的治疗中，适当运用风药，常能使活血化瘀效果明显增强，其中的某些作用非活血化瘀药所能代替。为了全面反映两者之间的关系，丰富和完善血瘀证的治法，黄淑芬教授在多年实践基础上，于 1997 年首次提出“治血先治风，风去血自通”的创新治法见解，并于次年与王老共同带领学生组成课题组，申报国家中医药管理局基金课题并获准立项开展研究，先后发表相关论文数十篇，引起较为广泛的关注。

（一）提出背景

1.“治风先治血，血行风自灭”理论表述的不足

自宋代陈自明在《妇人良方》中提出“医风先医血，血行风自灭”之说以来，历代医家沿用、发挥，通过养血活血治疗风证，取得明显效果。“治风先治血，血行风自灭”作为一种独特论治理论，一直为临床各科所遵循，其应用范围已从血病生风推及于多种风证。黄老认为，其说注重治血而不言治风有其特定的条件，意在于提倡治病求本，但如果过分强调治血则容易产生片面性，既会助长滥用活血化瘀药的倾向，又妨碍了风药的合理应用。有学者撰文指出：“若囿于此说，或过分强调治血作为治风前提的话，必然影响临床治疗效果。”因此，该理论有待加以补充、完善。

2. 血瘀证与活血化瘀研究范围的局限

血瘀证与活血化瘀法是当前中医药研究的一大热门，著述众多，成果卓著，但也存在某些缺陷。如研究集中在活血化瘀法及活血化瘀药范围内，未免失之狭隘。早在 20 世纪 80 年代初即有学者指出：“活血化瘀法虽然是治疗瘀血证的重要治则，但不是唯一的治则。由于各个病员体质上的差异，兼夹证候的不同，引起瘀血的原因不同，瘀血在病证中的地位不同、程度不同，对瘀血的消除方法也就不同。或者以祛瘀为主，或者根本不能祛瘀，或者祛瘀作为其他治则的辅佐……总之，从治病求本这一观点出发，必然要求对瘀血证广开治路。”然而，这一灼见并未得到应有的重视。目前，血瘀证研究与临床的现状是：一方面活血化瘀方药的使用范围空前扩大，作用原理研究日益深入；另一方面，血瘀证的治疗与研究重点依然局限在活血化瘀治法及方药内，鲜有突破，非活血化瘀治法与方药对血瘀证的作用仍未得到应有重视。“治血先治风”论的提出，当有助于血瘀证治疗思路的开拓。

3. 风药作用认识的成见

对风药的认识一般停留在祛风、解表、息风等风证治疗范畴。实际上，风药是一类功效多样、作用广泛的药物，在调节人体脏腑经络、畅达气血津液上具有十分重要的作用。历代医家运用风药治愈多种血瘀病证的记载，在临床各科均不乏其例，但因囿于治风的偏见，未能得到系统的总结与发挥。黄老提出“治血先

治风”之说，即是从血瘀证的治疗方面拓展风药的临床应用，以促进对风药及治风法的进一步研究。

（二）理论依据

1. 风瘀相关互患

风为百病之长，常与其他病邪相兼为患，作为致病因素之一的瘀血亦不例外。一方面，风邪可致血瘀，如《素问・五脏生成论》:“卧出而风吹之，血凝于肤者为痹，凝于脉者为泣，凝于足者为厥。此三者，血行而不得反其空，故为痹厥也。”另一方面，瘀血阻络，又往往导致风从内生。如古人所说“中风”“风痱”“风痹”等病，现在认识到其“风”实由瘀血内停，脑脉痹阻所致，属血瘀生风。

风瘀同病的情况，临床上颇为常见。如血管神经性头痛，其痛急骤剧烈，突发突止，具有“风”的特点；疼痛如锥如刺，部位固定于颞侧，反复发作，顽固不愈，又具“瘀”的特点，风与瘀是其基本病机。面神经麻痹，可因正气内虚，风邪入络，气血痹阻，经脉失养所致；亦可由脑部外伤，气血内损，脉络瘀阻，血结生风，或与外风相引而成。风与瘀在该病发生发展过程中相互影响。类风湿性关节炎，初起多因风寒湿热邪气侵袭，风邪是主要的始发因素；日久不愈，则经络闭阻，瘀血留滞，瘀是重要的继发因素。

近些年来，随着血瘀证与活血化瘀治法研究的深入，发现许多风病均兼有血瘀，更有一些风病名为病风，实为病血。“治风先治血，血行风自灭”之说，因此受到日益广泛的重视和运用。但与此同时，风药的应用却逐渐减少，或认为其病在血与风无关，或畏惧风药辛燥发散产生弊端，临床上往往注重于治血而忽视治风。黄老认为，这种认识既限制了风药的运用范围，又妨碍了血瘀证治法的丰富完善，不利于临床疗效的提高。其实，从风瘀相关互患出发，不仅可推导出“风病当治血”的理论，而且能引申出“血瘀当治风”的论点。事实上，从文献理论、临床实践及实验研究诸方面来看，后者具有充分的客观依据。

2. 风药畅气行血

风药，习惯上指荆芥、防风、秦艽、天麻、蜈蚣等具有疏风息风作用的药物。对于风药的功用，通常多着眼于疏风解表、祛风胜湿、平肝息风等方面，囿于一个“风”字，未免狭隘。从历代本草学著作记载来看，风药的作用方面颇多，运用范围甚广。仅就与瘀血相关者而言，诸如：荆芥“下瘀血”（《本经》），白芷“破宿血”（《日华子本草》），藁本“通血”（《药性论》），细辛主“血不行”（《别录》），羌活“通畅血脉”（《本草汇言》），桂枝“温中行血”（《本草再新》），刺蒺藜“主恶血”（《本经》），天麻“条达血脉”（《药品化义》）等，可谓举不胜举，就连被称作“发表第一要药”的麻黄，《本经》亦载有“破癥坚积聚”之效。

风药对瘀血的作用机理，从中医理论分析，主要有以下几点：①发散祛邪：通过祛风散寒除湿，解除引起血运障碍的病因而恢复血脉畅通。②开郁畅气：风药或具轻扬之性，或含芳香之气，善于开发郁结，宣畅气机，从而有利于血脉通调，所谓“善治血者，不求之有形之血，而求之无形之气”。③辛温通阳：风药多辛温，味辛能行，性温能通，长于宣通阳气之阻遏，使阳气通达则血液流行。④走窜通络：虫类风药以走窜见长，功擅疏通经络壅滞，所谓“飞者升，走者降，血无凝著，气可宣通”。⑤活血化瘀：某些风药具有确切的活血化瘀作用，如川芎，最早被列为风药，后称作“血中气药”，现已公认为活血化瘀要药。

风药的活血化瘀作用，通过药理研究已得到部分证明。如祛风解表药多含挥发油和其他扩血管物质，能扩张脑血管，调整脑部血液循环；扩张冠脉，改善心肌血供；扩张外周血管，改善微循环。如在200种药物扩血管试验中，桂枝、细辛是最强的19种之一，可使微循环管径从1～2μm扩至1.5～4μm，作用不比同期测定的蒲黄、水蛭等活血化瘀药弱。镇肝息风药也有扩张心、脑脏器血管，活跃微循环，增加血流灌注及改善血液流态等作用。蜈蚣、地龙、乌梢蛇、钩藤有活血抗凝作用。钩藤体外试验抑制凝血酶引起血液凝固作用是50种中草药中较为突出者。地龙中提取的蚓激酶有激活纤溶酶溶解血栓的作用，颇似尿激酶作用。

综上所述，风药对血瘀证的治疗作用可归纳为两个方面：其一，直接作用于血分，疏通血行，消除瘀滞；其二，通过解除致瘀因素、振奋人体气化功能等，间接促进血流畅达、瘀滞消散。后者有一般活血药难以替代的独特之处，也是“治血先治风，风去血自通”的主要依据所在。

（三）治法基本内涵

1. 强调治病求本

瘀血作为一种可致病的病理产物，尽管是引起多种病症的“因”，但又首先是其他病因在疾病过程中造成的“果”。诸如外邪入侵致瘀、阴虚血行涩滞致瘀、气虚推动无力致瘀等，即以邪为因、虚为本、瘀为果。从治病求本的角度来看，活血化瘀对血瘀证仅是治标，并非治疗血瘀证的唯一方法。按照审证求因、审因论治的原则，因邪致瘀者，当以祛邪为先；因虚致瘀者，应以扶正为本。对于风邪伤人致瘀者，若治血不治风，风邪不去则血脉不通而瘀难消；治血先治风，风去邪解则血脉自通而瘀易除。可见，此类血瘀从风论治，较之于见血治血、见瘀化瘀，实为治病求本之道。

2. 倡导瘀从风治

大量的临床资料表明，治风法在血瘀证的治疗中具有不容忽视的意义，尤其对头面五官、四肢、肌表等部位及寒凝、气滞、损伤等所致血瘀证更为重要。

“治血先治风”论，可归纳为两点：其一，对某些血瘀证，治风优于治血，临证当以治风为主，治血居次要地位；其二，许多情况下，治风有助于治血，祛风法与活血法相伍，具有协同增效作用。

（四）应用举要

1. 外邪致瘀，祛风为先

六淫外邪伤人，均可影响气血运行，导致血脉痹阻而成瘀。由于风为百病之长，寒、暑、燥、湿诸邪多依附风邪侵犯人体，故外邪致瘀常以风为先导，祛邪当先祛风。及时运用祛风解表之法使风寒湿热之邪由表而解，则血脉畅通而无瘀滞之害，某些早期血瘀亦可随之而消，如外科以荆防败毒散治疮疡初起，眼科以八味大发散治外眼红肿，均是通过祛风散邪而达到活血化瘀、消肿散结的目的。

2. 损伤致瘀，逐风为要

外伤直接损伤血脉形成瘀血，治疗固应祛瘀，但因肢体受伤后风邪等乘虚而入，所谓“有伤必有风”“有伤必有寒”，因而治疗需注重驱逐风邪。骨伤科常用方剂多含风药甚至以治风为主、活血为辅，即在于风药既能驱邪外出，又能流畅气液，通利血脉，并有舒筋活络、解痉止痛等多方面功用，因而对损伤血瘀疗效卓著。

3. 肌表血瘀，发散效捷

祛风法对于皮肤、腠理、肌肉等体表部位血瘀具有特殊作用。中医认为风药中发散之品均长于走表，能鼓舞气血津液蒸腾于表以驱邪外出，并能从阴引阳，率领各种药物行于肌表以发挥治疗作用。现代药理学研究证实，解表风药多含挥发油，能舒张周围血管，增强外周循环，改善体表部位供血状况，从而有助于皮肤肌肉间瘀血的消散。临床上对银屑病、硬皮病等顽固性皮肤病，中医辨证均有瘀，而治疗常从祛风着手以化瘀取效，机理即在于此。

4. 头面血瘀，风药引经

头面居人体高位，为诸阳之会。此部位血瘀治疗尤当重视祛风。一方面，“高巅之上，唯风可到”，头部易受风邪侵袭，治疗需配合祛风；另一方面，风药多轻清上扬，善走头部，所谓“巅顶之上，唯风药可及”，其升发阳气之功，既能引营卫气血畅行于头部经脉，又能引其他药物上行头面发挥治疗作用。因而治风方药在头面五官病症治疗中居于首要地位。

5. 顽固血瘀，风药搜络

血瘀日久，顽固不化，一般活血药难以取效，叶天士称为“久病入络”，提倡用通络方法。每取虫蚁迅走诸灵，认为飞者升，走者降，最能追拔深混气血之邪，解除阻滞于络脉中之瘀滞，以松透病根，使络脉通利，则血无凝着，气可宣通。虫类药中全蝎、蜈蚣、地龙等均属风药，其在血瘀治疗中的独特作用，从一个侧面反映了“治血先治风”的客观现实。

近20年来，黄淑芬教授首倡的“治血先治风”创新治法在国内日益受到重视。据中国知网统计，迄今相关引证文献已达120篇，其中博士学位论文9篇，硕士学位论文31篇，另有不少各级基金研究课题论文，应用范围涉及肾病、心病、脑病、肝病、眼病、骨病、皮肤病、男科病等多个领域，其学术影响力于此概见。

五、精研太阳杂病，随证活用经方

二位教授受陈达夫教授运用伤寒六经辨治眼病学术思想影响，致力于研究伤寒六经方药在杂病中的运用。出于对风药的关注，尤其重视含有诸多风药的太阳篇方剂。通过多年的深入研究与实践探索，提出“太阳杂病”之说。所谓太阳杂病，即太阳病中的杂病，或者说是杂病中按六经辨证可辨为太阳证者。老师从以下 3 个方面加以阐发。

（一）太阳病内含杂病

通常认为，太阳篇第 1 条为太阳病的基本脉证提纲。徐大椿说：“脉浮头项强痛恶寒八字，为太阳一经受病之纲领，无论风寒湿热，疫疠杂病，皆当仿此，以分经定证也。”明确指出杂病亦有太阳病。

从仲景原著看，书中所论及的太阳病，除了太阳篇的太阳中风、太阳伤寒、太阳温病外，尚有痉湿暍篇的太阳痉病、太阳湿痹、太阳中暍，《金匮要略·水气病脉证并治》的太阳风水等，可见徐氏之言不谬，仲景并未将太阳病局限于伤寒范围。

从临床上看，太阳病不仅常见于外感热病初期，而且常见于许多杂病初期。杂病虽重在内因方面，却与外邪密切相关。太阳作为人体防卫病邪入侵的第一道屏障，外邪侵袭，首当其冲，故发病机会甚多。太阳病是内外各种致病因素引起太阳所属脏腑经络及其气化活动失调病变的总称，应包括太阳热病与太阳杂病两大类。后者易为学者忽略，故有认真研讨之必要。

（二）太阳篇中多杂病

二位教授指出，伤寒与杂病合论，是仲景著作的一大特色，太阳篇体现得尤为突出。该篇 178 条中，专论太阳外感病者仅占十分之一二，余皆兼论或专论杂病。其中包括：

1. 外邪引发宿疾

素有杂病宿疾的患者，一旦新感外邪，即可被引而发作。如 18 条“喘家作”，41 条“伤寒，心下有水气”，均属此类。一般称前者为太阳中风兼证（兼喘），后者为太阳伤寒兼证（兼饮）。细加分析，两条的重点实在于喘或咳，表证居次要地位。从临床上看，多见于慢性支气管炎、支气管哮喘之类患者，其机体免疫功能往往低于正常人，易于感邪发病，按病名诊断应为喘证或支饮，属杂病不属伤寒。由于伴有太阳表证，不妨称为太阳喘证、太阳支饮。传统称作中风兼喘、伤寒夹饮，似嫌本末倒置。

2. 外感导致杂病

外邪侵袭人体直接导致杂病，在太阳篇中亦不少见。其中可归属太阳杂病者，如以身体疼烦、骨节疼烦为主症的太阳风湿证（174 条、175 条），以下利或呕吐为主症的太阳阳明合病（32 条、33 条），太阳少阳合病（172 条）。后两种合病为下利、呕吐而兼见太阳表证，其表证明显者，仲景治以葛根汤发汗解表止利，开后世“逆流挽舟”治泄泻之先河。再如 13 条：“太阳病，头痛、发热、汗出、恶风，桂枝汤主之。”柯韵伯注：“此条是桂枝汤本证，辨证为主，合此证即用此汤，不必问其伤寒、中风、杂病也。”指出桂枝汤本证可出现在杂病中。同理，35 条：“太阳病，头痛发热、身疼腰痛、骨节疼痛、恶风无汗而喘者，麻黄汤主之。”历来认为系太阳伤寒证治，实际上亦常见于杂病中。《中医内科学·喘证》（五版教材）中所述“风寒袭肺证”“喘咳气急，胸部胀闷，痰多稀薄色白，兼有头痛、恶寒，或伴发热，口不渴，无汗，苔薄白而滑，脉浮紧。治法宣肺散寒，方药麻黄汤加减”。两相对照，如出一辙，不过后者突出喘为主症而已。考仲景原文，麻黄证八证并列，而未分主次，正是给后之学者，留下了灵活运用的余地：以喘为主，即是太阳喘证；以头痛为主，即是太阳头痛证；以腰痛为主，即是太阳腰痛证；以无汗为主，即是太阳无汗证；以发热恶寒为主，方是太阳伤寒证。凡此均是麻黄汤主治证。

3. 伤寒兼夹杂病

太阳伤寒（包括中风）的同时，又存在某些杂病为患，从而形成伤寒、杂病兼夹为病的复杂局面。这种情况为临床所常见。仲景书中有关论述颇多，太阳篇里诸多太阳病兼证，均可作如是观。其表里汗下先后、标本缓急治法诸条，正是为正确处理此类复杂证情提供了指导原则及具体例证，被后世奉为圭臬。值得一提的是，太阳篇中的诸柴胡证条文，后世注家多移入少阳篇作为少阳病看待。王老认为其中包含不少太阳杂病内容。如 96 条所述小柴胡汤的七个或然证：“或胸中烦而不呕，或渴，或腹中痛，或胁下痞硬，或心下悸、小便不利，或不渴、身有微热，或咳”，涉及肝胆、脾胃、心、肺、膀胱等诸多脏腑，足以反映多种内伤病理体质患者，感受外邪后伤寒、杂病兼夹为患的复杂证情。小柴胡汤寒温并用，扶正祛邪，安内攘外，表里双解，故临床适用范围极为广泛。据王老临证所见，柴胡证可见于外感，亦可见于杂病，尤多见于外感兼杂病者。

4. 伤寒变生杂病

太阳伤寒、中风因失治、误治而成为变证、坏病，其条文数目在太阳篇中占了很大比例。变证、坏病多不具备六经病变特征，而以脏腑功能紊乱、气血津液失调为特征，发生部位较广，病情变化复杂，故应属杂病范畴。其中若病已变坏而太阳表邪未尽者，或病变发生于太阳所属脏腑者，则可归入太阳杂病。如太阳表邪不解，随经入腑而膀胱气化失司之太阳蓄水证（71 条、74 条）；太阳误下后表邪未解而邪气内陷或脾阳受损，以致利下不止的协热利证（34、163 条）；太阳发汗太过损伤卫阳之阳虚漏汗证（20 条），等等。

（三）太阳方药治杂病

二位教授分析太阳篇方药指出，该篇载方共 74 首，约占《伤寒论》全书方剂的 2/3，但其中主治太阳中风、伤寒者，仅有桂枝、麻黄、桂麻各半、桂二麻一及大青龙汤等数首，其余皆为各种兼变证而设。兼证多兼夹杂病，变证已非伤寒而属杂病。《伤寒论》原是伤寒杂病合论。六经既辨伤寒，又辨杂病；伤寒方既治伤寒，又治杂病。仲景正是通过对伤寒、杂病兼夹为患复杂情况的条分缕析，综合辨治，阐明临床辨证论治的原则性与灵活性，从而给后世学者以无穷启迪。

正是基于上述认识，王老、黄老在临床广泛应用仲景经方治疗内、外、妇、儿各科多种病症。例如前述医案中，以葛根汤治疗面神经炎、颈椎病，麻黄连翘赤小豆汤治疗特发性水肿、慢性荨麻疹、春季卡他性结膜炎，麻黄附子细辛汤治疗偏头痛、重症肌无力，侯氏黑散治疗中风、青光眼，炙甘草汤治疗病毒性心肌炎、功能性子宫出血，芍药甘草附子汤治疗转筋，葛根芩连汤治疗慢性溃疡性结肠炎，柴胡桂枝汤、麻黄升麻汤治疗内伤发热，当归四逆汤合黄芪桂枝五物汤治疗下肢动脉硬化闭塞症等，均收到优良效果。

在数十年的从医生涯中，二老对张仲景之方一直十分推崇，认为许多经方配伍精当，药简力宏，疗效卓著，具有不可替代性，在各科临床都大有用武之地，值得认真学习研究。老师运用经方十分灵活，常随证加减药物，或与其他方剂合方化裁。对于“经方不可加减”之说，认为只是一家之言，不足为法。因为从孙思邈、刘完素、李东垣、叶天士这些公认的历代名家，到自己习医以来师从的诸多名师，对经方的运用均有灵活加减，绝非一成不变；更何况仲景大师自己就在加减应用，如小青龙汤、小柴胡汤、真武汤、通脉四逆汤等名方后均列有加减法，再如桂枝加葛根汤、桂枝加厚朴杏子汤、桂枝加龙骨牡蛎汤、桂枝去芍药加附子汤等均是桂枝汤加减而成的衍生方，更有桂枝麻黄各半汤、桂枝二麻黄一汤、柴胡桂枝汤等合方化裁而成的新方，均是示人以随证灵活变通之法。后学者应当明鉴。

学术传承

川派中医药名家系列丛书

王明杰
黄淑芬

作为达夫教授的关门弟子、陈氏六经眼科学派的代表性传承人，王明杰教授偕同夫人黄淑芬教授数十年来在泸州潜心研究玄府理论及达夫先生开通玄府明目之法，着力发挥风药、虫药开通玄府的临床应用，并借鉴达夫先生移植伤寒六经于眼科领域的治学方法，将视野由眼科延伸到内科及整个中医领域，从基础理论、各家学说直到临床各科，开展了一系列卓有成效的研究工作，同时培养了众多学生与学术继承人，薪火相传，弦歌不辍，栉风沐雨，春华秋实，逐步形成一支人才辈出的新兴学派——川南玄府学术流派。

迄今为止，该流派的传承人已延续三代，其传承人均是二位老师的学生，其中既有脑病、心病、肾病、肺病、脾胃病及眼科、外科、骨科、儿科等临床学科的医师，也有从事中医经典与基础理论教学科研的学者。地域由川南泸州扩展到成都以及省外重庆、温州等地，形成了人才济济的学术团队，对玄府学说的探索日益深入，应用范围不断扩大。其学术虽源自眼科，而研究领域遍及内外各科，研究内容亦从目中玄府拓展至脑玄府、心玄府、骨玄府等，并开展了一系列临床与实验研究，发表相关学术论文数百篇，成果居国内领先水平，可以看作陈氏六经眼科学派的分化与发展。目前，玄府理论及其应用已成为当前中医学术研究的一个新的热点。以该派传承人为学术带头人的西南医科大学附属中医医院脑病科、肾病科均发展成国家临床重点专科及国家区域中医（专科）诊疗中心。经过数十年来的持续发展，该派现已日趋成熟并不断壮大，成为川派中医中一支特色鲜明、优势突出的学术流派。

下面介绍川南玄府学派传承脉络及其中 15 位传承人。

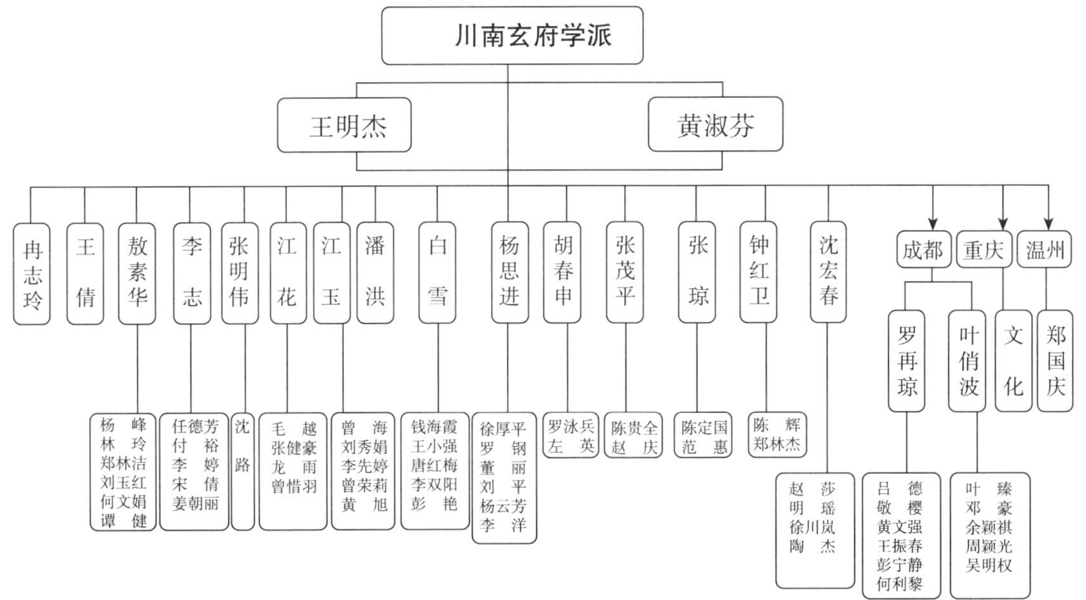

川南玄府学派传承脉络图

罗再琼

教授，硕士研究生导师。泸州医学院中医系 77 级本科毕业生，先后任泸州医学院中医基础理论教研室主任、成都中医药大学基础医学院副院长等职，现任四川省中医药学会中医基础理论专业委员会副主任委员，曾获“四川省中医药发展先进个人”荣誉称号。承担中医基础理论教学 30 余年，出版专著、教材 4 部，发表文章 70 余篇，主持国家级、省部级、厅局级等科研 6 项。作为王老的弟子与助手，长期参与玄府学说及风药等的相关课题研究，开展了一系列工作，取得了若干成果。

玄府学说研究方面，出版专著《玄府学说》，发表相关论文 14 篇。初步梳理了玄府学说的相关内容，强调了玄府在中医理论中的重要性；探讨了玄府与水通道蛋白之间的关系，对鼻玄府理论进行了初步研究，为临床诊断和治疗鼻科疾病开拓了新的思路；提出“肝玄府假说”，认为肝玄府相当于肝窦内皮细胞间的窗孔结构，二者在形态、功能上均有一定的相关性。是对传统中医理论的继承和拓展。

风药研究方面，出版专著《风药新识与临床》，发表相关论文17篇。初步总结了风药的多种特性及多种作用，强调风药活血之效；提出祛风活血法作为中医治疗法则在活血化瘀治疗中的地位；全面梳理了风药在临床各科的独特应用；开展了风药活血作用及其抗大鼠肝纤维化的实验探索，对风药增效活血化瘀作用进行了相关的实验研究，提出风药生姜、防风配伍下瘀血汤可增加活血化瘀药的作用，为中医药抗肝纤维化提供了新的用药配伍思路。

杨思进

主任中医师，二级教授，博士生导师，博士后科研工作站导师，泸州医学院中医系82级本科毕业生，现任西南医科大学中西医结合学院附属中医医院院长。四川省名中医，四川省首批名中医工作室导师，四川省卫生计生首席专家，四川省有突出贡献专家，国务院政府特殊津贴专家，第十一批四川省学术和技术带头人，泸州市首届十大名中医，西南医科大学教学名师，川南玄府学派代表性传承人。

国家中医药传承创新项目、国家中医临床研究基地、国家区域中医诊疗中心负责人，全国中西医结合重点学科带头人，兼任中国中西医结合学会委员、中华中医药学会理事、四川省中医药学会副会长、四川省中医药学会心脑血管病专业委员会主任委员、泸州市中西医结合学会会长等职。

从事医疗、教学、科研工作31年，擅长高血压、冠心病、中风、心肌炎、心肌梗死等心脑血管疾病诊治。主持、主研各级科研课题100余项，其中国家级课题3项，省部级课题20余项，获国家发明专利2项，华夏医学科技奖三等奖1项，中国中医药研究促进会二等奖1项、三等奖1项，四川省科技进步奖三等奖4项，四川省中医药学会二等奖2项，四川省博士专家论坛一等奖1项，泸州市人民政府科技进步奖一等奖2项、二等奖2项、三等奖6项。现已招收培养硕士、博士研究生60余名，发表学术论文100余篇，出版专著教材30余部。

获评华夏医学科技奖的“创建‘玄府理论’新体系以‘风药开玄’防治脑病基础研究与临床应用”，属中医基础理论创新与临床运用的研究，将玄府理论及风药运用到脑病的基础、临床、中药复方制剂研究中，取得诸多创新性成果。近年来进一步开展的相关研究还有：基于“络病－玄府”认识冠脉微循环病变；基于血脉理论，对高血压病“脉胀”的认识及风药论治；基于“络病－玄府”，探讨冠脉介入术后无复流现象等。

钟红卫

西南医科大学附属中医医院教授，主任医师，硕士研究生导师。全国第四批老中医药专家学术经验继承人，师承黄淑芬教授。四川省第五批老中医药专家学术经验指导老师。中华中医药学会老年病分会专业委员会委员，四川省中医药学会亚健康专业委员会委员，第六批四川省中医药管理局学术和技术带头人。

从事中西医结合内科临床、教学、科研工作 30 余年。主持、参研国家、省厅级、院校课题 10 余项，参编著作 3 本，发表论文 50 余篇。继承黄淑芬教授风药增效学术思想，总结了黄淑芬寒温并用治疗外感发热的经验、黄淑芬运用麻黄的经验、黄淑芬运用麻黄增效益气补虚经验、黄淑芬调治气虚体质等经验并发表多篇论文。擅长中西医方法诊治咳嗽、感冒、发热、慢阻肺、胃炎、便秘、高血压、冠心病、糖尿病、失眠、月经不调、更年期综合征、顽固复发性口腔溃疡、肿瘤等疾病，对老年疾病的综合评估及诊治，运用中医体质辨识养生保健方法调治个体体质、亚健康有独到之处。

张琼

医学博士，教授，硕士生导师。西南医科大学附属中医医院肾病科主任，四川省中医药管理局学术技术带头人，四川省拔尖中医师。中国中药协会第一届肾病中药发展研究专业委员会常委，中国民族医药学会肾脏病分会副会长，中国中医研究促进会肾脏病分会常务委员，泸州市医学会肾脏病专业委员会副主任委员，全国第四批老中医药专家学术经验继承人，师承黄淑芬教授。

从事肾病科临床、科研、教学工作 20 余年，继承黄淑芬教授学术思想与临床经验，擅长中西医结合防治慢性肾脏病，根据玄府理论，提出肾纤维化与“肾内微癥积”理论，确立了“固肾消癥”治疗原则，制订中医多途径联合给药治疗慢性肾衰治疗方案，形成了院内协定处方“肾纤康”。积极开展和引进新理论、新观念、新技术，熟练掌握多种血液净化项目。作为科室负责人，带领科室成功申报国家中医肾病区域中心，卫生部国家临床重点建设专科，“十二五”国家重点中医建设专科，四川省重点中医专科，在川、滇、黔、渝有一定影响力。

围绕临床积极开展科研工作，以第一作者或通讯作者发表论文40余篇，其中SCI收录5篇，作为主编或副主编发表论著2部，先后主持或参与部、省、局、院级课题20余项，获得中国中西医结合学会科技进步奖三等奖1项，四川省科技进步奖三等奖1项，泸州市人民政府科技进步奖三等奖2项，获授权国家发明专利1项。培养硕士研究生10余名，带教进修生80余名。

白雪

教授，硕士研究生导师，医学硕士，全国第三批老中医药专家学术经验继承人，师承王明杰教授，并任王明杰全国名老中医药专家传承工作室主任。西南医科大学附属中医医院心脑病科主任、大内科主任、中医内科教研室主任。四川省老年医学学会脑病专业委员会主任委员、四川省中医药学会心脑血管病专业委员会副主任委员。先后荣获四川省卫计委先进个人、四川省学术技术带头人后备人选、四川省中医药管理局学术技术带头人、四川省卫计委突出贡献中青年专家、四川省拔尖中医师、泸州市名中医、第三批全国优秀中医临床人才等称号。

在西南医科大学附属中医医院从事临床、教学、科研、人才培养工作，坚持每周门诊、病房大查房及承担《中医内科学》《中西医结合进展》等课程教学工作。参编教材及专著10部。先后承担或主研科研项目23项，其中省部级6项，厅局级13项。研究方向为基于“玄府理论”探讨风药组方对脑病的基础与临床研究，立项课题如四川省教育厅重点项目“基于CAMP/PKA-CREB信号转导通路‘通窍益智颗粒’对VD大鼠学习记忆能力的作用机制研究”“祛风通窍方对血管性痴呆大鼠线粒体氧化损伤的保护机制”等。参与科研合作8项，包括国家科技部重大专项、国家中医药管理局行业专项等，发表学术论文60余篇。培养硕士研究生17名。作为项目负责人，“基于‘玄府理论’风药组方对缺血缺氧性脑病的基础与临床研究”2015年获泸州市人民政府科技进步奖一等奖，2016年获四川省科技进步奖三等奖，2017年获中国中医药研究促进会科学技术进步奖二等奖。

潘洪

教授，主任中医师，硕士，西南医科大学附属中医医院大内科副主任，系第四批全国老中医药专家学术经验优秀继承人，师承王明杰教授。四川省中医药学会心脑病专业委员会委员，四川省中西医结合学会心血管专业委员会委员。

作为王老学术继承人，在玄府学说研究方面，开展了“运用玄府理论指导马钱子制剂治疗急性脑梗死的临床观察”。该课题继承泸州医学院附属中医院王明杰教授“开通玄府”论治脑卒中的学术思想与临床经验，采用马钱子制剂加基础疗法治疗急性脑梗死患者 30 例，并与单纯基础治疗的 30 例患者从血流动力学和功能改善方面进行对照分析，进一步客观化观察探讨马钱子制剂对急性脑梗死的临床疗效。擅长采用中西医结合诊治心脑血管疾病：冠心病、高血压病、中风偏瘫、顽固性心力衰竭、各种心律失常、头晕头痛及失眠等疾病，率先在省内中医系统开展心脏介入诊疗技术，行冠心病诊疗及心脏起搏器植入等。先后主持学校及省级课题 4 项，参研各级课题 10 余项，发表论文 20 余篇，获得泸州市人民政府科学技术进步奖一等奖 1 项，四川省科学技术进步奖三等奖 1 项。

李志

教授，医学博士，硕士研究生导师，西南医科大学附属中医医院副院长。第四批全国中医基础优秀人才，师从王明杰教授。四川省中医药管理局学术和技术带头人后备人选，四川省拔尖中青年中医师，泸州市学术和技术带头人。担任中国医师协会中西医结合医师分会消化病学专家委员会常务委员、中华中医药学会脾胃病分会青年委员等职。

从事医疗、教学、科研工作 20 余年。培养研究生 19 名。承担和主研科研项目 10 余项，发表论文 50 余篇，其中 SCI 论文 6 篇。获四川省科技进步奖三等奖 1 项，泸州市人民政府科技进步奖二等奖 1 项、三等奖 2 项。申请发明专利 5 项，授权发明专利 3 项。撰写专著 5 部。

敖素华

教授，医学博士，硕士研究生导师，西南医科大学附属中医医院呼吸内科主任。四川省中医药管理局学术和技术带头人，泸州市学术和技术带头人，四川省学术和技术带头人后备人选，中央组织部“西部之光”访问学者，第四批全国中医基础优秀人才，师从王明杰教授。担任中华中医药学会肺系病分会委员、四川省中医药学会肺系病专业委员会副主任委员等职。

擅长中医、中西医结合治疗慢性阻塞性肺疾病、肺气肿、慢性肺源性心脏病、呼吸衰竭、支气管哮喘、肺炎、支气管扩张、肺栓塞、胸腔积液、间质性肺疾病、慢性咳嗽、不明原因发热等疾病。主讲中医内科学课程，培养硕士研究生10名。关注中医中药防治慢性阻塞性肺疾病、肺纤维化的研究，并对临床疗效好的院内制剂进行开发研究，主持和主研19项科研课题。发表论文30余篇，编写教材和专著4部。主研《杏杷止咳颗粒防治慢性阻塞性肺疾病的实验与临床研究》，获2015年度泸州市人民政府科技进步奖三等奖。

江玉

医学博士，副教授，硕士研究生导师。王老培养的硕士研究生，王明杰全国名老中医药专家传承工作室、黄淑芬全国名老中医药专家传承工作室学术秘书。曾任西南医科大学中西医结合学院文献研究室主任，中华医学会医史分会青年委员，四川省中医药学会医史文献专业委员会委员。近年先后评获“四川省中医药管理局学术技术带头人后备人选”“西南医科大学金教鞭奖”等。

在西南医科大学中西医结合学院从事教学、科研及临床工作10余年，承担中医基础理论、中医文献学、中国医学史、中医养生学等多门课程的教学工作。编写出版教材及专著12部。主研国家级、省部级及厅局级等科研课题20余项，公开发表学术论文40余篇。在导师的指导下，致力于“玄府”理论及“风药”的研究。主持相关的省级课题“基于PI3-K/Akt信号转导通路研究风药对脑缺血后脑保护作用及机理”及市级课题“王明杰教授学术思想与临床经验研究”等。以第一作者在《中医杂志》等刊物发表《玄府学说的发生学研究》《玄府理论研究现状》《王明杰教授从风论治脑病的学术思想与临床经验》等论文。在专著《王明杰黄淑芬学术经验传承集》《风药新识与临床》《玄府学说》中担任副主编。

张明伟

副教授，硕士研究生导师，四川省中医药管理局学术技术带头人后备人选，全国第四批名老中医药专家经验继承人，师承王明杰教授。现任西南医科大学附属中医医院大外科副主任、神经外科副主任，中国中医药研究促进会青年医师分会委员，四川省医师协会神经外科分会委员，泸州市医学会神经外科专委会副主任委员等职。曾获“2010 年泸州市劳动竞赛技能能手”“泸州市第五届护理技能比赛心肺复苏术第二名”“急诊急救先进个人”等奖项。

作为王老的师承弟子，研究方向主要基于“玄府理论”探讨祛风活血法对脑内出血、颅脑损伤的基础与临床研究，主持立项如“细胞凋亡与脑内出血患者的血管破裂的相关性研究”“开窍醒脑胶囊对重型颅脑损伤患者血液流变学的影响”“祛风活血法对颅脑损伤致颅脑血肿的临床研究”“蛭龙活血通瘀胶囊对大鼠缺血性心肌重塑的干预机制研究”“祛风活血法治疗颅脑损伤的临床研究”等 6 项省部级、厅局级课题；先后于中文核心期刊发表相关性学术文章 40 篇；参编《高等中医药院校西部精品教材——中西医临床危重病学》教材及专著 2 部。

郑国庆

教授，硕士研究生导师，中医学、临床医学双博士。王明杰、黄淑芬教授联合培养的首届硕士研究生。现任温州医科大学附属第二医院神经精神病学科（系）副主任、专科主任。浙江省 151 人才、温州市 551 人才人选。浙江省高等学校中青年学科带头人，浙江省卫生高层人才医坛新秀，温州医科大学中青年学科带头人，浙江省中医药重点建设专科后备学科带头人。中国中西医结合学会循证医学分会常委，浙江省中西医结合学会神经内科常委，中华中医药学会脑病分会常委。

主持和参加国家自然科学基金 5 项。主编、副主编或参编专著 12 部、教材 4 部，负责编写国家卫计委、人卫版十三五规划教材《中西医结合内科学》中神经系统疾病部分。在国内外省级以上期刊发表中西医学术论文 190 多篇，SCI 收录 67 篇。获首届中医药优秀博士论文奖，浙江省中医药科学技术奖二等奖，浙江省科学技术奖二等奖。在玄府理论的创新研究方面，对玄府理论的源流进行全面梳理，从离子通道切入对玄府的实质进行科学诠释，在玄府理论指导下进行中风病的临床和实验研究。在风药治血理论的创新研究方面对风药进行含义界定和分类，从风肝气血互用互患来认识风药治血的理论机制，对治风活血法配伍机制进行实验研究，并就风药治血理论在心脑血管病中的应用进行理论及其改善微循环的实验研究。在《中医杂志》、日本《中医临床》等期刊发表相关学术论文17篇。

江花

副教授，硕士研究生导师，四川省中医药管理局第五批学术技术带头人后备人选，第六批全国老中医药专家经验继承人，师承王明杰教授。现任西南医科大学中西医结合学院中医留学生教研室主任、四川省中医药学会医史文献专业委员会副主任委员，《中医文献杂志》编委。

在西南医科大学中西医结合学院从事教学、科研及临床工作，承担本科仲景学说、中医各家学说、中医英语，以及留学生中医学等多门课程的教学工作。参编教材6部、专著6部、CAI课件1部。主持和参加国家级、省部级及厅局级等科研课题10余项，任课题负责人8项，公开发表学术论文20余篇。致力于“玄府”理论及“风药”的研究。主持相关的省级课题“王明杰‘开通玄府’学术思想及临床经验研究”及市级课题“古代医案风药运用的数据挖掘软件开发与利用”等。以第一作者在《中医杂志》等刊物发表《王明杰治疗重症肌无力经验》《论“骨玄府”》《从〈四圣心源〉浅论中医一气之圆运动》等多篇论文。着力挖掘“玄府”学术内涵，并将玄府理论用于指导临床及科研。主编川派中医家名家系列丛书之《叶心清》，在专著《王明杰黄淑芬学术经验传承集》《风药新识与临床》《玄府学》中担任副主编。参与科研项目“‘少阳主骨’：理论复活与验证、机理探讨及其临床应用”，2014年获泸州市人民政府科技进步奖三等奖。

叶俏波

中医学博士，副教授，硕士研究生导师，王老、黄老入室弟子之一。曾任香港浸会大学中医药学院客座研究学者和内地学术顾问，广州中医药大学中西医结合工作站博士后，成都中医药大学首届“杏林学者”荣誉体系青年英才，现为第十二批四川省学术和技术带头人后备人选，第五批四川省中医药管理局学术和技术带头人后备人选，第六批全国老中医药专家学术经验继承人。

现于成都中医药大学基础医学院从事教学、科研及临床工作，承担玄府学说、中医学基本思维原理、方剂学课程的教学工作。任国家卫计委“十三五”英文版规划教材，海外标准化教材《方剂学》主编。参编《中医学高级丛书·方剂学》《中医名方学用挈要》等教材及专著 15 本，公开发表学术论文 30 余篇，主持国家级课题 1 项，厅局级课题 2 项。

致力于玄府学说治法与方剂规律的研究，力求完善玄府学说理、法、方、药体系，发挥玄府学说在临床上的独特价值。主持玄府学说相关国家级课题“基于 WNT 通路的透脓散抗溃疡性结肠炎的机制研究”及校级课题“托里透毒法治疗慢性胃溃疡的机制研究”，指导学生完成科研实践创新课题“玄府学说治法与方剂规律的研究”等。总结王老临床经验，在专著《风药新识与临床》《玄府学说》中任副主编，现正着手主编《王明杰黄淑芬治风方药临证经验》。临床注重以玄府学说、脾胃学说为指导治疗脾胃、肝胆、妇科疾病，尤其擅长运用风药治疗多种疑难杂症。

王倩

中西医结合硕士，讲师，王明杰全国名老中医药专家传承工作室成员，第六批全国老中医药专家学术经验继承人，师承王明杰教授。西南医科大学中医经典教研室副主任。担任中国民族医药学会教育分会理事，四川省中医药学会仲景专业委员会委员。近年先后评获“泸州医学院优秀教师”“西南医科大学金教鞭之星”。

在西南医科大学中西医结合学院从事教学、科研及临床工作，承担仲景学说、伤寒论、金匮要略、基础中医学、临床中医学、经方学等多门课程的教学工作。参编教材及专著 4 部。主持和参加国家级、省部级及厅局级等科研课题 10 余项，主研 6 项，公开发表学术论文 30 余篇。致力于“玄府”理论、“风药”及王明杰教授学术思想的研究。主持相关的厅局级课题“建设中医药防控血管性痴呆转化医学体系的研究”；参与相关的省级课题“王明杰‘开通玄府’学术思想与临床经验研究”“玄府理论体系及其临床应用研究”等。以第一作者在中文核心期刊发表《王明杰运用风药治疗内伤发热的经验》《王明杰运用风药论治目劄经验》等论文。在古籍《目科捷径》整理中担任主研，在《王明杰黄淑芬学术经验传承集》《风药新识与临床》《经方学》中担任编委。

沈宏春

西南医科大学中西医结合学院副教授，成都中医药大学中医诊断学专业博士，浙江大学－西南医科大学生理学博士后出站，四川省学术技术带头人后备人选，四川省拔尖中青年中医师，黄淑芬全国名老中医药专家传承工作室学术继承人。

学科专业方向：中西医结合肾病学。在学术上论述了尺肤诊法、辨识畏寒与恶寒病机的关键是卫气“寒热并用”“同证异治”等学科热点问题，并从基因组学角度对同证异治进行了实验研究，丰富了中医理论。在继承学习玄府学说基础上，提出“开玄府”治疗慢性肾脏疾病，指导研究生发表《汗法开通玄府治疗慢性肾脏疾病理论辨析》《麻黄汤调节 TGF-β1/smads 信号通路延缓慢性肾脏疾病的进程》等论文，围绕肠道菌群、黏膜免疫、TGFβ/smads 信号通路、wnt/β-catinen 信号通路阐明该法及麻黄汤类方的现代机制，为临床汗法治疗 CKD 提供了可靠的科学证据。承担本科生、研究生中医诊断学、黄帝内经、中西医结合研究进展等课程的教学。发表文章 20 余篇，SCI 收录 2 篇。主持各级科研项目 17 项，其中中国博士后基金面上项目 1 项，四川省科技厅项目 2 项，四川省教育厅、四川省中医药管理局、泸州市科技局等厅局级课题共 4 项。

论著提要

川派中医药名家系列丛书

王明杰
黄淑芬

据编者统计，迄今为止，王明杰教授在各级学术刊物及会议上共发表论文105篇（其中独著16篇，第一作者18篇，通讯作者22篇），另有指导弟子总结整理个人临床经验文章22篇。黄淑芬教授在各级学术刊物及会议上共发表论文47篇（其中独著7篇，第一作者6篇），另有指导弟子总结整理个人临床经验文章12篇。在此介绍论文12篇。二位教授主持及参与编写的学术著作与教材共计21部，在此介绍主编的6部。

一、论文提要

（一）陈达夫眼科学术思想和经验介绍（《中医杂志》1982年第5期，王明杰独著）

本文是王老读研期间学习研究陈氏眼科学说的一篇总结性文章，作为第一篇全面介绍陈达夫先生学术思想与经验的文章，当年发表后产生了较大影响，仅王老收到及《中医杂志》转来的读者来信即有上百封，对弘扬及进一步研究陈氏眼科学说起到了良好的促进作用。

本文从以下四个方面归纳了陈达夫的学术思想：

1. 眼体同研，六经一统

（1）循内科以究眼科：强调“中医眼科学理是在中医内科的基础上发展起来的，从理论到临证治疗上，都不能脱离内科”。基于“内科为本”的卓识，提出了“能熟内科，再循序以究眼科，则势如破竹”的见解，启迪后学，发人深省。

（2）察眼目而参脉证：认为局部与整体二者合参，方为全面。诊断眼科病，仍须用四诊，与内科相同，但望诊尤为重要。临床辨证，应运用四诊方法，着重内科的辨证，其中方有取舍的权衡，才能泛应而曲当。

（3）尊六经以统目病：将伤寒六经分证理论与眼病具体特点结合起来，提出了眼科六经辨证的理论和方法。一方面将散漫纷纭的种种眼病悉归于六经的节制之下，示人以提纲挈领、执简驭繁之法；另一方面以六经统率眼科五轮、八廓、经络与内科八纲、脏腑、气血等辨证方法，熔局部辨证与全身辨证于一炉，形成初具规模的眼体综合辨证体系，对增强眼科辨证论治的整体性和灵活性卓有价值。

2. 融古贯今，银海探微

（1）探究内眼归属：先生于 1962 年撰写《中西串通眼球内容观察论》，运用中医传统的推理论证方法，对内眼各组织结构与脏腑之间的关系做了大胆的探索，立论新颖而富有理致。

（2）完善八廓诊法：采撷诸家之长，提出以白睛四正四隅定位，以轮上血丝为凭，察六腑及包络、命门病变的八廓辨证理论，使这一学说渐臻完善与实用。

3. 通权达变，救弊补偏

（1）目病非皆属火：认为前人“目病属火”的理论，带有极大的片面性。一些医家辄用寒凉治目，贻误极深。至今仍有不少眼科医生囿于一偏之见，而视温热药为畏途，影响到一部分眼病的治疗效果。故仿仲景之例，于《中医眼科六经法要》中首列桂枝、麻黄二方，令人耳目为之一新。全书所载九十余方中，属寒凉者不过四分之一，余皆系温热或寒温并用之方。

（2）玄府宜事开通：对于内障目病的发病机理，服膺于刘河间“玄府闭塞”之说，从实践中总结出多种开通玄府以明目的方法，弥补了传统补益肝肾以明目之不足，实践证明有助于提高内障目病的治疗效果。

4. 勤求博采，取精用宏

（1）擅用经方：认为仲景之方，立法谨严，组合精当，力专效宏，虽本为伤寒杂病而设，却同样可用于各种眼病。《法要》六经篇所列八十六节证候举要中，选用经方及其加减者竟占一半。既有助于运用六经方剂辨证，又丰富了眼科治疗学的内容，并为经方研究提供了新的资料。

（2）精研专方：如驻景丸系古代内障名方，先生认为方中缺乏调达肝气之品，目中玄府不易开通；同时培补之力亦嫌薄弱，于是集诸驻景丸方药味予以重新筛选组合，拟定驻景丸加减方。再如生蒲黄汤，温清兼顾，行止并用，相反相成，用于眼底出血初期，尤其是视网膜静脉周围炎新出血者，不仅有明显的止血效果，而且有良好的恢复视力作用。

（3）老药新用：如借木瓜、青皮、秦皮、松节等舒筋活络之品调节肝经气机以治屈光不正，以雷丸、芜荑、芦荟、贯众等杀虫药物入于清热解毒除湿方中治疗角膜溃疡，取僵蚕、全蝎与菖蒲、麝香等通络、开窍以宣通玄府，而助明目之效，等等，皆为独到经验。

文章最后部分为医案举例，列举先生应用柴葛解肌汤治愈视神经萎缩与应用《伤寒论》白通汤治愈前房积脓病案两则，彰显先生六经辨证之精审及其对经方运用之纯熟。

（二）李东垣眼科学术思想探讨（《中医杂志》1982年第11期，王明杰独著）

金元医学大师李东垣在眼病治疗上有其专长，虽无眼科专著传世，但在其《脾胃论》《兰室秘藏》等著作中，涉及眼病的内容却不少，理法方药自成体系，学术见解独树一帜，对后世眼科的发展，具有深远影响。本文就东垣眼科学术思想进行了专门探讨。

文章第一部分介绍东垣“脾胃为眼目之本”的独特见解，其要点有四：①脾胃虚则精气失司，目无所养；②脾胃虚则清阳不升，上窍闭塞；③脾胃虚则阴火上乘，邪害空窍；④脾胃虚则血脉不充，神无所用。王老指出，上述眼目以脾胃为本的见解，在眼科领域是富有独创性的。在此之前，诸家论目悉重在肝肾，于脾胃则仅以肉轮胞睑相属，缺乏足够的重视。东垣之说颇能发前人之所未发，而补眼科理论之所未备。

第二部分介绍东垣独特的眼病诊法。眼科辨证，历来多以“目为肝窍”为据，唐宋以后则有五轮八廓分部之诊。东垣基于脾胃为中心的整体观念，临证不受局部限定，不为轮廓所拘，倡导整体综合与循经分析等法，从而形成了四诊合参与分经辨证的独特诊法。

第三部分介绍东垣反对滥用寒凉、倡用升补的眼科治疗思想，总结其遣药制方规律为：甘温补中培本，风燥升阳达目，兼顾通调血脉，慎用苦寒降泻。尤其是用药不离甘温，俾脾胃气足则清阳上升，阴火潜降，诸般目疾均可自愈，较传统眼科之惯用补益肝肾者大异其趣。其眼科方中，升、柴、羌、防等风药占有很大比重，用意不在于祛除外来之风邪，而在于升发体内之清阳。具体用法：其一，配甘温之品以升补阳气；其二，配滋阴之品以升载阴精；其三，配苦寒之品以升降并行。

文章结语指出，李氏成功地将脾胃学说运用于眼科领域，在理论上和实践上均取得一定成就。东垣眼科学术特点可概括为十六字：立足脾胃，着眼整体，诊循经络，治用升补。元代以来，经过易水学派诸家及倪维德、傅仁宇等眼科名家的进一步发扬，东垣学说在眼科的影响日益扩大，对眼科学术的丰富、完善与发展做出了重要贡献，至今在临床颇有指导价值。

（三）伤寒六经与眼科六经（《成都中医学院学报》1983年第2期，王明杰独著）

仲景六经为百病立法。陈达夫先生将仲景六经大法与眼科具体实践相结合，建立了独具一格的眼科六经辨证论治体系，这既是眼科学术上的一大创新，也是对六经学说的一个发展。王老此文，首次就眼科六经与伤寒六经的关系进行探讨，并从仲景学说的角度审视了眼科六经的意义与价值。

文章指出，眼科六经是伤寒六经在眼科领域派生的一支，但它并不是伤寒六经的简单翻版，而是六经原理与眼科实践相结合的产物。既脱胎于伤寒六经，又发展了伤寒六经；既独于伤寒六经，又可羽翼伤寒六经。其意义已超出眼科领域，在仲景六经学说中占有不可忽视的地位。先生专著《中医眼科六经法要》，从理论到实践上成功地将仲景六经学说全面融汇于眼科证治之中，辨治眼科之法不离六经，故名曰眼科六经。在眼科六经辨证中，伤寒六经不仅是作为辨证的方式方法，而且居于重要的统帅地位，起着核心和纲领的作用。

文章归纳六经在眼科辨证中的作用有四：①以六经为纲统一眼科辨证方法。眼科六经概括了传统眼科的各种辨证方法，内涵极为丰富，因而任凭眼病之证象万千，俱能应对自如。②以六经理法丰富眼科辨证内容。③以六经体制融汇眼与全身辨证。④以六经传变规律认识眼病发展变化。

六经在眼科诸病中的作用:《伤寒论》六经标题曰“辨病脉证并治”，可见仲景虽重在辨证，亦不离乎辨病；六经不仅作为辨证的纲领，同时含有疾病分类的意义。①以纲带目，执简驭繁。对于一切杂病引起的眼病，完全列在六经当中。②以证律病、常变统一。归类之法，既是辨证与辨病的有机结合，又注重于“在六经上求根本”“不在诸病名目上寻枝叶”，因而有助于揭示眼病的本质。

六经作为指导治疗的准绳，在眼科六经中大量吸取了仲景六经治疗学的精髓及其系统的理法方药，有效地促进了眼科治疗的完善与发展。分经论治，法度谨严；治随证转，活泼圆通；经方治目，别具一格。

从仲景学说的角度来看，眼科六经的意义，主要可归结为两个方面：第一，成功地将伤寒六经理法方药全面引入眼科领域，从而在眼病范畴内实践了“六经赅百病”的论断，并为六经统一中医辨证纲领树立了一个小型的模式；第二，将伤寒六经与眼科临床紧密结合的独特研究方式，不仅对仲景目诊的丰富与完善具有重要促进意义，而且为六经学说与各临床学科的结合发展、创新，展示出极为广阔的前景。因此，眼科六经的成就及其启示，值得仲景学说研究者予以高度重视。

（四）刘完素“玄府”说浅识（《河北中医》1984年第4期，王明杰独著）

金元医学大师刘完素在其名著《素问玄机原病式》中首次提出的“玄府”之说，历经800余年，除了在眼科等个别领域有所引用外，一直甚少被提及，不为人所知晓。王老通过对刘完素相关论著的反复攻读，潜心探索，首次梳理出了刘氏玄府之说的脉络，从以下四个方面予以初步归纳整理。

1.“玄府”之象

刘氏将《内经》的“玄府”一词极力引申，使之成为无所不有的一种结构名称。“玄府”不仅泛指普遍存在于机体一切组织、器官中的无数微细孔窍，而且还包括各个孔窍之间纵横交错的联系渠道，它们共同构成了气机升降出入的结构基础。王老指出，以无物不有的“玄府”作为无处不到的气机升降出入活动的结构基础，这是刘氏充分运用辨证思维的认识成果，它较好地填补了中医学理论中的空白，深化了对人体层次结构的认识。

2.“玄府”之用

“玄府”作为气机升降出入的结构基础，在人体各组织器官生命活动中居于重要的枢纽位置。不仅是气的道路门户，而且也是精血津液与神机运行通达的共同结构基础。气、血、津、液、精、神六者，既同源异流，又殊途同归，最终均须通过“玄府”而对各组织、器官发生作用。

3.“玄府”之病

主要是失于开通而闭密。文中将“玄府”闭密的病理变化归纳为气失宣通、津液不布、血行瘀阻、神无所用四类，指出其在各种疾病发生、发展过程中占有重要地位。不过，刘氏从主火的思想出发，对于“玄府”病变亦多侧重于火热为患的方面。刘氏不仅重视“玄府”闭密导致气机郁结而生火热的问题，而且提出火热亢盛亦可引起“玄府”闭密而致郁结。这就是所谓“阳热怫郁”之说。不仅有力地阐明了火热致病的广泛性、多样性，而且精辟地揭示了火热致病的病机特点及演变规律。

4.“玄府”之治

临床治疗中如何恢复“玄府”的开通，是刘氏着力研究的一个课题。鉴于刘氏有关阐述甚为分散，后世亦乏系统整理，王老初步归纳为热药开通、寒药开通（包括寒凉发散、寒凉攻下）、芳香开通三类。其中辛味的温热药物，具有较强的开通作用，故其治火热病并不专主寒凉，而颇为赏识温热之品。

最后，王老在结语中指出，刘氏通过“玄府”学说阐明了气血津液精神升降出入阻滞在疾病过程中的普遍意义，强调了“通”的法则在临床治疗上的重要价值。刘氏在长期实践中总结出来的开通“玄府”的方法，是其学术思想的精髓之一，也是善治火热病的得力之处。刘氏这一学术思想，对后世医学的发展具有十分深远的影响。如张子和的“气血贵流而不贵滞”与攻邪说，朱丹溪的“诸病多生于郁”与六郁说，以及温病学家讲究枢机气化，注重流动透泄，善用攻下、开窍、通络诸法的治疗见解等，均与刘氏“玄府”学说有着直接或间接的内在联系。

本文作为第一篇介绍河间玄府说的专题论文，在唤起中医学界对“玄府学说”的重视和运用上，具有重要的倡导作用。

（五）“玄府”论（《泸州医学院学报》1984 年第 3 期，当时《泸州医学院学报》为内部刊物）;《成都中医学院学报》1985 年第 3 期，王明杰独著）

王老此文是当代玄府研究的开山之作，该文与同年发表的《刘完素玄府说浅识》共同揭开了金代医学大师刘完素“玄府”之说的面纱，开启了玄府理论研究的序幕。在中医学术界具有一定影响，迄今正式引用本文的文献已逾百篇。文中提出的一些基本观点得到广泛引用，被称为“现代研究玄府学说的领航者”。[谢秀超，彭卫东，刘晓玲.玄府调控肾－天癸－冲任－胞宫月经生殖轴的探讨.四川中医，2014，32（08）：40.]

文章引言开宗明义指出，“玄府”一词，有广狭二义：狭义者即通常所说之毛孔，源自《内经》；广义者为刘完素在《素问玄机原病式》中所提出。本文所论，系指广义玄府。王老首倡以广义、狭义区分《内经》玄府与河间玄府，有助于明确概念，避免混淆，深入研究，得到此后学术界的普遍赞同。

文章分为三个部分：第一部分“玄府为升降出入之道路门户”。指出刘完素借用“玄府”的旧名称，完成了一个新的组织结构概念认识的深化。“玄府”为遍布人体内外各处的一种微细结构，是气、血、津、液、精、神升降出入之道路门户。王老归纳刘氏相关论述，总结出“玄府”三大特性：分布广泛，结构微细，贵开忌阖。此后的玄府学说研究者多宗其说。

第二部分“玄府郁闭为百病之根”。王老指出玄府作为人体无处不有的一种基本结构，不论外邪侵袭、七情失调、饮食劳倦所伤、气血津液失养，均可影响其正常的畅通而致闭密。而玄府一旦闭塞不通，又会导致气、血、津、液、精、神的升降出入障碍而形成种种病变，故不论外感内伤，虚实寒热，均不能脱离玄府闭密的问题。文中特别指出虚证也存在玄府郁闭的病理改变。因为玄府要维持其开而不阖的正常功能，有赖于气血津液的温煦濡养，如某种原因引起气血津液亏损，则势必导致玄府失养而衰竭，衰竭则无以保持开张而闭阖，是为玄府衰竭自闭；玄府闭郁则气血运行阻滞，又会进一步加重有关脏腑组织的失养衰弱状况，形成越虚越郁、越郁越虚的恶性循环。其病变虽多，归纳起来，不外气滞、血瘀、水停、精闭、神阻五个方面。五者为病既各有侧重，又密切相关。因为气、血、津、液、精、神在人体的运行虽然各有其道，然而在玄府这个最小层次却是殊途同归、并行不悖的，通则俱通，闭则俱闭，因而往往相因为病。

第三部分“开通玄府为治病之纲”。王老指出从玄府学说的角度来看，中医治病的方法虽多，皆可一言以蔽之曰：开通玄府而已。尽管中医治疗有内外之分，针药之别，补泻之异，然而在开通玄府郁闭、流畅气血津液这个最终目的上，却是完全一致的。开通玄府治则的提出，使中医临床治疗别开生面，由此可以衍生出丰富多彩的创新治法。文中列举了“开郁补虚”“开郁固脱”“开郁达神”“开郁润燥”“开郁泻火”五种具体治法，从不同角度阐发了开通玄府治法的临床应用价值。

结语部分指出，刘氏“玄府”学说是中医学理论中的一个创新。但由于玄府概念较为抽象，加之刘氏论述甚略，因而长期以来，除在眼科等各领域外，未能为后世所普遍采用。本文对玄府的生理病理特性及其在临床治疗上的意义做了初步探讨，意在引起同道对这一学说的重视，以期开展进一步的研究，促进中医学术的不断向前发展。

（六）眼科开通玄府明目八法（《泸州医学院学报》1985 年第 4 期，王明杰独著）

开通目中玄府以明目，是明清以来眼科逐渐兴起的一种创新治法，用药别具一格，效果甚为显著，但历来缺乏系统论述。本文首次对此加以整理，以历代眼科文献为依据，归纳出八种常用治法。

文章首先指出，开通明目治法理论的阐明，归功于金代刘完素“玄府”之说。刘氏从火热病机学说立论，在《素问玄机原病式》中提出“热郁于目无所见”的见解，并阐述其机理在于“热气怫郁，玄府闭塞，而致气液血脉、营卫精神不能升降出入”。刘氏这一学说对后世眼科影响甚巨。

开通玄府明目治法如何选用药物，从刘完素到历代眼科医家论述均较简略，后人难以得其旨趣。王老根据陈达夫先师的用药经验，结合自己的学习研究体会，将开通玄府药物分为直接开通玄府与间接开通玄府两大类。

直接开通玄府药物或气香可开透，或味辛能行散，或体轻易升达，或虫类善走窜，均可直接作用于闭塞的玄府而促使畅通。主要有芳香开窍药、发散升达药、虫类通络药三类。

间接开通玄府药物则是通过宣通气血津液的运行而间接起到开玄府的作用。玄府是气血津液运行的通路，如果某种原因引起气血阻滞或津液停聚，即可造成玄府的郁闭，而一旦玄府郁闭，也势必导致或加重气血津液的阻塞，而为滞为瘀，为热为火，为水为痰。故行气活血、清热泻火、利水化痰之品对解除玄府闭塞具有十分重要的意义。常用者有疏肝理气药、活血化瘀药、清热泻火药、利水渗湿药、化痰除湿药五种。

王老指出，临床上两类药物常配合使用，以增强开通作用，形成了多种多样的开通明目治法。文中提出了发散宣郁明目法、清热开郁明目法、疏肝解郁明目法、活血化瘀明目法、利水通窍明目法、化痰利窍明目法、补虚开窍明目法、搐鼻透窍明目法八种治法，并对其适应证候、施治特点、代表方剂一一加以介绍。最后指出以上八法既各具特点，又互相联系，且常数法综合运用，以协同增效，全面照顾，有助于更好地发挥明目作用。

鉴于开通玄府治法与药物历来缺乏研究整理，本文虽然仅是针对眼科明目立论，却是第一篇系统论述开通玄府治法与药物的文章，对内外各科的运用均有一定参考价值，并为后来的进一步研究奠定了基础，其意义已经远超出眼科领域。目前临床各科开通玄府之治，多是在此基础上发挥应用。

（七）浅析龙之章《蠢子医》运用霸药的学术特色（《中医药研究》1987 年第 1 期，王明杰、黄淑芬合撰）

清·龙之章所撰《蠢子医》四卷，不泥古说，富于创新之处颇多，其擅用霸药的独特经验尤显别开生面，与刘完素“开通玄府”之法有异曲同工之妙，故我们对该著作进行了认真学习、研究与发掘。

该书所谓“霸药”，即霸道之药，泛指各种药性峻猛、作用强烈之品。龙氏常用者，有巴豆、甘遂、牵牛子、大黄等攻下通腑药，有蜈蚣、全蝎、斑蝥、马钱子等走窜利窍药，有川乌、草乌、附子、肉桂等大辛大热药，还有赤金、礞石、雄黄、白砒等金石类药物，种类甚多，功效各异，而俱以猛烈著称。上述药物多具有不同程度的毒性，故书中亦称作霸道毒药，或径称毒药。用于攻伐大毒，主要是出于临床治疗的实际需要。因而得出结论说：“有此奇奇怪怪症，必用奇奇怪怪药。”

治疗原则强调“欲知医道真机缄，必从周身去贯穿”“贯则通，通则无不利，而病自无矣”。认为诸般霸药用于临床能迅捷奏效的根本原理，在于它们具有强有力的透达贯穿作用，非寻常药品所能及。如龙氏论马钱子、巴豆等，发前人之所未发，为各种霸药的广泛运用提供了理论依据。

用药特点表现为：严格炮制，毒药不毒，首要关键在于注重炮制治法；丝忽一点，舟驾之功，善于以轻微之量而收宏大之功；斩关夺隘，先霸后王，若遇急症暴症，龙氏亦主用大剂暴药猛攻峻逐，是为斩关夺隘之法。内服外用，不拘一格，龙氏运用霸药的方式，至为灵活多样，以内服而言，除有汤剂、酒剂、丸剂、散剂及煮散等不同外，还常视患者具体情况而变通其用。龙氏对霸药的运用，既继承了前人的认识成果，又具有突破创新。

（八）仲景运用麻黄发汗与泄热的经验探析（《中医研究》1992 年第 3 期，黄淑芬独著）

黄老根据多年学习和运用《伤寒论》《金匮要略》麻黄剂的体会，就麻黄发汗解表、开泄郁热两方面的内容加以探讨，提出了一些与众不同的见解。

1. 功擅发汗，并非峻药

黄老通过对仲景原著的深入学习与临床实践验证，认为仲景并未认定麻黄是发汗峻药。主要依据有以下三点：

（1）麻黄发汗，常需桂枝相助

《伤寒论》中，用作发汗解表的麻黄计有麻黄汤、葛根汤、大青龙汤、小青龙汤等 10 首，多是麻黄、桂枝同用。说明麻黄如果不与桂枝同用，其发汗力量颇为有限。

（2）麻黄发汗，有赖覆被取汗

仲景于麻黄汤方后注："温服八合，覆取微似汗，不须啜粥，余如桂枝法将息。"麻、桂二方发汗力强弱虽迥异，但患者服药后都需要覆被保暖以助发汗。

（3）合理配伍，有汗亦用麻黄

仲景既重视麻黄的发汗作用，又不因此而作茧自缚，遇当用麻黄而有汗出之证，经适当配伍后仍然使用。如《伤寒论》63 条："发汗后，不可更行桂枝汤，汗出而喘，无大热者，可与麻黄杏仁甘草石膏汤。"

2. 宣通阳气，开泄郁热

仲景经验，麻黄不仅能开表散寒，而且能开里泄热。仲景巧妙地利用了麻黄的独特开泄作用，经过合理配伍，创制出不少名方，用以治疗多种里热壅遏之证，取得了很大成功。

（1）开泄表郁内热

风寒之邪束表，每易导致阳气怫郁生热。对于这种表郁内热，仲景均用麻黄治疗。轻证如桂枝麻黄各半汤、桂枝二越婢一汤之类，重证则用大青龙汤。方中麻黄的作用除了发散表邪外，还能宣通阳气的郁闭，以透泄内热。

（2）解散肺经壅热

肺热壅盛汗出而喘，仲景亦以麻黄与石膏配伍（石膏量倍于麻黄），组成麻杏石甘汤一方。该方宣肺清热平喘作用受到古今医家一致推崇。此证麻黄用至四两，不仅取其宣肺平喘之功，而且用以开泄郁热。当肺中实热壅闭之时，单用石膏寒凉清泻，未必能使邪热迅速解散。仲景以辛温开发的麻黄相配合，既可避免寒凉遏伏，又有利于郁热透泄，具有“火郁发之”之义。

（3）宣通湿热瘀遏

《伤寒论》262条：“伤寒，瘀热在里，身必黄，麻黄连轺赤小豆汤主之。”仲景在此明确提出“瘀热在里”用麻黄之法。近代名医冉雪峰先生指出“此方非发表，亦非利小便”“经论是着眼瘀热二字，热当清，热既瘀，清之未必去，故借麻黄冲激之大有力者以开发之”。该方中清热利湿药物（生梓白皮一升、赤小豆一升等），所占比重，远远超过麻杏石甘汤，按原方比例，麻黄显然难以发挥发汗解表作用。黄老认为，当湿热之邪胶结郁滞于里，三焦气机闭阻之时，苦寒清利之品多难奏效，加入轻清透泄的麻黄开郁启闭，确能增强清热化湿、利胆退黄的效果。

（4）发越上焦郁阳

黄老认为《伤寒论》厥阴篇麻黄升麻汤一方不应被后世所疑非仲景方，认为该方为伤寒误下后正伤邪陷，上热下寒之证而设，病机重点在于上焦阳气郁遏，故方中以麻黄为君、升麻为臣，麻黄量用二两半，为方中石膏、芍药、天冬等药量的10倍，重在升举阳气，发越上焦郁热，而非发汗解表。

黄老在文末指出仲景这种借用辛温升散以开泄郁热的经验已为后世的临床实践所证实，如东垣麻黄白术汤、升阳散火汤等，均可以认为是由本方演变而来，丰富和发展了中医对火热病证的治法，值得重视和进一步研究。

（九）化湿法在糖尿病中的运用（《泸州医学院学报》1994年第2期，黄淑芬独著）

糖尿病多从阴虚燥热立论，治宜滋阴清热润燥为其大法。但据黄老多年来实践观察，临床上部分病例存在湿邪为患的因素，沿用上述治法效果不佳，需要参与或改用化湿之法，对糖尿病改善临床症状与降低血糖、尿糖及防治并发症，均有一定积极作用。

1. 燥中夹湿，润燥需化湿

阴虚燥热是糖尿病的基本病机，但并非唯一的病机。黄老临床所见，燥中常可兼夹湿邪。燥、湿二邪，看似互不两立，实际上亦可相兼为患。正如清・石南芾所说："往往始也病燥，继则燥又夹湿……仍当以治燥为本，而治湿兼之。"（《医源》）糖尿病的治疗固以滋阴清热润燥为基本大法，然化湿之法亦常有用武之地。

首倡三消燥热学说的刘河间在论述本病机理时指出："盖燥热太甚，而三焦肠胃之腠理怫郁结滞，致密壅塞，而水液不能浸润于外，营养百骸。"（《三消论》）认为在本病发展过程中，由于存在"郁结"的因素而具有燥、湿并存的特点。

近年来对本病病机的研究，不少学者强调脾气虚弱、瘀血阻滞，可惜忽视了脾虚津液失运则可生湿，瘀阻血流缓慢亦可成湿（即水血同源，痰瘀同病），实际上二者都反映为湿邪因素在本病中的存在。从临床实践来看，糖尿病患者除有渴饮、多食、消瘦、大便秘结、舌红苔少等阴虚燥热症状外，常有神疲乏力，小便混浊，舌苔厚腻及变生痈疽、脓肿、泄泻、水肿等症，均可认为与兼夹湿浊为患有关。

近代名医施今墨先生常以辛温燥湿的苍术与寒凉滋润的玄参相伍，作为治疗糖尿病的基本药对之一，经多年观察对降低血糖颇有效果。笔者临床对屡用清热润燥、益气养阴效果不著而舌苔较厚腻的病人，习以苍术、白术、茯苓、薏苡仁、白蔻仁、厚朴、藿香等芳化、淡渗之品加入上述方药中，常可提高疗效。

2. 因湿致燥，化湿可润燥

据临床所见，糖尿病中除阴虚燥热夹湿外，也不乏湿热蕴结中焦为主者。往往用常法疗效不佳，或服用滋润之品后更觉不适，血糖持续偏高不降，或反复波动，缠绵难愈。黄老认为此种证型当以脾湿为本、胃燥为标，虽有种种燥象，主要因湿邪郁滞而生，故治疗当以辛开苦降、清热化湿为主，使湿热分消，脾运得复，津液敷布正常，诸症均可缓解，即所谓"流湿润燥"。根据湿热偏甚情况可选用三仁汤、二妙散、芩连温胆汤之类方剂加减化裁，用之得当，收效甚捷。

文中列举有黄老临床验案二则。

（十）开通玄府法——治疗疑难病的又一途径（《中国中医药报》2009 年 3 月 1 日第 4 版，王明杰、黄淑芬合撰）

鉴于玄府理论与开通玄府治法长期不为人知晓，本文就此做了简明扼要的精辟阐述。文章包括三个部分：

1. 玄微之府：无物不有的微观结构单位

指出河间玄府说是中医学对人体认识上的一次深化。刘完素以无物不有的玄府作为无处不到的升降出入活动的结构基础，正好填补了中医对微观结构具象化这一理论空白。认为其是迄今为止中医学有关人体结构认识最为深入的一个层次。限于历史条件，玄府只能是推理得来的一种假说，不可能真正揭示人体微观结构的本质。但用现代科学的眼光来看，这一假说显然是有其合理内核的，值得进一步研究。

2. 玄府闭塞：百病共有的基本病理环节

指出玄府理论的提出为中医深入认识疾病，分析病变机理建立了一个新的平台。玄府作为遍布机体至微至小的基本结构，举凡外邪侵袭、七情失调、饮食劳倦所伤、气血津液失养，都会影响到它的正常通利功能；而玄府一旦失其通畅，又必然导致气、血、津、液、精、神的升降出入障碍。玄府闭塞就是以气血津液阻滞、神机运转不灵为特点的各种病理变化的总称。

3. 开通玄府：别开生面的临床论治思路

玄府学说为中医临床治疗开创了一种新的思路和方法——开通玄府。基于玄府闭塞在各种病变中的普遍意义，如何开通郁闭之玄府，畅达阻滞之气血津液精神，自然成为临床治疗的一个主要目标和基本原则。

医门八法，或解除导致玄府闭塞的病因，或消除玄府闭塞形成的病理产物，对恢复玄府的畅通都有一定的作用，可以看作是间接开通玄府的治疗方法。但是如果玄府郁结甚，闭塞无法开通，则难以取得效果。这就是所谓的疑难病症。此时，直接针对郁闭的玄府施治就格外重要了。开通玄府的治疗思路为我们攻克疑难病症提供了新的突破口和切入点。

文章最后指出，作者通过近 30 年来的探索研究，深感该理论不论在中医理论上还是在临床应用上均有十分重要的意义，尤其在某些疑难病证治疗中颇具指导价值，有必要深入发掘，认真研究，发扬光大，推广应用。

本文在《中国中医药报》刊载时，同一版还配合发表了冯磊的学习笔记“愿玄府理论重放异彩”。二老的文章得到了较为广泛的关注及转载，为玄府学说及开通玄府治法的推广应用起到了有力的促进作用。

（十一）解表药之再认识（《中医研究》2015 年第 1 期，王明杰、黄淑芬为第一、第二作者）

本文针对解表药在现代中药认识及运用上存在的一些误区提出讨论，并从开通全身上下内外玄府的新视角出发，对解表药的临床功用及使用禁忌做了重新审视与评价。

1. 功用考辨

目前普遍认定此类药物最基本的功效为解表，最基本的主治为表证。王老经过多年考察，发现这种认识不仅与临床实际运用存在较大反差，而且与历代医药文献的记载亦相去甚远。从古至今的大量文献资料及临床实践表明，解表药不仅走表，而且走里；既治表证，也治里证；外感疾病固当使用，内伤杂病亦不可或缺。其功用大体可归纳为透发、疏散、升举三类。其中透发包含发汗解表、发散风邪、发越郁火及透发疹毒等，疏散包含疏解肝郁、疏散气机、行散瘀血、散结通络、布散水湿等，升举包含升发清气、升阳举陷及引药上行等。对于其中大多数药物来说，解表仅是其诸多功用之一，且未必是最主要用途。

2. 性能新解

认为解表药是临床最常用而有效的一类开通玄府药物，其辛散、开发、走窜、宣通之性不仅能开发肤表的毛孔（发汗解表），而且能开通体内脏腑组织的玄府。解表药在与活血化瘀药、清热泻火药、行气解郁药、利水渗湿药、补气健脾药，甚至补肾益精药等多种药物的合理配伍运用中，均可发挥明显的增效作用，颇有画龙点睛之妙。

3. 禁忌质疑

长期以来，围绕解表药的使用宜忌出现有不少偏激不实之说，既有悖经典原著精神，又脱离临床应用实际，给读者学习和运用造成很多困扰，有必要正本清源，予以重新厘定。

4. 名称商榷

剖析解表药称谓的不当之处，提出以“发散药”的名称取代“解表药”及以“温散药”“凉散药”取代“发散风寒药”“发散风热药”的建议。

结语中指出所谓解表药乃是具有多种功效与独特性能的活力很强的一类药物，对振奋机体气化功能具有十分重要的意义。由于内伤杂病的基本病机是脏腑功能紊乱、气血津液失调，解表药通过开通玄府、调节机体气液血脉营卫精神的升降出入，在内伤杂病的治疗中有着广阔的运用空间。

（十二）玄府学说的发生学研究（《中医杂志》2017 年第 8 期，王明杰为通讯作者）

文章从发生学角度探讨玄府学说的构造过程，阐明其思想内涵及其来龙去脉，对正确理解玄府学说内蕴有重要意义。

文章首先指出，宋代理学疑经思想对刘完素医学创新精神的形成具有重要影响。作为中医学术发展史上极富创意的玄府学说，其形成既是刘完素数十年医学研究与实践结出的硕果，又是其创新精神的集中体现。

其次，文章认为刘氏“玄府”内涵大多源于中医经典之“腠理”。之所以不称腠理而称玄府，当与道家思想影响有关。刘完素提出玄府说的用意何在？迄今尚无人进行探讨。本文从病机理论的角度加以分析后指出，“玄府闭密”是刘完素着力构建的一个病机要素，玄府理论的提出应当是出于构建火热论的需要。

“玄府闭密”与“阳气怫郁”关系至为密切，互为因果。病因为火，病变在气，病机为郁结，病位在玄府。既可因“热”致“郁”，又可因“郁”致“热”，“热”与“郁”紧密相关，互为因果，精辟地揭示了火热为患的特点。同时，玄府闭密与神机不遂息息相关。刘完素从玄府闭密分析各种神机病变，为中医病机学上的一大发展。刘氏将道学的相关认识纳入中医学中，以热气怫郁、玄府闭密造成的神机升降出入障碍解释各种感觉与运动障碍病变，主观上是用以论证火热为患的多样性与复杂性，客观上却为眼、耳、鼻、舌乃至诸多杂病病机的认识与辨治开拓出一条新的思路，其后世影响之深远，应为刘完素始料未及。

因此本文认为，宋代理学疑经议经的学术风尚是刘完素创立医学新说的文化环境，但其玄府学说的基本内容均源自《内经》《伤寒杂病论》等中医经典，同时吸收道家精、气、神学说的某些内容，并结合个人长期医疗实践及养生保健的心得体会，通过对传统理论的发掘、继承及大胆的融汇、补充与改造，完成了玄府理论的创建。所创立的“玄府闭密”基本病机为火热论的核心论点“阳气怫郁”奠定了必要的结构基础，从而为论证火热为患的广泛性、多样性与复杂性提供了有力的理论支撑，是刘氏学术思想体系的核心组成部分。玄府学说的学术价值远超出刘氏为火热论服务的初衷，具有很大的拓展应用空间，值得深入发掘研究。

二、著作与教材

（一）《伤寒明理论阐释》（四川科技出版社 1988 年出版，叶成炳、王明杰主编）

金·成无己所撰《伤寒明理论》，是第一部《伤寒论》症方研究专著。是书从症状学和方剂学的角度，推求仲景辨证规律，阐发仲景制方大法，对《伤寒论》的 50 种主要证候和 20 首常用方剂，引述《内经》《难经》理论，分别从定体分形、析证明理和方制配伍、去取加减等方面做了较为详尽的阐述，与成氏另一传世名著《注解伤寒论》，同为学习《伤寒论》的重要参考书。

该书自问世以来，虽几经校勘厘定，仍有不少错讹，书中疑难字词及费解之处缺乏必要注释，不便于阅读，尤其是青年读者学习此书存在一定困难。

为了适应振兴中医事业，继承发扬仲景学说的需要，1985 年由中华全国中医学会四川分会仲景学说专业委员会发起，泸州医学院中医系牵头，组织学会力量编写《伤寒明理论阐释》一书，参加撰稿的有四川省仲景学会成员计 30 余人，主编单位泸州医学院中医系文献理论研究室统一校勘、注释，集中修改审订，由成都中医学院（现成都中医药大学）陈治恒教授主审，江西万友生教授、辽宁李寿山主任医师，广东张志民教授及四川李克光教授、陆干甫研究员、郭子光教授等专家亦审阅了部分稿件，并给予热情指导。

本书编写体例，分为原文、校勘、注释、阐释、按语五项。其中校勘以北京图书馆藏宋刊本为底本，明代巴应奎校补本为主校本；阐释以《伤寒论》原著为依据，结合编者学习研究心得和临床实践体会，解其含蓄之语，阐其未尽之意，发其言外之意，帮助读者领会原著精神；按语则指出原文中存在的某些不足或不当之处，并根据后世较为公认的看法予以补充或修正说明。终于编成一部切合实用的《伤寒论》辅助读物，以供各级各类中医人员教学、科研及临床运用参考。

著名中医学者侯占元为本书作序指出："此为整理中医古籍、发扬仲景学说的又一成果。昔人谓成氏为仲景之忠臣，则此书作者，当为无已之功臣，亦即仲景之功臣。本书作者，多系中青年中医新秀，是书的问世，生动地表明了中医界新秀璀璨，人才辈出的兴旺景象。"

（二）《景岳全书·杂证谟选读》（重庆大学出版社 1988 年出版，黄淑芬与刘孝培、邱宗志、周志枢合编）

为适应中医教学、临床、科研的需要，编者精选该书精华部分"杂证谟"中的 51 个病种的主要内容（论证、论治及景岳医案），按原书卷次，予以标点、校勘，并增加了必要的注释与自学指导，书末附方剂索引。全书体例如下：

原文摘编：按照卫生部《中医古籍校注通则》，将"杂证谟"精选的原文模排、分段、标点。原书中的繁体字、异体字，一律改为标准简化字。

校注：对原文中的疑难词句，参考训诂专书，加以简要解释。难字、僻字按直音法和汉语拼音法注音。校勘则以 1958 年上海科技出版社据岳峙楼藏版影印本为底本，以清·致盛堂刻本、清·本衙藏版、民国元年上海会文堂新记书局排印本（简称会文堂本）为对校本，《黄帝内经》《古今图书集成医部全录》等医学文献为他校本进行校勘，并对原书某些显误之处而又无据可查者，做了适当的理校。对校勘中发现的问题，做了处理。

自学指导：为本书重点着力打造之处。于每篇末以简明扼要的文字提示该篇学习重点，突出张氏学术精华，解释文中疑难，并对原著中存在的某些不足予以指出，以启发深入思考，便于理解掌握。

方剂索引：于全书之末，将书中引用的全部方剂按笔画顺序排列，一一列出（包括药物组成），以供读者查阅。

（三）《王明杰黄淑芬学术经验传承集》（科学出版社 2015 年出版，王明杰、黄淑芬主编）

本书精选全国名老中医药专家王明杰、黄淑芬教授从医 50 余年的著述，及其弟子总结跟师学习心得、开展相关研究撰写的文稿，加以分类汇编。全书分师承篇、医理篇、治法篇、方剂篇、药物篇、传薪篇、鳞爪篇七部分。

师承篇：介绍王老先师陈达夫教授生平、学术成就与临证经验，特别是对玄府学说的卓越贡献。

医理篇：收录了两位教授及其弟子研习古典医籍的心得体会，重点是对于河间玄府说探讨发挥的系列文章。

治法篇：围绕开通玄府治则列举了开玄通窍、治风活血、辛温开通、补中升阳等治法的应用研究体会。

方剂篇：介绍两位教授运用治风经方及个人经验方的心得体会与相关研究成果。

药物篇：集中了有关风药的文献研究、理论探讨、实验研究与应用经验及学术争鸣文章。

传薪篇：汇集了诸多弟子跟师临证学习总结的诊疗经验以及开展的临床研究。

鳞爪篇：节选了两位教授编写的专著、教材中的部分章节及序言、建议、书评、讲座等内容，仅示一鳞半爪，故名。

书中重点介绍了富有创新性的玄府理论与开通玄府治法，以及“风药开玄论”“风药增效论”“治血先治风，风去血自通”“百病治风为先，顽症从风论治”等新的见解，尤其是运用风药、虫药开通玄府窍道、畅达气血津液精神治疗脑病、心病、肾病、眼病及某些疑难杂症的独特经验。薪火相传，内容丰富，观点新颖，切合实用，具有较高的学术价值，有助于拓展诊疗思路，启迪临证思维，适合各级临床中医师学习参考，也可供中医院校师生阅读研究。

著名中医学者和中浚研究员等评价此书时指出，该书在中医理论方面有着诸多创新探索，特别是在玄府理论和风药认识等方面有不少独到、新颖的见解，并以之指导临床，运用风药配伍组方开通玄府治疗多种疑难病症卓有成效，在名老中医经验总结著述中别开生面。本书以“传承集”命名，围绕玄府与风药两条主线展开探讨研究，除了两位教授的系统阐述外，前有老一辈中医学家陈达夫先生学术的探本溯源，后有下一代以至两代弟子们的继承发扬，可谓薪火相传、生生不息。通过几代人的不懈努力，一个日臻完善的玄府学说理论体系正在逐渐形成，彰显出中医学术发展的承前启后，与时俱进。如今，按照构成学术流派的要素衡量，独特鲜明的学术思想、代表人物及其传承团队、代表著作等基本条件已初具规模，相信通过他们师生，尤其是新一代继承人持久不懈的努力，有望出现一个远溯《内经》，近宗河间，融汇李杲、叶桂用药经验，由眼科扩展至内外各科的新学派（试称之为“玄府派”或“治风派”），为当代中医学术的繁荣发展做出贡献（《中医文献杂志》2015 年第 6 期：以中医理论创新探索为特色的名老中医经验总结———评《王明杰黄淑芬学术经验传承集》）。

（四）《风药新识与临床》（人民卫生出版社 2016 年出版，王明杰、罗再琼主编，黄淑芬主审）

本书是第一部关于风药的学术专著。编写过程中，融汇了主编王明杰教授与主审黄淑芬教授及其学术团队数十年来研究、应用风药的独特见解，内容丰富，经验宝贵。书名“新识”，其“新”有三：一曰温故知新，通过对历代本草的追溯温习，深入发掘继承前人的经验，重新认识风药的性能及功用，形成对风药新的理解；二曰推陈致新，对各家论述有鉴别地加以对待，以实践验证为依据，扬弃一些臆断不实之说，纳入新的临床应用经验，给予风药新的定位；三曰领异标新，本书首次引入刘完素“玄府学说”，从开通玄府的新视角诠释风药，解读前人有关风药的某些论述，探索风药诸多功用的机理，为风药的拓展运用提供新的理论指导。

自 20 世纪 90 年代起，王明杰教授与黄淑芬教授、罗再琼教授及其弟子们在先后承担的国家中医药管理局重点课题“治血先治风基础与临床研究”、国家自然科学基金项目“基于 TGF-β /Smad 通路研究‘风药’对活血化瘀增效的作用”的研究过程中，对散见于各种期刊、著述中的风药文献做了较为全面的收集整理，围绕风药的性能与应用进行了较为深入的学习研究，提出了“治血先治风，风去血自通”“风药增效论”“风药开玄论”等创新见解。

2014 年，在人民卫生出版社陈东枢先生的鼎力支持下着手编写本书。认真收集历代医药文献有关风药的记载，着重总结古今医家临证用药经验，吸收现代临床与实验研究成果，结合编者临床实践体会，对风药进行客观的考察分析、全面的总结整理。

全书共分四章：第一章“风药概论”，阐述风药的概念、历史沿革、性能与功用、使用禁忌与注意事项等；第二章“常用风药”，列举临床常用风药28味，重点介绍其临床新用，尤其是教材、专著中未能纳入的内容；第三章“风药代表方剂”，精选10首以风药为主的名方，剖析方中风药配伍特点，介绍其临床新用；第四章“风药的临床运用”，分脑病、心病、肺病及外、妇、儿等各科介绍风药的历代名家运用与现代临床运用。本书可供广大中医药临床、教学、科研工作者及中医院校学生学习参考。

（五）《临床中医学》（科学出版社2006年出版第一版，2017年再版，王明杰、罗仁主编）

本书是普通高等教育“十三五”规划教材、全国高等医药院校规划教材，“中医学”课程分段教学改革的配套教材之一，主要供高等医药院校非中医类专业使用。针对西医院校《中医学》课程教学长期以来存在的问题，王明杰教授提出了将该课程分化为《基础中医学》与《临床中医学》的教学改革建议，得到国内部分兄弟院校及科学出版社的支持，商定由泸州医学院与南方医科大学共同牵头合作编写改革教材。

本课程目的是在完成《基础中医学》教学的基础上，为学生进一步介绍一些临床常见病症的中医诊疗知识，增加对中医药的了解，逐步达到能初步运用中医药防治临床常见病、多发病的目标。针对医学生的知识结构与学习需要，书中精选了具有中医药优势和特色的各科病种，采用西医病名，介绍中医药诊疗知识。本书特点：说理简明、分型简约、方法简便，注重实用性与可操作性。

书中临床病症分为内科疾病、肿瘤、妇科疾病、男科疾病、儿科疾病、外科疾病、皮肤科疾病、五官科疾病八章，供不同专业及方向选讲。由于中医内科是临床各科的基础，因此内科疾病约占了一半的篇幅。考虑到针灸疗法的特殊性及教学的方便，另外单列“常见病症的针灸治疗”一章，重点介绍针灸对一些有优势病症的治疗方法。本书作为供西医学生使用的中医临床教材，主要从以下几方面着手打造本书特色。

1. 强调针对性

编写中注意适应西医学生的知识结构与学习需要，贯彻“少而精”的原则，精选中医药有优势或特色的各科病种。

2. 注重实用性

理论分析要求简明扼要，尽量减少古典文献引用，重点放在介绍临床切实有效的治疗方法上，除了中药汤方外，还包括常用中成药、注射剂、针灸疗法、外治法等丰富多彩的其他疗法，着力培养运用中医药处理常见病症的实际工作能力。为了便于读者查阅使用，书中主要选方均标明用量（儿科药量给出了一个幅度，为3～9岁儿童的用量范围，供选择使用及其他年龄段儿童折算参考），但由于各地用药习惯的差异等因素，尚需因时因地因人制宜。

3. 体现时代性

采用西医病名，体现中医辨证与西医辨病的结合；分型力求简约，并注意专病专方专药及其他疗法的应用；每节后均列有“研究进展”，反映近年新成就、新成果。文字精练，通俗易懂，便于自学，举一反三。

本书第一版于2006年8月出版后，各院校应用于五年制及八年制临床医学等专业学生的中医教学，十余年来受到师生们的好评。为适应新形势下教学改革的需要，科学出版社将本书升级为“十三五”规划教材，编委会对全书进行了修改审定，补充了一些新的治法方药，仍由主编单位西南医科大学、南方医科大学负责统稿、审修，于2017年再版。

本书不仅适用于医药院校本科生在校学习使用，还可作为毕业后继续学习和应用中医药知识的一本实用参考书，适合广大临床医生阅读。

（六）《玄府学说》（人民卫生出版社2018年出版，王明杰、罗再琼主编）

玄府学说是金元医学大师刘完素首创，经后世医家不断补充、发挥而逐渐完善的独特中医理论。刘完素玄府之说提出八百多年来，一直缺乏系统的整理研究。自20世纪80年代开始，王明杰教授本着为往圣继绝学、为后世立新说的情怀，围绕玄府与开通玄府治法进行了甚为艰辛的探索。1984—1985年，相继完成并发表了《刘完素玄府说浅识》《玄府论》《试探火热病证中辛温开通法的运用》

《眼科开通玄府明目八法》等一系列论文，初步勾画出玄府理论的轮廓，开启了玄府学说研究的序幕，被誉为玄府学说研究的领航者。在此后的 30 多年中，王老的弟子及众多学者投入了玄府学说的研究工作。从不同的角度对玄府学说进行了一系列探索研究，取得了不少进展，丰富和发展了玄府学说的内容，极大地拓展了玄府理论的临床应用范围。中医学术界普遍认为，“玄府”是迄今中医学对人体认识最为深入的一个层次，在传统中医理论基础上具有重大原始理论创新。玄府的微观结构，细化了藏象经络学说的内容；玄府的病理变化，深化了中医对病机的认识；开通玄府的治疗措施，丰富发展了中医治则治法，有助于进一步提高临床治疗水平。

鉴于迄今尚无相关专著问世，在人民卫生出版社陈东枢编审的大力支持下，王老与其弟子、成都中医药大学罗再琼教授牵头，带领两校一批有志于玄府研究的中青年教师及其研究生，经过历时两年的努力，第一部全面介绍玄府学说的学术专著——《玄府学说》得以出版。

本书在深入发掘刘氏玄府论治心法基础上，广泛搜集古今学者相关阐述与实践成果，吸纳和借鉴现代发生学、诠释学等理念、思路与方法，从学术源流、理论内涵、治法方药及临床应用等方面进行系统的研究、总结，着重发掘历代医家应用该理论指导临床诊治疑难病症的成功经验与当代学者的相关研究成果，初步构建起理法方药较为完善的玄府学说理论体系，为中医学把握人体的生命现象和病变规律，指导防病治病，尤其是攻克疑难病症开辟了一条新的途径，也为现代高科技条件下中医理论的发展提供了一个新的平台，对中医基础研究与临床应用均有一定指导意义，适合广大中医药教学、科研、临床工作者及中医院校学生阅读。

中华中医药学会副会长、四川省中医药学会会长杨殿兴教授在本书序言中指出：是书集历代玄府学说研究之大成，从理论上阐明了玄府的概念、玄府的功用、玄府的特性、玄府的病变、玄府的治法，初步构建起一个玄府学说理论体系的雏形，为继承学习、拓展应用及发扬光大这一理论奠定了基础，显示出较高的临床指导价值。

著名中医学者和中浚研究员所撰序言中指出：中医学目前创新性理论正处于瓶颈期，临床实践迫切需要新的中医理论指导引领，《玄府学说》的成书可谓恰逢其时，既契合文件精神，更是指导中医临床的又一项理论创新成果。就理论而言，编者在全面收集历代相关文献，回顾玄府学说发生发展和历史演变过程的基础上，特别注意从发生学的角度探讨玄府学说的发生形成过程，运用诠释学的方法对玄府学说进行解释，明确其理论概念，阐发其理论内涵，规范其理论表述，全面把握其理论特质，对其普及、推广、发挥、应用奠定了良好的基础。就方药而言，全书系统论述了开通玄府药物和开通玄府方剂的特点及临床运用，既有中药新识，也有作者的经验方及古方新用，文中特别注意揭示方药在开通玄府时的奥妙所在，通过“方论钩玄”举先贤见解，奠定其理论基础，在“开玄要点”阐明运用要领，于“开玄举隅”列举临床运用效案，案末再加按语画龙点睛，力图从不同角度和临床辨证治疗过程帮助读者认识、领悟开通玄府的方法，启发读者将其得心应手地运用于临床。

中华中医药学会学术顾问、中医药文化分会秘书长温长路教授在其《参透玄机悟大道》的书评中指出:《玄府学说》带给人们的启示，在传道还在传神，在论理更在授技，它努力倡导的是，中医理论研究的突破不仅要注重传统的守望，而且要在拓展上用功、在创新上跨越。它竭力强调的是：中医理论研究的突破不仅要注重理论上的升华，而且要在认知上觉悟、在临床应用上胜出。认为该书对于实现中医药，特别是中医药理论研究“创造性转化、创新性发展”的启迪、促进，是颇具积极意义的。希望它的面世能为玄府学说的发扬光大带来新的契机、为新时期中医药事业的发展进步增辉添彩。(《中国中医药报》2018 年 7 月 5 日第 8 版）

学术年谱

川派中医药名家系列丛书

王明杰
黄淑芬

王明杰学术年谱

1943年10月16日：出生于四川省成都市鼓楼北一街。

1948年3月：入成都市君平街兴夏小学学习。

1949年3月：在成都市宏济小学学习。

1954年9月—1957年7月：在成都市第九初级中学学习。

1957年9月—1961年7月：在四川大学附中学习，其中1959—1960年因病休学1年。

1961年9月—1968年9月：在成都中医学院医疗系学习（因“文革”延期毕业）。

1968年10月—1970年5月：在解放军0044部队农场劳动。

1970年5月—1978年8月：在甘孜藏族自治州卫生学校工作。

1978年9月—1981年2月：在成都中医学院攻读中医眼科专业硕士学位研究生。

1981年3月：分配到泸州医学院工作，在中医系经典教研室担任中医各家学说主讲教师。

1982年10月：参加首届全国仲景学说讨论会，交流论文《伤寒六经与眼科六经》。同年，在《中医杂志》发表论文《陈达夫眼科学术思想和经验介绍》《李东垣眼科学术思想探讨》。

1984—1985年：潜心研究玄府学说，相继发表论文《刘完素玄府说浅识》《玄府论》《试探火热病证中辛温开通法的运用》《论“伤寒以开郁为先”》《试论瞳神》《眼科开通玄府明目八法》。1984年9月任中医经典教研室主任，并任《伤寒论》主讲教师。1985年成立中医古籍文献研究室，兼任主任。

1986年：参加全国高等中医院校函授教材《中医眼科学》（廖品正主编）编写工作，任编委，湖南科技出版社1987年出版。

1987年：评聘副教授。同年，被评为泸州市劳动模范。受四川省中医药学会仲景学说专业委员会委托，牵头主编《伤寒明理论阐释》，四川科技出版社 1988 年 1 月出版。

1988 年：参加《景岳全书 · 杂证谟选读》合作编写工作，重庆大学出版社出版。

1989 年：参加《中医问题研究》（侯占元主编）编写工作，撰写"山重水复疑无路——中医理论的困惑"一章，重庆出版社出版。同年，撰写《辛温散火热》《目昏非皆属虚，明目需重开通》两篇医话，载入《长江医话》由北京科技出版社出版。

1990 年：参加在成都举行的仲景学说国际讨论会，参与起草并联合邓铁涛、刘渡舟等 15 位专家署名发表《关于加强中医院校〈伤寒论〉教学的建议》。

1991 年：参与撰写的《视神经萎缩证治》《青光眼证治》《中心性浆液性脉络膜视网膜病变证治》载入《当代名医证治荟萃》，由河北科技出版社出版。同年，《中医问题研究》获四川省中医药科技进步奖三等奖。

1992 年：任中医系副主任，分管教学工作。

1993 年 6 月：晋升教授职称。

1994 年：参与统稿、审稿工作的《临床中医内科学》（王永炎等主编）由北京出版社出版。

1996 年：任中医系主任。当选为泸州市中医药学会会长，四川省中医药学会常务理事兼仲景学说专业委员会副主任委员，医史文献专业委员会副主任委员。同年，撰写的《眼科开通玄府明目法述要》《眼科良药麻黄》载入《中医眼科全书》由人民卫生出版社出版。

1997 年：当选为中国中医药学会理事。主持完成的"试办中西医结合本科教育的探索与实践"获四川省教学成果二等奖。

1998 年：泸州医学院实行"院系合一"改革，任泸州医学院附属中医医院院长、中医系主任。遴选为硕士研究生导师，招收中西医结合临床硕士研究生。主研的四川省教育厅基金项目"复方灵仙止痛胶囊治疗痛证的实验与临床研究"获四川省科技进步奖三等奖。参与申报的"治血先治风基础与临床研究"课题由国家中医药管理局批准立项。

1999 年：发起成立全国西医院校中医系教学改革协作组并被推选为组长，主持在扬州医学院举行的首届学术讨论会。

2000年：担任主审的高等医学院校教材《中西医结合导论》（罗再琼主编）由四川科技出版社出版。

2001年：主持研究的“西医院校中医学专业人才培养模式改革研究”获四川省教学成果二等奖。

2002年：担任副主编的《现代中医治疗学》（第2版）由四川科技出版社出版。

2003年：遴选为第三批全国老中医药专家学术经验继承工作指导老师，指导学术继承人1名（白雪）。同年，被评为四川省师德标兵。

2004年：被评为四川省优秀教师。

2005年：主持研究的“五年制中西医临床医学专业人才培养模式与课程体系研究”评获四川省教学成果三等奖。

2006年：评为四川省发展中医药先进个人，泸州医学院首届教学名师。主编21世纪高等医药院校教材《临床中医学》，由科学出版社出版。主审高等医药院校教材《仲景学说》（肖力强主编），由四川科技出版社出版。

2007年：退休返聘。撰写的《麻黄连翘赤小豆汤应用一得》、《侯氏黑散应用体会》载入《四川名家经方实验录》，由化学工业出版社出版。

2008年：担任第四批全国老中医药专家学术经验继承工作指导老师，指导学术继承人2名（潘洪、张明伟），被成都中医药大学聘为中医师承硕士生导师。

2009年：主研的“肾舒胶囊治疗肾性蛋白尿的临床与实验研究”获泸州市科技进步奖三等奖。

2010年：评为四川省教学名师。作为第二主研参与申报的国家自然科学基金项目“基于TGF-β Smad通路研究风药对活血化瘀增效的作用机制”获准立项。

2011年：国家公共卫生专项资金“中医药古籍保护与利用能力建设”项目启动，受聘担任四川项目专家组成员，并负责指导泸医分项目组承担的《眼科纂要》《目科捷径》《外科明隐集》三部古籍整理研究工作。

2012年：国家中医药管理局批准成立“王明杰全国名老中医药专家传承工作室”，白雪任工作室负责人，先后培养院内外学术继承人江玉、江花、王倩、闫颖、尚宗明、罗松涛、杨珊、文化、叶俏波等。

2013年：担任主审的普通高等教育“十二五”规划教材·全国高等医学院校中医药类系列教材《中西医临床医学导论》（赵春妮等主编）由科学出版社出版。

2014年：学术继承人江玉等整理的“王明杰眼科学术思想与临床经验”载入《全国中医眼科名家经验集》，由中国中医药出版社出版。

2015年：主编《王明杰黄淑芬学术经验传承集》，由科学出版社出版。参与校注《眼科纂要》（中医药古籍保护与利用能力建设项目），由中国中医药出版社出版。学术继承人江花等申报的“王明杰开通玄府学术思想与临床经验研究”课题获四川省中医药管理局“川派中医药名家学术思想及临床经验研究”专项基金立项资助。

2016年：荣获首届四川省医疗卫生终身成就奖。主编《风药新识与临床》，由人民卫生出版社出版。“王明杰全国名老中医药专家传承工作室”通过国家中医药管理局专家组验收。

2017年：主编普通高等教育“十三五”规划教材·全国高等医药院校规划教材《临床中医学》（第2版），由科学出版社出版。牵头申报“川南玄府学派工作室”。被确定为第六批全国老中医药专家学术经验继承工作指导老师，指导学术继承人2名（江花、王倩）。

2018年：获评第三届四川省十大名中医。主研“创建玄府理论新体系以风药开玄防治脑病基础研究与临床应用”获评华夏医学科技进步奖三等奖。主编《玄府学说》由人民卫生出版社出版。

2019年：担任第四批全国优秀中医人才李志、敖素华、冉志玲师承导师。完成《川派中医药名家系列丛书·王明杰　黄淑芬》书稿审订。创建的川南玄府学术流派由四川省中医药管理局审核认定为首批四川省中医药学术流派。

2020年：川南玄府学术流派工作室在西南医科大学附属中医医院挂牌成立，白雪任工作室主任。完成《顽症从风论治——王明杰黄淑芬治风方药临证经验》（叶俏波、江花、江玉主编）书稿审订。获四川省卫生健康从业50周年荣誉奖章。

黄淑芬学术年谱

1944 年 5 月 16 日：出生于四川省自贡市。

1950 年 9 月—1956 年 7 月：在自贡市解放路小学学习。

1956 年 9 月—1962 年 7 月：在自贡市蜀光中学学习。

1962 年 9 月—1968 年 12 月：在成都中医学院中医专业 6 年制本科学习。其中 1965 年赴绵竹进行为期半年的教学实习。（因“文革”延期毕业）

1968 年 12 月—1981 年 8 月：在泸县福集区卫生院任中医师。其中 1969 年 2 月—1970 年 9 月在泸县蚕种场劳动；1976 年开始在泸县卫校担任兼职中医教师；1978 年 9 月—1979 年 8 月在成都中医学院“老五届”中医理论进修班学习。学习结业后学校选留黄淑芬作为师资，但因宜宾专区拒绝放人而回卫生院继续工作。

1981 年 8 月：调泸州医学院附属医院中医科工作。先后担任门诊医师、住院医师及住院总医师。下功夫学习西医理论知识与诊疗技能，逐渐熟悉和掌握了内科常见病、多发病的西医诊疗常规及危重病人的急救处理能力。

1984 年 9 月：泸州医学院组建附属中医医院，被安排到中医院内科从事医疗及教学、科研工作。与王明杰合撰论文《试探火热病证中辛温开通法的运用》，在《新中医》1984 年第 10 期发表。论文《风痰论治一得》在《泸州医学院学报》1984 年第 3 期发表。

1986 年：获评讲师职称。

1988 年：与刘孝培、邱宗志等合编《景岳全书·杂证谟选读》，重庆大学出版社出版。

1989 年：临床用药心得“血压高未必忌麻黄”收入《长江医话》，由北京科技出版社出版。

1990 年：在《中医杂志》1990 年第 12 期发表论文《虚喘用麻黄》。

1991 年：晋升副教授。担任医院内科 4 组负责人。论文《仲景运用麻黄发汗与泄热的经验探析》在成都举行的全国仲景学说讨论会上交流，后发表于《中医研究》1992 年第 3 期。

1992 年：赴北京参加全国中医内科高级进修班学习。医院在内科 4 组基础上建立肾病内科，任科主任兼大内科副主任，同时兼任中医内科教研室主任。

1993 年：牵头申报“复方灵仙止痛胶囊治疗痛证的实验与临床研究”获四川省教委立项资助。参与申报教改课题“试办中西医结合专业必要性可行性研究”获四川省教委立项资助。

1994 年：“中医内科学”被评为省级重点建设课程。

1995 年：被评为泸州医学院优秀教师。

1996 年：被评为四川省中医药管理局科教先进工作者。

1997 年：中西医结合临床内科评获泸州医学院首批硕士学位点，个人被遴选为硕士研究生导师，开始招收研究生。主研的“试办中西医结合本科教育的探索与实践”获四川省教学成果二等奖。论文《试论治血先治风》在《中医杂志》1997 年第 1 期发表，《中国中医药报》4 月 4 日第四版全文转载。牵头申报“治血先治风的理论与临床研究”由国家中医药管理局通过立项并资助。

1998 年：晋升主任中医师，被评为四川省首届名中医。主持研究的“复方灵仙止痛胶囊治疗痛证的实验与临床研究”获评四川省科技进步奖三等奖。作为第一作者撰写《复方灵仙止痛胶囊治疗痛证 242 例临床观察》在《中国中医药科技》发表。牵头申报“肾舒胶囊治疗肾性蛋白尿的临床与实验研究”由四川省教委与四川省中医药管理局立项资助。

1999 年：被评为享受国务院政府特殊津贴专家。

2000 年：肾病内科被评为四川省重点建设专科，此后一直担任该科学术带头人。

2003 年：担任四川省第二批老中医药专家学术经验继承工作指导老师，指导学术继承人 1 名。作为第一作者撰写《肾舒胶囊配合激素治疗重度肾性蛋白尿疗效观察》在《中国中医药信息杂志》发表。

2004 年：退休，返聘继续从事临床医疗工作。

2007 年：遴选为第四批全国老中医药专家学术经验继承工作指导老师，指导学术继承人 2 名。撰写的《麻杏石甘汤治疗咳喘的拓展应用》《越婢汤应用心得》载入《四川名家经方实验录》由化学工业出版社出版。

2008 年：被成都中医药大学聘为中医师承博士生、硕士生导师。

2009年：带领的肾病内科被评为四川省重点专科，主持研究的“肾舒胶囊治疗肾性蛋白尿的临床与实验研究”获泸州市科技进步奖三等奖。

2011年：指导的2名学术继承人出师，张琼获博士学位，钟红卫获硕士学位。个人被国家中医药管理局评为优秀指导老师。

2012年：医院肾病内科被评为国家中医药管理局“十二五”重点建设专科。

2013年：医院肾病内科被评为卫生部临床重点专科。

2015年：与王明杰共同主编的《王明杰黄淑芬学术经验传承集》由科学出版社出版。

2016年：主审《风药新识与临床》，由人民卫生出版社出版。

2018年：国家中医药管理局批准成立黄淑芬全国名老中医药专家传承工作室，张琼为工作室负责人，江玉为学术秘书。

2019年：完成《川派中医药名家系列丛书·王明杰　黄淑芬》书稿审订。作为创建人之一的川南玄府学术流派由四川省中医药管理局审核认定为首批四川省中医药学术流派。

2020年：完成《顽症从风论治——王明杰黄淑芬治风方药临证经验》（叶俏波、江花、江玉主编）书稿审订。获四川省卫生健康从业50周年荣誉奖章。

附录

川派中医药名家系列丛书

王明杰
黄淑芬

一、主要论文目录

王明杰、黄淑芬二位教授公开发表的论文有130余篇，在此仅列出其独著、第一作者、通讯作者（以“*”标出）论文及指导弟子完成的总结本人学术思想与临床经验论文。

1. 王明杰 . 陈达夫眼科学术思想和经验介绍［J］. 中医杂志，1982，5：11–14

2. 王明杰 . 李东垣眼科学术思想探讨［J］. 中医杂志，1982，11：4–7

3. 王明杰 . 伤寒六经与眼科六经［J］. 成都中医学院学报，1983，2：6–9

4. 黄淑芬 .《伤寒论》扶正祛邪治则浅谈［J］. 泸州医学院学报，1983，3：11–13

5. 王明杰 . 试论瞳神［J］. 中医杂志，1984，6：8–10

6. 王明杰 . 刘完素“玄府”说浅识［J］. 河北中医，1984，4：7–9

7. 王明杰，黄淑芬 . 试探火热病证中辛温开通法的运用［J］. 新中医，1984，10：9–12

8. 王明杰 . 论“伤寒以开郁为先”［J］. 成都中医学院学报，1984，4：1–3

9. 黄淑芬 . 风痰论治一得［J］. 泸州医学院学报，1984，3：42–43

10. 王明杰 . 玄府论［J］. 成都中医学院学报，1985，3：1–4

11. 王明杰 . 眼科开通玄府明目八法［J］. 泸州医学院学报，1985，4：269–271

12. 王明杰 . 略论《伤寒明理论》的学术成就［J］. 泸州医学院学报，1986，9（2）：109–111

13. 王明杰 . 中心性浆液性视网膜脉络膜病变证治［J］. 中医杂志，1987，5：16–17

14. 王明杰，刘孝培 . 蜀医史话［J］. 泸州医学院学报，1987，10（4）：279–281

15. 王明杰，黄淑芬 . 浅析龙之章《蠢子医》运用霸药的特色［J］. 中医药研究，1988，1：38–40

16. 王明杰 . 视神经萎缩证治［J］. 中医杂志，1989，2：6–7

17. 王明杰，和中浚 . 论《审视瑶函》的学术成就［J］. 成都中医学院学报，1989，12（4）：6–8

18. 申丕强，王明杰 . 试论张从正攻邪学说的基本思想［J］. 成都中医学院学报，1990，13（2）：5–8

19. 黄淑芬 . 辛苦酸甘并用治顽咳［J］. 泸州医学院学报，1990，13（2）：133–134

20. 黄淑芬 . 虚喘用麻黄［J］. 中医杂志，1990，12：12–13

21. 王明杰 . 谈通窍明目［J］. 中医研究，1991，4（2）：30–32

22. 王明杰 . 全蝎疗目疾小议［J］. 中医杂志，1991，9：56

23. 黄淑芬 . 仲景运用麻黄发汗与泄热的经验探析［J］. 中医研究，1992，5（3）：16–18

24. 王明杰 . 设置中西医结合临床医学专业的必要性与可行性［J］. 中国高等医学教育，1993，3：25–26

25. 黄淑芬 . 化湿法在糖尿病中的运用［J］. 泸州医学院学报，1994，17（2）：126–127

26. 王明杰 . 试办中西医结合本科教育的探索与实践［J］. 中医教育，1996，1：7–9

27. 王明杰，黄淑芬 . 试论太阳杂病［J］. 河南中医，1996，16（5）：270–272

28. 黄淑芬 . 试论治血先治风［J］. 中医杂志，1997，38（1）：9–11

29. 黄淑芬，张琼，张茂萍，等 . 肾舒胶囊治疗肾性蛋白尿 69 例临床观察［J］. 泸州医学院学报，1997，20（4）：264–266

30. 黄淑芬，张茂平，张军，等 . 复方灵仙止痛胶囊治疗痛证 242 例临床观察［J］. 中国中医药科技，1998，5（3）：179–180

31. 王明杰，刘平，刘克林，等 . 西医院校中医学专业人才培养模式改革探索与实践［J］. 泸州医学院学报，2000（06）：521–522

32. 王明杰，黄淑芬，罗在琼，等 ."治血先治风"及其应用研究［J］. 中国医药学报，2003，18（9）：545–546

33. 黄淑芬，张琼，张茂萍，等 . 肾舒胶囊配合激素治疗重度肾性蛋白尿疗效

观察［J］. 中国中医药信息杂志，2003，1（6）：16–17

34. 黄淑芬，张茂萍，张军，等. 肾舒胶囊与卡托普利治疗轻中度肾性蛋白尿疗效观察［J］. 中国中西医结合肾病杂志，2003，8：466–468

35. 王明杰，黄淑芬，张琼. 蛋白尿从络病论治探讨［J］. 四川中医，2004，22（11）：10–11

36. 王明杰，刘克林，吴绍华，等. 五年制中西医临床医学专业人才培养模式与课程体系研究［J］. 中医教育，2004（06）：4–6

37. 白雪，王明杰. 从玄府论治心系疾病的经验浅析［J］. 首都医药，2005，12（23）：41–42

38. 白雪. 王明杰教授运用风药配伍增效的经验［J］. 四川中医，2005，23（7）：8–9

39. 张琼. 黄淑芬从络病论治肾性蛋白尿［J］. 中医杂志，2005（10）：745–746

40. 王明杰，黄淑芬. 风药增效论［J］. 新中医，2006，38（1）：1–4

41. 张琼. 黄淑芬教授治疗咳喘经验［J］. 四川中医，2006，2：7–8

42. 钟红卫. 黄淑芬教授运用麻黄经验介绍［J］. 新中医，2006，43（6）：163–165

43. 刘克林，王明杰*. “活血化瘀”广狭含义辨析［J］. 第四军医大学学报，2007，28（17）：1540

44. 刘克林. 王明杰教授开通玄府学术思想与用药经验［J］. 四川中医，2007，11：6–8

45. 江玉，王明杰*. 叶天士络病学说与刘河间玄府理论［J］. 四川中医，2008，26（6）：30–31

46. 王明杰，黄淑芬. 开通玄府法——治疗疑难病的又一途径. 中国中医药报，2009，3（16）：004

47. 钟红卫. 黄淑芬教授寒温并用治疗外感发热的经验［J］. 四川中医，2009，27（11）：1–3

48. 王倩，闫颖，王明杰*. 带状疱疹后遗神经痛的中医药治疗探讨［J］. 内蒙古中医药，2010，10：123–124

49. 张明伟，邓青山，王明杰*，等. 追风逐瘀醒脑汤对慢性硬膜下血肿治疗

的临床观察［J］. 内蒙古中医药，2010，11：37–38

50. 张明伟，彭俊，王明杰*，等. 运用风药配伍治疗颅脑损伤后综合征［J］. 临床和实验医学杂志，2010，9（14）：1051–1052

51. 张琼，黄淑芬. 黄淑芬治疗难治性肾病综合征经验［J］. 辽宁中医杂志，2010，37（4）：607–608

52. 王明杰，黄淑芬，罗再琼，等. 风药新识［J］. 泸州医学院学报，2011，34（5）：570–572

53. 钟红卫. 黄淑芬调治气虚体质经验［J］. 辽宁中医杂志，2011，38（6）：1055–1057

54. 钟红卫. 黄淑芬教授运用麻黄增效益气补虚经验［J］. 泸州医学院学报，2012，35（01）：63–64.

55. 王全，王倩，王明杰*，等.《目科捷径》的学术源流与特色［J］. 时珍国医国药，2013，24（2）：434–436

56. 彭宁静，罗再琼，王明杰，等. 王明杰运用玄府理论治疗抑郁症经验［J］. 中医杂志，2013，54（21）：1872–1873

57. 江玉，江花，王明杰*，等. 王明杰教授开通玄府治疗外眼病的经验［J］. 中华中医药杂志，2014，29（1）：168–170

58. 江花，潘洪，王明杰. 王明杰治疗重症肌无力经验［J］. 中医杂志，2014，55（6）：464–466

59. 王明杰，黄淑芬，罗再琼，等. 解表药之再认识［J］. 中医研究，2015，27（4）：1–5

60. 江玉，潘洪，闫颖，王明杰*. 王明杰教授从风论治脑病的学术思想与临床经验［J］. 时珍国医国药，2015，26（03）：710–712

61. 杨珊，江玉，王倩，王明杰*. 试述孙思邈应用风药的学术经验［J］. 中医杂志，2015，56（10）：895–897

62. 江玉，闫颖，王明杰*.《蠢子医》运用风药特色研究［J］. 中国中医基础医学杂志，2015，21（11）：1354–1355，1358

63. 闫颖，王倩，江玉，王明杰*. 王明杰从玄府论治椎–基底动脉供血不足性眩晕的经验［J］. 中华中医药杂志，2016，31（08）：3135–3137

64. 江玉，闫颖，王倩，王明杰*. 玄府学说的发生学研究［J］. 中医杂志，2017，58（08）：710–712，715

65. 王倩，江玉，江花，等 . 王明杰运用风药治疗内伤发热的经验［J］. 辽宁中医杂志，2017，44（01）：32–34

66. 王倩 . 王明杰运用风药论治目劄经验［J］. 湖南中医杂志，2017，33（03）：36–37

67. 黄新春，王明杰*. 王明杰教授运用中医玄府理论治疗心绞痛的经验［J］. 西南医科大学学报，2017，（05）：490–492

68. 闫颖，江玉，江花 . 王明杰从玄府论治脱发经验［J］. 湖北中医杂志，2018，40（01）：22–23

69. 王倩 . 王明杰教授运用黄芪桂枝五物汤辨治应用探讨［J］. 内蒙古中医药，2019，38（09）：78–79

70. 江玉，尚宗明，闫颖，等 . 王明杰从玄府论治下肢动脉硬化闭塞症经验［J］. 中国中医基础医学杂志，2019，25（01）：105–107

二、编写专著、教材目录

1. 廖品正 . 全国高等中医院校函授教材 . 中医眼科学［M］. 长沙：湖南科技出版社，1987.（王明杰任编委）

2. 叶成炳，王明杰 . 伤寒明理论阐释［M］. 成都：四川科技出版社，1988.

3. 刘孝培，邱宗志，周志枢，黄淑芬 . 景岳全书·杂证谟选读［M］. 重庆：重庆大学出版社，1988.

4. 侯占元 . 中医问题研究［M］. 重庆：重庆出版社，1989.（王明杰任编委）

5. 詹文涛 . 长江医话［M］. 北京：北京科技出版社，1989.（王明杰、黄淑芬撰稿）

6. 宋祖敬 . 当代名医证治荟萃［M］. 石家庄：河北科技出版社，1991.（王明杰撰稿）

7. 王永炎等 . 临床中医内科学［M］. 北京：北京出版社，1994.（王明杰参与统审）

8. 唐由之，肖国士 . 中医眼科全书［M］. 北京：人民卫生出版社，1996.（王明杰撰稿）

9. 罗再琼 . 中西医结合导论［M］. 成都：四川科技出版社，1999.（王明杰任主审）

10. 郭子光等 . 现代中医治疗学［M］. 成都：四川科技出版社，2002.（王明杰任副主编）

11. 王明杰，罗仁 . 临床中医学［M］. 北京：科学出版社，2006.

12. 杨殿兴等 . 四川名家经方实验录［M］. 北京：化学工业出版社，2007.（王明杰、黄淑芬撰稿）

13. 陈士奎 .（新世纪全国高等医药院校改革教材）中西医结合医学导论［M］. 北京：中国中医药出版社，2007.（王明杰任编委）

14. 赵春妮，贺松其 .（普通高等教育“十二五”规划教材 · 全国高等医学院校中医药类系列教材）中西医临床医学导论［M］. 北京：科学出版社，2013.（王明杰任主审）

15. 彭清华 . 全国中医眼科名家经验集［M］. 北京：中国中医药出版社，2014.（王明杰任编委）

16. 王明杰，黄淑芬 . 王明杰黄淑芬学术经验传承集［M］. 北京：科学出版社，2015.

17. 王明杰，罗再琼 . 风药新识与临床［M］. 北京：人民卫生出版社，2016.（黄淑芬任主审）

18. 王明杰，和中浚，江花，王科闯校注 . 眼科纂要［M］. 北京：中国中医药出版社，2016.

19. 王明杰，罗仁 .（普通高等教育“十三五”规划教材、全国高等医药院校教材）临床中医学［M］. 北京：科学出版社，2017.

20. 王明杰，罗再琼 . 玄府学说［M］. 北京：人民卫生出版社，2018.

三、医药诗词选录

王老平生好读书，喜戏曲，勤写作，工诗文。下面选录涉及医药方面的诗词及唱和数首，以飨读者。

习医感悟

（1998 年）

生命恒于动，气血贵乎通。
风为百病长，闭在玄府中。
察疾首察郁，治病先治风。
风去郁解散，病痛杳无踪。

临证一得

（2012 年）

郁乃百病根，通为治病则。
风药开玄府，虫蚁剔络脉。
病燥仍须燥，证热还用热。
腠开津自布，郁解火自灭。
治血先治风，治风促治血。
用补必兼泻，路畅效更捷。
水湿痰饮泛，风药不可缺。
若遇神机窒，开玄是要诀。

附：张玉昌医师读《临证一得》感言

辛温开郁热自清，
风药拾遗虫点睛。
玄府探微辟新径，
长使医家法可钦。

叹“玄府”

（1978 年）

遵师命攻读《素问玄机原病式》，初识“玄府”之说。河间卓识，撼人心魄；学说冷遇，不胜唏嘘。浮想联翩，夜不能寐，漫步校园，哼成小诗一首。

只缘名同象幽玄，
沉寂医林八百年！
特立独行余绝响，
何日归位露真颜？

究“玄府”

（2017 年）

寝馈玄微四十年，
分明非幻亦非玄。
钩沉索隐先师智，
接木移花后学贤。
出入升降塞则病，
怫郁结滞通为先。
大道至简悟不尽，
万法归一曰开玄。

丁酉仲夏书于《玄府学说》竣稿之际

哀麻黄

（2018 年）

千古奇冤数麻黄，
济世良药成虎狼！
空有还魂回春效，
大汗亡阳人皆惶。

戊戌年八月题于《风药新识与临床》扉页寄赠艾儒棣教授

附：艾儒棣教授《和明杰师兄诗一首》

麻黄奇冤可昭雪，
济世良方岂能缺？
还魂回春具效验，
玄府疏通汗求得。

戊戌年九月二十四日儒棣奉笔

重订《分类用药歌》(选一)

(1975 年)

补血药

补血三胶二地黄，
归芍龙杞首乌良。
丹参未必兼四物，
河车重用又何妨？

附:《分类用药歌》原诗

补血生熟二地黄，
当归白芍首乌良。
一味丹参兼四物，
河车不用又何妨？

注:《分类用药歌》出自清代医家刘清臣《医学集成》，以歌诀形式分类归纳各种治法的常用药物，言简意赅，但某些内容与今日认识不尽一致。王老在甘孜卫校任教期间，就此作了一番修订，供中医专业学生课外学习之用。上面补血药一节，补充了三胶(阿胶、鹿胶、龟胶)、枸杞子、龙眼肉，指出“一味丹参，功同四物”之说欠妥，并结合自身经验突出紫河车重用的补血功用，较原诗更为切合临床，对于初学中医者甚有帮助。

泸州医学院中医系 30 周年系庆感怀

（2007 年）

忠山建系三十年，
志在新医起波澜。
办学不拘模式旧，
育才敢为天下先。
能中能西疗疾易，
非驴非马正名难。
莫道结合时日远，
桃李成蹊果满园。

西南医科大学附属中医医院 30 周年院庆寄语

（2014 年）

植根长沱之滨，服务川滇黔渝。
身处西医学府，心系神农轩岐。
传承千年文化，吸纳现代科技。
融汇中西医学，凝聚创新活力。
培育仁心仁术，铸就精诚大医。
跻身国内一流，再创辉煌业绩。

七十初度

（2013 年）

我本四零后，祖籍在新都。
鼓楼洞北生，九眼桥头住。
疼爱数慈亲，身教有严父。
就读锦水畔，小草承雨露。
因病立志向，仁心习仁术。
求学锦城西，雅致医学府。
朝闻大师教，夜读岐黄书。

苦练三指禅，勤攻内儿妇。
文革断学业，农场劳筋骨。
发配康巴地，千里走峡谷。
相知情深重，迢迢结花烛。
漫漫关山路，绵绵两地书。
姑咱建卫校，历经创业苦。
育出中医士，服务藏汉族。
十月风云动，考研返故都。
眼科尊泰斗，入室拜达夫。
六经真绝学，开玄世间殊。
先生驾鹤去，弟子形影孤。
五师共指导，难关成坦途。
酒城有名校，揽才勤举步。
阖家聚忠山，他乡遇旧故。
执教又行医，授业解疾苦。
病患及云贵，桃李遍巴蜀。
钩沉识风药，发微究玄府。
医学无止境，光阴勿虚度。
薪尽火相传，再上新征途！